WULIUYEWULIUCHENG

物流业务流程

职业教育商贸、财经专业教学用书

主　编　陈百建
副主编　魏　强　兰　征

华东师范大学出版社
·上海·

图书在版编目(CIP)数据

物流业务流程/陈百建主编. —上海:华东师范大学出版社,2011.6
中等职业学校教学用书
ISBN 978 - 7 - 5617 - 8739 - 7

Ⅰ.①物… Ⅱ.①陈… Ⅲ.①物流－物资管理－中等专业学校－教材 Ⅳ.①F252

中国版本图书馆 CIP 数据核字(2011)第 119524 号

物流业务流程

主　　编　陈百建
责任编辑　李　琴
审读编辑　何　晶
装帧设计　冯　笑

出版发行　华东师范大学出版社
社　　址　上海市中山北路 3663 号　邮编 200062
网　　址　www.ecnupress.com.cn
电　　话　021 - 60821666　行政传真 021 - 62572105
客服电话　021 - 62865537　门市(邮购)电话 021 - 62869887
地　　址　上海市中山北路 3663 号华东师范大学校内先锋路口
网　　店　http://hdsdcbs.tmall.com

印 刷 者　上海龙腾印务有限公司
开　　本　787 毫米×1092 毫米　1/16
印　　张　13.5
字　　数　296 千字
版　　次　2011 年 6 月第 1 版
印　　次　2025 年 1 月第 12 次
书　　号　ISBN 978 - 7 - 5617 - 8739 - 7
定　　价　22.90 元

出 版 人　王　焰

(如发现本版图书有印订质量问题,请寄回本社客服中心调换或电话 021 - 62865537 联系)

出版说明

CHUBANSHUOMING

本书是中等职业学校商贸、财经专业的教学用书,可作为物流服务及管理专业,以及国际贸易、物流等相关专业课程的教材。

本书的内容设计以培养学生实际操作能力为主,理论学习为辅,因而在结构上围绕任务设计展开教学。在编写本书的过程中,作者充分考虑到中职学生的认知水平,结合相关课程的教学要求,对于知识点的阐述力求深入浅出,并采用任务递进和作业流程相结合的方式来展示学习内容。

本书设计有以下具体栏目:

情景展现:以具体物流案例或小故事作为每个任务的引入,以增强学生的学习兴趣。

课堂讨论:在相关知识点讲授完后,激发学生动脑思考的小栏目。其中一些具有发散性思维的问题设计,也能很好地调节课堂气氛。

知识链接:作为书本知识的拓展和补充,帮助学生进一步拓展视野。

任务实训:以掌握实际操作能力为目的进行设计,充分体现本课程对学生动手能力的要求。

成绩评定表:通过对实训操作的自评、互评和老师评价,检验学生对于相关能力的掌握程度。

为了方便老师的教学活动,本书还配套有:

《物流业务流程·习题集》:以教材的结构编排设计相关练习和实训,注重巩固和加强学生对知识点的掌握,并锻炼其实务操作能力。

《物流业务流程·教师手册》:含有各章各任务的教学建议、教学补充材料、课堂讨论的参考答案及习题集答案等,便于老师备课、组织教学。

华东师范大学出版社

中等职业教育分社

2011 年 6 月

物流业务流程

前　言

2009年3月,国务院把物流业列为振兴规划十大产业之一,并在颁布的《物流业调整和振兴规划》中明确指出"要采取多种形式,加快物流人才的培养"。蓬勃发展的物流业导致社会出现了对各类物流人才的巨大需求。物流人才大致可以分为物流规划设计咨询人才、管理岗位人才和操作岗位人才。中等职业学校培养的物流服务与管理专业学生主要是面向生产第一线的操作性人才,除了要求学生掌握必要的物流基础知识外,主要还应加强其物流操作技能的训练。本书就是根据这一指导思想编写的,以全新的编排改变了过去物流基础教材只讲理论知识而忽视技能训练的现象。

物流业务流程是中职学校物流运输、口岸物流、仓储与配送和物流营销等物流服务与管理专业专门化方向的必修课程,也可以作为其他经济类专业学习认识物流的入门课程。本书依据《上海市中等职业学校现代物流专业教学标准》中的《物流业务流程课程标准》编写,并参照国家职业资格《物流员》(四级)标准中相关的要求,以物流服务与管理专业相关工作任务和职业能力分析为指导,遵循中职学生的认知特点,力求深入浅出,采用任务递进和作业流程相结合的结构来展示学习内容。

本书在结构设计上采用任务引领和任务实训的方式,不但符合职业教育实践导向的教育思想,还将职业能力培养渗透到专业能力教学之中。

每章内容具体设计了以下几个模块:

学习目标　简要说明该章的主要内容,指出教学涵盖的能力目标。

任务内容　讲解任务涉及的知识和技能,完成任务还可使用的其他操作方法、技巧等。

任务实训　根据该任务重要知识技能点设计任务实训,以检验学生的学习效果。

成绩评定表　根据实训内容制定的成绩评定标准。

本书由陈百建担任主编,魏强和兰征担任副主编。全书共分八章,其中,陈百建编写了第一章,冯维芹编写了第二章,魏强编写了第三章和第八章,兰征编写了第四、五章,徐士芳编写了第六章,盛卉编写了第七章。全书由陈百建负责统稿。

　　本书在编写过程中参阅和引用了一些资料和专家、学者的论著,在此一并表示诚挚的谢意!

　　由于编者的水平和时间有限,书中错误、疏漏在所难免,恳请读者和专家提出宝贵意见,以便编者改进。

编者

2011 年 6 月

目　录

MULU

第一章　体验现代物流　　　　　　　　　　　1

　　任务一　认识物流　　　　　　　　　　　　1
　　任务二　初识物流业务流程　　　　　　　　14
　　任务三　解读物流企业岗位设置及职务描述　21

第二章　物流客户服务运作　　　　　　　　29

　　任务一　认识物流客户服务　　　　　　　　29
　　任务二　前台业务受理　　　　　　　　　　33
　　任务三　接收货物前台开单　　　　　　　　37
　　任务四　处理物流客户投诉　　　　　　　　43

第三章　运输业务流程操作　　　　　　　　51

　　任务一　认识运输　　　　　　　　　　　　51
　　任务二　水路货物运输作业　　　　　　　　57
　　任务三　铁路货物运输作业　　　　　　　　65
　　任务四　公路货物运输作业　　　　　　　　70
　　任务五　航空货物运输作业　　　　　　　　75

第四章　仓储业务流程操作　　　　　　　　83

　　任务一　熟悉仓库环境　　　　　　　　　　83
　　任务二　货物入库作业　　　　　　　　　　89
　　任务三　货物保管作业　　　　　　　　　　97
　　任务四　货物出库作业　　　　　　　　　　105

物流业务流程

第五章　配送作业流程操作　　　　　　　　　　111

任务一　体验配送中心环境　　　　　　　111
任务二　解读配送中心业务流程　　　　　117
任务三　配送作业操作　　　　　　　　　123
任务四　流通加工作业　　　　　　　　　131

第六章　制造物流业务运作　　　　　　　　　138

任务一　认识制造物流　　　　　　　　　138
任务二　体验供应物流业务流程　　　　　142
任务三　体验生产物流业务流程　　　　　147
任务四　体验销售物流业务流程　　　　　155
任务五　体验企业逆向物流流程　　　　　159

第七章　第三方物流运作　　　　　　　　　　167

任务一　认识第三方物流　　　　　　　　167
任务二　体验第三方物流操作流程　　　　171

第八章　货运代理业务运作　　　　　　　　　177

任务一　认识国际货运代理　　　　　　　177
任务二　解读国际货代业务流程　　　　　185
任务三　报关业务的操作　　　　　　　　191
任务四　国际海运代理业务操作　　　　　198

参考文献　　　　　　　　　　　　　　　　206

第一章　体验现代物流

(1) 了解物流及物流管理的概念和内涵；
(2) 能识别关键性物流活动；
(3) 理解物流活动各环节所具备的功能要素；
(4) 能根据物流企业办事程序绘制业务流程图或依据业务流程图描述办事程序；
(5) 熟知物流企业各职能部门设置和岗位职责。

任务一　认识物流

情景展现

"长安回望绣成堆，山顶千门次第开。一骑红尘妃子笑，无人知是荔枝来。"这是晚唐著名诗人杜牧描写华清宫的诗中流传最广的《过华清宫绝句》。请你解释这首诗的含义，想一想其中是否反映了与物流有关的现象。

一、物流的产生与发展

在现代社会中，人们生产与生活中的物流现象比比皆是：工厂中原材料从采购入库到进入车间，在制品及半成品、在工位间和车间之间的移动；商店进货、卖货；我们购买的家电由商店配送到家；在网上购物由快递公司送货上门……简单地说，这些"物的移动"都是物流现象。物流可以实现生产者的利润，也可以满足消费者商品及时送达的需求。没有物流，企业就无法生产，商店就无法营业，人们就无法正常生活。

物流是随着商品的出现而产生的，随着市场经济的完善而发展。在早期人类社会，由于生产力水平低下，人们自给自足，生产出来的有限产品主要用于自己消费，而不需要考虑物品的运输、储存等问题，也就没有对物流的需求。20世纪初，资本主义国家生产力水平大幅度提高，为满足产品销售的及时性，分销物流逐渐受到关注，物流概念开始萌芽。

"物流"一词最早出现在20世纪初的美国，美国市场营销学者阿奇·萧（Arch W. Shaw）在他1915年出版的《市场流通中的若干问题》一书中提到"物资经过时间和空间的转移会产生附加价值"，这里"物资经过时间和空间的转移"后来被称作实体分销（physical distribution，简称PD），即销售物流。这就是最早的物流概念，其实质是"分销物流"。

在第二次世界大战中，美国及其盟国为了战争的需要，创造性地运用了一系列的技术和方法，使人员和物资在限定的时间内到达指定地点，对战争的胜利起到了重要作用。后来人

物流业务流程

们把这些技术和方法总结为"军事后勤"(Logistics)学科。二战后,西方国家经济进入快速发展期,开始出现大量的生产和销售。如何降低物耗成本,提高效益,成为企业急需解决的重要问题。因此,"军事后勤"被引入经济部门,被应用于流通领域及生产经营管理过程中所有与物品获取、运送、储存和分销有关的活动,取得了很好的效果。

20世纪50年代,日本开始从美国引进物流概念,当时被译为"物的流通"。日本的物流之父平原直最早用"物流"这一简洁的名词代替"物的流通",随后被广泛应用。这时,物流已经不是简单的从生产者到消费者的"货物配送"问题,而是还要考虑从供应商到生产者自身产品制造过程中物品运输、保管和信息传递等方面的问题,其目的是提高企业效率,增加经济效益。

1979年,我国物资工作者代表团赴日,在考察报告中第一次引用"物流"这一术语。20世纪90年代中期我国市场经济发展达到一定程度,特别是电子商务的出现与发展,把物流推向一个崭新的发展阶段,形成了之后不断升温的"物流热"。

课堂讨论

问题一:你生活中接触过物流服务吗?请举例说明。
问题二:通过以上介绍,归纳物流的产生和发展历程。

二、现代物流的基本知识

1. 现代物流的含义

2006年12月4日颁布实施的中华人民共和国国家标准《物流术语》(GB/T 18354—2006)将物流定义为:"物品从供应地向接收地的实体流动过程。根据实际需要,将运输、储存、装卸、搬运、包装、流通加工、配送、信息处理等基本功能实施有机结合。"现代物流是指以信息网络平台为基础,以信息技术为支撑,运用各种现代装备和技术,对各种物流资源进行优化处理,最大限度降低物流成本,提高物流效率,满足客户对物流服务的需求的过程,即物流的本质是服务。

例如:家电物流包括家电的零件采购、集中加工、制造与装配、包装、搬运、装车、运输、配送中心入库、配送、交货等过程(见图1-1)。

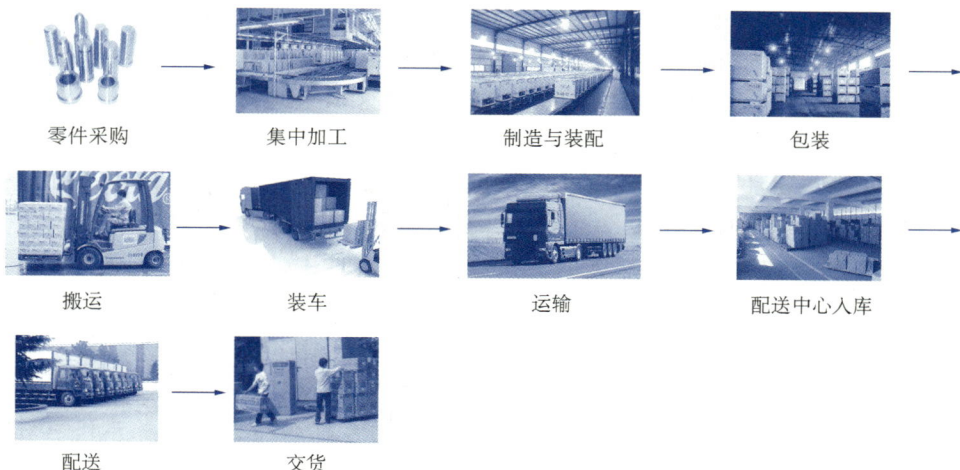

| 零件采购 | 集中加工 | 制造与装配 | 包装 |

| 搬运 | 装车 | 运输 | 配送中心入库 |

| 配送 | 交货 |

图1-1　家电物流的过程

2. 对现代物流含义的解读

(1) "物"与"流"

物流是由"物"和"流"两个基本要素组成的。

物流中的"物"是指一切可以进行物理性位置移动的物质资料。"物"包含了以固、液、气三种状态存在的全部可以进行物理性位移的物质资料,例如钢材、水泥,燃料油,天然气、煤气等。物流中"物"的一个重要特点,是其必须可以发生物理性位移,而这一位移的参照系是地球,固定的设施等不是物流要研究的对象。

知识链接

有关"物"的几个概念

(1) 物资。物资在我国专指生产资料,有时也泛指全部物质资料,较多指工业品生产资料。其与物流中"物"的区别在于:物资包含相当一部分不能发生物理性位移的生产资料,例如建筑设施、土地等,这一部分不属于物流的范畴。

(2) 物料。物料是我国生产领域中的一个专门概念。生产企业习惯将最终产品之外的,在生产领域流转的一切材料(不论其是来自生产资料还是生活资料)、燃料、零部件、半成品、外协件以及生产过程中必然产生的边、角、余、废料及各种废物统称为物料。

(3) 货物。货物是我国交通运输领域中的一个专门概念。交通运输领域将其经营的对象分为两大类:一类是人,另一类是物。除人之外,这一类"物"统称为货物。

(4) 商品。商品和物流中的"物"的概念是互相包含的。商品中的一切可发生物理性位移的物质实体,也就是商品中具有可运动要素及物质实体要素的,都是物流研究的"物",有一部分商品(如:商品房)则不属于此。因此物流中的"物"有可能是商品,但商品并不全部是物流中的"物",商品实体仅是物流中"物"的一部分。

(5) 物品。物品是办公、生活领域常用的一个概念,例如:生活用品和办公用品。在这些领域中,物流中所指的"物"就是通常所称的"物品"。

总之,物流中所称的"物",是物质资料世界中同时具备物质实体特点和可以进行物理性位移的那一部分物质资料。

物流中的"流"指的是物理性运动,是以地球为参照系发生的物理性运动,这种运动也称之为"位移"。因而诸如建筑物、森林、矿体等,由于不会发生物理性运动,尽管其所有权会发生转移,也不在物流的研究范畴之中。只有当建筑物整体被移位或拆移,森林被砍伐成木材,矿体被开采出矿石,木材、矿石等发生了物理性运动,才可归纳到物流的"流"之中。

(2) 物流的效用

物流并不是"物"和"流"的简单组合,而是特指物质资料从供给者到需求者之间的物理性运动,也就是在特定的时间将所需要的物资送到指定场所的运动。这种运动的主要目的是创造时间价值、场所价值,有时也创造一定的加工附加价值。

1) 时间价值。"物"从供应者到需要者之间有一个时间差,通过改变这一时间差创造的价值,叫做时间价值。时间价值通过物流获得的形式有以下几种:

① 缩短时间创造价值。这是指加快物流速度,缩短物流时间,减少物流损失,降低物流

消耗,提高周转率以节约资金等。如:从昆明空运花卉到上海,主要是为缩短运输时间。

② 弥补时间差创造价值。经济社会中,供应和需求普遍存在着时间差。例如,粮食生产有严格的季节性和周期性,这就决定了粮食的集中产出、分散需求,因而供应和需求之间出现时间差。物流便是以科学的、系统的方法弥补,有时是改变这种时间差,以实现其时间价值。

③ 延长时间差创造价值。在某些具体物流中也存在人为地、能动地延长物流时间来创造价值的情况。例如:囤积居奇便是有意识地延长物流时间,增加时间差来创造价值的。

2) 场所价值。"物"从供应者到需求者之间存在空间差,改变这一场所差别从而创造出的价值叫做场所价值。场所价值有以下几种具体形式:

① 从集中生产场所流入分散需求场所创造价值。通过物流将产品从集中生产的低价位区转移到分散各处的高价位区,有时可以获得很高的利润。例如:某品牌汽车以百万辆以上的产量在一个地区密集生产,然后通过物流分散到需求地区。

② 从分散生产场所流入集中需求场所创造价值。例如:一个大汽车厂的零配件生产地分布非常广,但却集中在一个大厂中装配,形成了分散生产和集中需求。

③ 从甲地生产场所流入乙地需求场所创造价值。例如:南方生产的荔枝运到北方各地销售。

3) 加工附加价值。有时,物流可以创造出加工附加价值。加工是生产领域常用的手段,并不是物流的本来职能。但是,现代物流的一个重要特点,是根据自己的优势从事一定的补充性加工活动,也称为流通加工活动。这种加工活动不是创造商品主要实体,形成商品主要功能和使用价值,而是带有完善、补充、增加性质的加工活动,这种活动必然会形成劳动对象的附加价值。例如:水果的分拣、分级包装,分价销售就会产生附加价值。

3. 现代物流的功能要素

物流的功能要素是为了创造时间价值、场所价值和加工附加价值而进行的物流作业活动,包括运输、仓储、装卸搬运、包装、配送、流通加工和信息服务等功能。各功能要素间的相互关系见图 1-2。

(1) 运 输

运输可以解决空间距离问题,从而创造商品的场所价值,实现其使用价值,以满足社会需要。运输是物流最重要的一个功能。运输在经济上的作用是扩大了经济作用范围和在一定的经济范围内促进物价的平均化。例如:产地的水果通过运输到异地销售,实现其价值。

(2) 仓 储

仓储在物流系统中起着缓冲、调节和平衡的作用,是物流的另一个重要功能。仓储的目的是克服产品生产与消费在时间上的差异,创造物资的时间价值。仓储的内容包括储存、管理、保养、维护等活动。例如:水稻一年收获 1~2 次,必须用仓库进行储存以维持日常的需要;水果或者水产品(鱼、虾等)收获后需要在冷藏库进行储存,以满足市场的正常需要。

(3) 装卸、搬运

装卸、搬运是指在同一地域范围内进行的、以改变物的存放状态和空间位置为主要内容和目的的活动,装卸、搬运不仅发生次数频繁,而且其作业内容复杂,又是劳动密集型作业,因此它所消耗的费用在物流费用中占有相当大的比重。据统计,我国的机械工厂每生产 1 吨产品,就需要进行 252 吨次的搬运,其成本占加工总成本的 15.5%。

运输功能

仓储功能

包装功能

装卸、搬运功能

流通加工功能

配送功能

物流的功能要素

实物流动

信息流动

物流信息的收集、传输、处理和分析

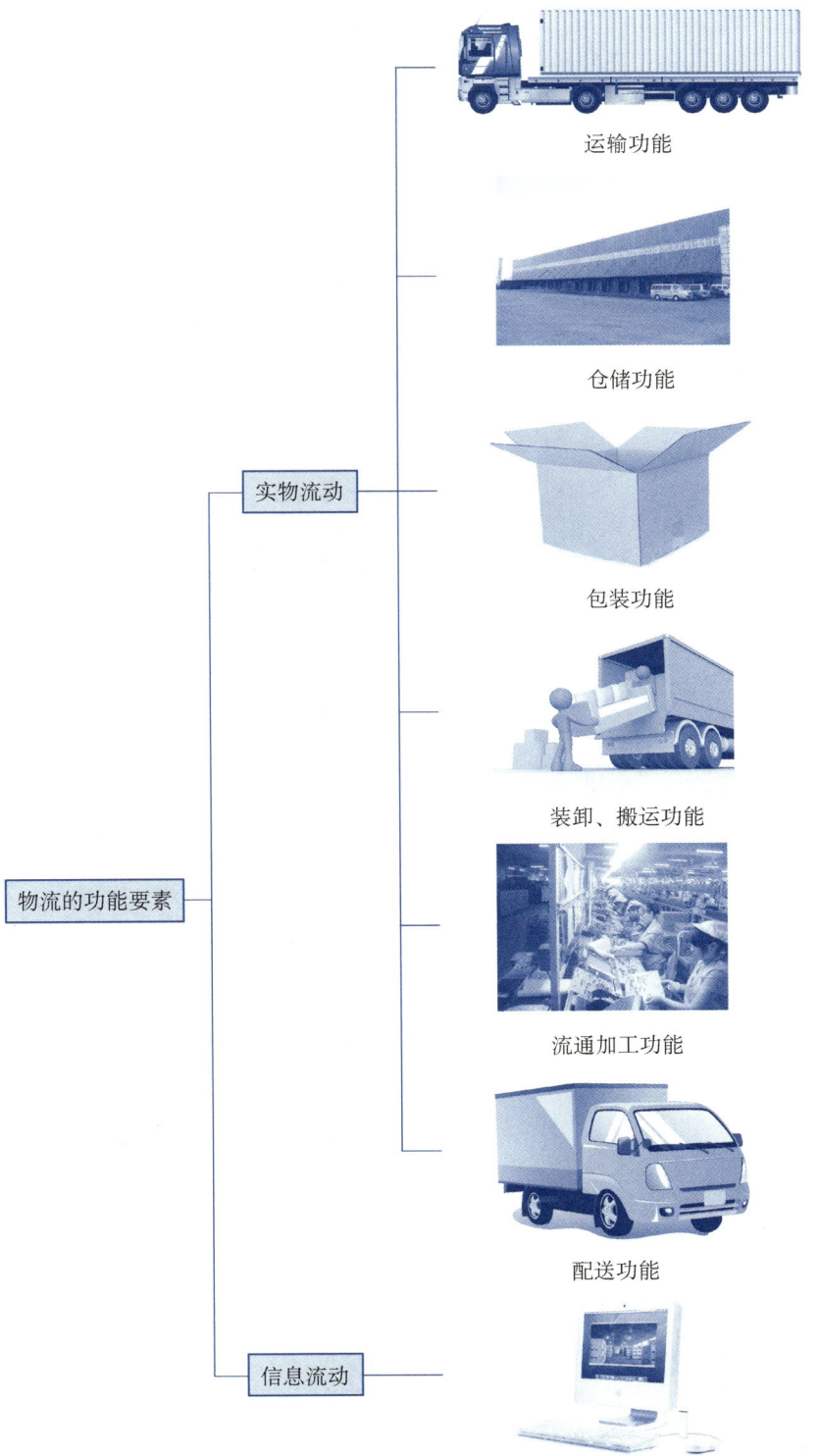

图 1-2　物流各功能要素间的相互关系

物流业务流程

（4）包装

无论是产品或是材料，在搬运输送前都要进行某种程度的包装捆扎或装入适当容器，以保证产品完好地运送到消费者手中，所以包装被称为生产的终点，同时它也是社会物流的起点。

（5）配送

配送是面向城区、或在特定区域内，短距离、多频率的商品送达服务。其本质也是物品的位移，但与运输功能相比，配送又具有其自身的特点。从配送中心到连锁店、用户等的物品分配及空间位移均可称为配送。

（6）流通加工

在流通过程中辅助性的加工活动称为流通加工。流通与加工的概念原属于不同范畴：加工是改变物质的形状和性质，形成一定产品的活动；而流通则是改变物质的空间状态与时间状态。流通加工则是为了弥补生产过程中的加工不足，更有效地满足用户或本企业的需要，使产需双方更好地衔接。例如：超市食品柜的配菜加工。

（7）信息服务

物流活动进行中必要的信息称为物流信息。所谓信息是指能够反映事物内涵的知识、资料、信息、情报、图像、数据、文件、语言、声音等。物流信息与运输、仓储等各个环节都有着密切关系，在物流活动中起着神经中枢的作用。只有加强物流信息的研究，才能使物流成为一个有机系统，而不是各个孤立的活动，只有及时收集和传输有关信息，才能使物流畅通化、定量化。

课堂讨论

问题一：结合身边的实例，谈谈你对现代物流定义的理解。
问题二：举例说明，物流为何能创造三种价值？
问题三：举例说明你所在地区的物流公司具备哪些物流的功能要素？

三、物流的价值

1. "黑大陆"学说

著名管理学权威彼得·F·德鲁克曾经讲过："流通是经济领域里的黑暗大陆。"德鲁克虽然形容的是流通，但流通领域中物流活动的模糊性尤其突出，是流通领域中人们更认识不清的领域，所以"黑大陆"说法现在主要针对物流而言。

"黑大陆"一说主要是指人们对于物流领域尚未认识、了解。如果理论研究和时间探索照亮了这块黑大陆，那么摆在人们面前的可能是一片不毛之地，也可能是一片宝藏之地。黑大陆学说包含了对物流本身的正确评价：在这个领域未知的东西还很多，理论和实践都还不成熟。

2. "物流冰山"学说

"物流冰山"学说是日本早稻田大学西泽修教授提出来的，他专门研究物流成本时发现，现行的财务会计制度和会计核算方法都不可能掌握物流费用的实际情况，因而人们对物流费用的了解是一片空白，甚至有很大程度的虚假性，他把这种情况比作"物流冰山"。

3. "第三利润源"学说

一般把生产中降低物质材料消耗而增加的利润称为"第一利润源"；而通过降低人力资

源消耗即降低总的工资成本而增加的利润习惯称作"第二利润源";把节约物流费用而增加的利润称作"第三利润源"。

在前两个利润源空间越来越小,利润增加越来越困难的情况下,物流领域的潜力逐渐被人们重视。据统计,在美国,消费者每购买45公斤重的产品,支出的运费、仓储费、订货服务费、配送费等物流费用就达到40美元。有人认为,物流成本难以计算,降低物流费用成为继降低物质消耗、提高劳动效率之后企业获得利润的"第三利润源"。

4. "效益悖反"学说

"效益悖反"指的是物流的若干功能要素之间存在着损益的矛盾,即某一个功能要素的优化和利益发生的同时,必然会存在另一个或几个功能要素的利益损失,反之亦然。

"效益悖反"学说在物流领域中指的是物流的各个环节中,单纯某一个环节的优化必然会对其他环节产生一定的利益损失,这在供应链理论中也得到了充分的体现。

因而,将物流细分成若干功能要素来认识,将包装、运输、保管等功能要素有机联系起来,成为一个整体,可以有效解决"效益悖反",追求总体效益。

课堂讨论

物流与每个人的生活息息相关。也许你从没想过,超市里6元钱左右一瓶的2.25升可乐,其在仓储、运输上消耗的费用能够占到销售价格的20%至30%,而它的利润也许只有几角钱。采购商从菜农手里收购的小青菜只有0.5元/市斤,经过几个中间环节,到菜市场出售,每市斤售价达2.5元。

结合本案例讨论物流为什么被称作"第三利润源"。

四、物流与相关概念的关系

1. 物流与商流、资金流、信息流之间的关系

物流不是简单的物的流动,而是流通的一部分。商流、物流、资金流和信息流是从流通内部结构描述流通过程所提出的概念,称为流通过程中的"四流"。商流是指一种交易活动的过程,即商品所有权的转移过程。资金流是指用户确认购买商品后,将自己的资金转移到商家账户上的过程。信息流是指人们采用各种方式来实现信息交流,从面对面的直接交谈直到采用各种现代化的传递媒介,包括信息的收集、传递、处理、储存、检索、分析等过程。商流、物流、资金流和信息流之间的关系见图1-3所示。

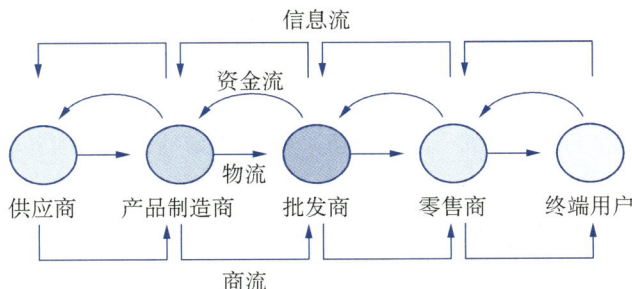

信息流

资金流

物流

供应商　产品制造商　批发商　零售商　终端用户

商流

图1-3　商流、物流、资金流和信息流的关系

商流、物流、资金流和信息流之间的关系可以大体作如下表述：商流是物流和资金流的动力，因为有了商流，才出现了物流的需求，同时有了资金流的结果；而信息流则担负着商流、物流和资金流之间的沟通和传递，它是商流、物流和资金流共同的支撑力量和联系力量。信息流在四流中起到融汇贯通的作用。

2. 现代物流与传统物流的关系

传统物流与现代物流有着很大的区别，主要体现见表1-1所示。

表 1-1　传统物流和现代物流的区别

传统物流	现代物流	传统物流	现代物流
简单位移	增值服务	无统一标准	标准化服务
被动服务	主动服务	"点到点"或"线到线"	全球服务网络
人工控制	信息管理	单一环节管理	整体系统优化

3. 现代物流与电子商务的关系

简单地讲，电子商务是指利用互联网络进行的商务活动。电子商务在短短的几年中以惊人的速度发展，在这一发展过程中，人们发现快递物流已成为有形商品网上商务活动能否顺利进行和发展的一个关键因素。

（1）电子商务促进物流发展

1）电子商务改变人们传统的物流观念。电子商务作为一种新兴的商务活动，为物流创造了一个虚拟的运动空间。在电子商务环境下，人们在进行物流活动时，物流的各种职能及功能可以通过虚拟化的方式表现出来。在这种虚拟化的过程中，人们可以通过各种组合方式寻求物流的合理化，使商品实体在实际的转移过程中，达到效率最高、费用最省、距离最短、时间最少的目标。

2）电子商务改变物流的运作方式。在电子商务环境下，物流的运作是以信息为中心的，信息不仅决定了物流的运动方向，而且也决定着物流的运作方式。在实际运作过程中，通过网络信息传递，可以有效地实现对物流的实时控制，实现物流的合理化。例如：网上购物时，你可以随时上网查询商品的物流状态。

3）电子商务促进物流基础设施的改善和物流技术与管理水平的提高。

首先，电子商务促进物流基础设施的改善。电子商务高效率和全球性的特点，要求物流也必须达到一定水平，而良好的交通运输网络、通信网络等基础设施就是最基本的保证。

其次，电子商务促进物流技术的进步。物流技术包括运输技术、仓储技术、装卸技术、包装技术等，物流技术水平的高低是决定物流效率高低的一个重要因素，建立一个适应电子商务运作的高效率物流系统，对于加快提高物流的技术水平有着重要的作用。

再次，电子商务促进物流管理水平的提高。电子商务搭建了物流信息传递的平台，信息流的畅通要求物流管理水平相应提高，才能确保物流的畅通进行，并实现物流的合理化和高效化。

4）电子商务对物流人才提出了更高的要求。电子商务要求物流管理人员既具有较高的物流管理水平，又具有较丰富的电子商务知识，并能在实际运作过程中，将两者有机地结合在一起。

（2）现代物流是电子商务的重要保障

在传统交易过程中，商流都必须伴随相应的物流活动，即按照购方需求将商品实体由供方以适当的方式向购方转移。而在电子商务中，消费者通过网上购物，完成商品所有权的交割，即实现商流过程，但此时电子商务的活动并未结束，只有商品真正转移到消费者手中，商务活动才算终结。在整个电子商务的交易过程中，物流实际上是以商流的后续者和服务者的姿态出现的。没有现代化的物流作保证，电子商务给供方和购方带来的便捷则等于零。

由此可见，电子商务和现代物流相辅相成、相互影响。现代物流是电子商务的重要组成部分，在原有信息流、商流、资金流电子化的基础上，更应该重视物流的电子化，实现电子商务和物流的对接，大力发展现代物流，以进一步推进电子商务的发展。

课堂讨论

张军同学一次在淘宝网上购买运动鞋，采用网上转账的形式支付了货款。后来又在网上购买五本物流参考书，采用货到付款完成交易。请叙述以上两种付款方式各自的信息流、资金流、商流和物流运作方式有何异同？这些说明物流与电子商务有什么关系？

五、现代物流的分类

由物流对象、物流目的、物流方向及物流范围的不同，人们可以从不同的角度、采用不同的标准对现代物流进行分类，目前有几种主要的物流分类方法，见图 1-4 所示。

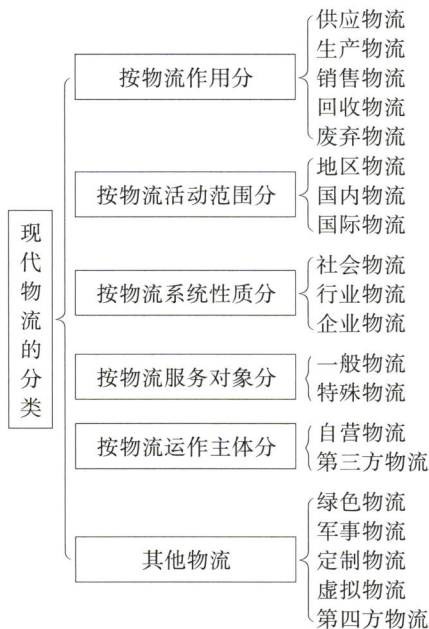

图 1-4　现代物流的分类

上海石化股份公司从国外进口原油,加工生产石化产品,一部分产品利用自己的销售渠道供应国内市场,一部分产品委托某国际货代公司出口国外,在生产过程中注意回收废气、废水和废渣,以保护环境。该公司生产经营过程涉及哪几种物流?

六、现代物流的特征

随着时代的发展,现代物流在不同时期也有不同的内涵,现代物流的特征可以概括为以下几个方面。

1. 信息化

现代物流的信息化表现为物流信息的商品化、物流信息收集的数据库化和代码化、物流信息处理的电子化和计算机化、物流信息传递的标准化和实时化,以及物流信息存储的数字化等。信息化是一切的基础,没有物流的信息化,任何先进的技术装备都不可能运用于物流领域,信息技术在物流中的应用彻底改变了世界物流的面貌。

2. 自动化

在信息化的基础上,自动化的核心是机电一体化,外在表现是无人化,其效果是高效省力。目前,已普遍使用的物流自动化设施有很多,例如:条码/语音/射频自动识别系统、自动分拣系统、自动存取系统、自动导向车,以及货物自动跟踪系统等。

3. 网络化

在信息化的基础上,现代物流的网络化有两种趋势:一是物流配送系统的计算机通信网络化,其中包括配送中心与供应商、制造商之间联网及配送中心与下游客户之间联网,订货过程将会使用计算机通信的方式,借助于增值网(VAN)上的电子订货系统(EOS)和电子数据交换(EDI)来自动实现;二是物流组织网络化,即在全球范围内将各种制造资源、需求资源、供应资源和人力资源组织起来,使之得到充分的利用。

4. 智能化

这是信息化、自动化的一种高层次应用,物流作业过程涉及大量的运筹和决策,如:库存水平的确定,运输、配送和搬运路径的选择,自动导向车的运行轨迹和作业控制,自动分拣机的运行,物流配送中心经营管理的决策支持等问题都需要借助于大量的知识才能解决。在物流的自动化进程中,物流的智能化是无法回避的技术难题。随着专家系统、机器人等相关技术在国际上的推广普及,智能化必将是现代物流的一种发展趋势。

5. 柔性化

20世纪90年代,国际生产领域纷纷推出柔性制造系统(FMS)、计算机集成制造系统(CIMS)、制造资源计划系统(MRPII)以及供应链管理的概念和技术,这些概念和技术的实质是要将生产、流通进行集成,根据需方的需求组织生产、安排物流活动。因此,现代物流的柔性化正是为适应生产、流通与消费的需求而表现出来的一种发展趋势。这就要求物流配送中心根据消费需求"多品种、小批量、多批次、短周期"的特色,灵活组织和实施物流作业。此外,物流设施、设备及商品包装的标准化,物流的社会化和共同化等也都是今后物流发展的方向。

6. 标准化

在物流发展过程中,从企业物流到社会物流,需要不断制定新的物流标准,包括国际标准、国家标准和企业标准,以保证物流运作过程中的互换性和通用性。

物 流 模 数

ISO(国际标准化组织)已经制定了有关物流的许多设施、设备等方面的技术标准,并且制定了国际物流基础尺寸的标准方案:

(1) 物流基础模数尺寸:600 mm×400 mm。

(2) 物流集装箱基础模数尺寸:1200 mm×1000 mm 为主,也允许 1200 mm×800 mm 及 1100 mm×1100 mm。

(3) 物流基础模数尺寸与集装箱基础模数尺寸的配合关系。

7. 社会化

在现代物流时代,物流业已得到充分的发展,企业物流引入社会化物流服务的比重在不断提高,第三方物流将成为现代物流的主体,物流社会化将是物流业的发展趋势。

8. 可视化

随着现代物流技术的应用,无论是用户还是供应商,都不用再为看不到货物而担心,只要通过全球定位系统(GPS)和地理信息系统(GIS)就能对货物进行实时跟踪,通过网络信息系统还可以追踪订单及货物状况,包括发货人、运货人、收货人以及货物的详细信息。

9. 国际化

物流国际化主要表现在两个方面:一是其他领域的国际化产生了国际物流的需求,即国际化物流,如国际维和、国际救援产生的物流;二是物流本身的国际化,如国际贸易带来货物进出口物流。

10. 绿色化

绿色物流主要指商品流通过程的绿色化和废弃物物流过程的绿色化。因此,实现物流绿色化需要在以下方面下工夫:一是对物流系统污染进行控制,在物流系统和物流活动的规划与决策中,尽量采用对环境污染小的方案;二是建立工业和生活废料处理的物流系统。

课堂讨论

问题一:观看物流企业运作的视频,通过物流企业运作过程归纳现代物流的几个特征。

问题二:参观物流实训中心,在物流实训设备操作过程中体会现代物流的几个特征。

七、物流管理的概念及内容

1. 物流管理的概念

《国家标准物流术语（GB/T18354—2006）》中对物流管理的解释是："为了以合适的物流成本达到用户满意的服务水平，对正向及反向的物流活动过程及相关信息进行的计划、组织、协调与控制。"物流管理的过程见图1-5所示。

2. 物流管理的主要内容

① 对物流活动各要素的管理，包括对运输、存储、装卸、配送等环节的管理。

② 对物流系统各要素的管理，即对其中人、财、物、设备、方法和信息六大要素的管理。

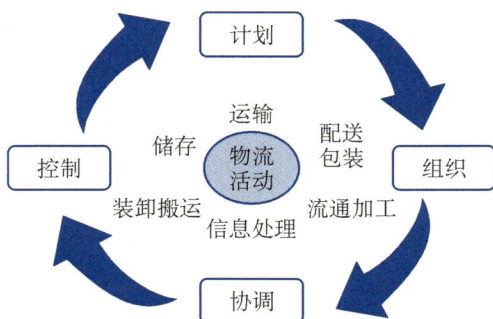

图 1-5　物流管理过程

③ 对物流活动中具体职能的管理，主要包括物流计划、质量、技术、经济等职能的管理。

3. 物流管理的过程

按照物流管理进行的顺序可以划分为三个阶段，即计划阶段、实施阶段和评价阶段。

(1) 物流计划阶段

物流计划是为了达到目标所做的准备性工作。它分为三个步骤：首先是确定目标，以及为实现这个目标所进行的各项工作的先后次序；其次是分析研究在物流目标实现的过程中，可能产生的各种影响，尤其是不利因素，并确定应对这些不利因素的对策；最后是提出贯彻和指导实现物流目标的人力、物力、财力的具体措施。

(2) 物流实施阶段

物流计划确定以后，要把物流计划付诸实施。物流的实施管理就是对正在进行的各项物流活动进行管理。它包括对物流活动的组织和指挥，对物流活动的监督和检查，对物流活动的调节等活动，因而在物流各阶段的管理中具有突出地位。

(3) 物流评价阶段

物流评价是将物流实施后的结果与原计划的物流目标进行对照、分析的过程。可分为专门性评价和综合性评价。专门性评价是对物流活动中某一方面或具体活动作出的分析，如仓储中的物资吞吐数量完成情况、运输中的吨公里完成情况等；综合性评价是对某一管理部门或机构物流管理水平的全面分析，如仓库的全员劳动生产率、运输部门的运输成本等。对一个具体的企业来说，物流管理最直接的效果在于对其成本的减少或利润的增加。

4. 现代物流管理的目标

现代物流管理追求的目标可以概括为"7R"：将适当数量（right quantity）的适当产品（right product），在适当的时间（right time）和适当的地点（right place），以适当的条件（right condition）、适当的质量（right quality）和适当的成本（right cost）交付给客户。具体来讲，通过加强物流系统管理，可以实现"7S"，即服务（service）目标、快捷（speed）目标、节约（space saving）目标、规模优化（scale optimization）目标、库存控制（stock control）目标、安全性（safe）目标、总成本最低（sum cost minimum）目标。

(1) 服务(service)目标

物流系统是联结生产和消费的纽带和桥梁,因此要求有很强的服务性。物流系统采取送货、派送等形式,在为用户服务方面要求做到无缺货、无货损、无货差等,且费用便宜,这些都是其服务性的具体表现。在技术方面,近年来出现的"准时供货方式"、"柔性供货方式"等,也是其服务性的表现。

(2) 快捷(speed)目标

把货物按照用户指定的地点和时间迅速、及时地送到,这不但是服务性的延伸,也是流通对物流提出的要求。快速、及时既是一个传统目标,也是一个现代目标。在物流领域采取的诸如直达物流、多式联运,都是快捷目标的体现。

(3) 节约(space saving)目标

即有效地利用面积和空间的目标。逐步发展立体化设施和有关物流机械,可以实现空间的有效利用。在流通领域中,除了节约流通时间外,还可通过节约来降低成本支出,这是提高相对产出的重要手段。

(4) 规模优化(scale optimization)目标

生产领域的规模生产早已为社会所承认。以物流规模作为物流系统的目标,并以此来追求"规模效益"。在物流运作中,通过增加物流量来降低单位固定成本,都是规模优化这一目标的体现。

(5) 库存控制(stock control)目标

库存过多就需要更多的保管场所,因而产生库存资金的积压,造成浪费。因此,必须按照生产与流通的需求变化对库存进行控制,这也是宏观调控的需要,直接涉及物流系统本身的效益。在物流系统中,正确确定库存管理方式、库存数量、库存结构、库存分布就是这一目标的体现。

(6) 安全性(safe)目标

保证物流系统的安全性就是最大的节约。物流系统的各个环节、过程都应坚持"预防为主"的观点,避免由于不安全因素而导致的各种事故,给企业和客户造成损失。

(7) 总成本最低(sum cost minimum)目标

在物流市场竞争激烈的情况下,个别物流企业的物流成本只有降低到平均成本以下,才有可能赚取利润。另外,单项成本的降低并不意味着总成本的降低。例如:库存费用降低会导致运输费用上升,两者必须找到一个最佳的平衡点。

任务实训

案例讨论:轻松畅行,十天交货——点击海尔客户订单

某日,成都百货大楼通过海尔网站的电子商务平台送达了 55 台商用空调的订单,这一编号为 5000571 的订单迅速被海尔物流采购部门与生产制造部门同时接收,计算机大屏幕上也立即显示出生产制造部门——海尔商用空调事业部的缺料情况,一系列行动随即展开:采购部门向压缩机供应商发布订单;配送部门见到清单指令,4 小时内将压缩机及其他缺料送达工位;5 天后,5000571 号订单已变成成品入库。

再有 5 天时间,这批产品就能送抵成都百货大楼指定地点。这一切均说明,海尔只需要 10 天即可按客户订单要求完成交货。

海尔物流的最重要载体之一、矗立在物流企业货区内的立体库高达 22 米，共有 18056 个标准托盘位，其中原材料托盘位 9768 个，成品托盘位 8288 个，包括原材料和生产成品两个自动化物流系统。采用了世界上最先进的激光导引无人运输车、巷道堆垛机、机器人、穿梭车等，实现了物流的自动化和智能化。原材料及成品都置于标准托盘内入库和出库，所有活动均在无人工的情况下进行。出入库信息由托盘上的条码和机械搬运设备上的红外线扫描终端传送到计算机管理系统。

1. 描述成都百货大楼向海尔订货的过程。
2. 本案例体现出现代物流的哪些特征？
3. 海尔物流属于第几方物流？有哪些硬件和软件配置？
4. 海尔物流可以实现哪些物流管理目标？

成 绩 评 定 表

考评内容	成都百货网上采购海尔空调案例讨论				
	具体内容	分值	自评 30%	互评 30%	师评 40%
考评标准	描述成都百货向海尔订货的流程	20			
	案例中体现的现代物流的特征	20			
	物流的价值课堂讨论	10			
	讨论海尔物流能实现哪些物流管理目标	20			
	描述本案例中的"四流"运作过程	30			
合　计		100			

注："四流"为商流、物流、资金流和信息流

任务二　初识物流业务流程

情景展现

新生来学校报到，看到学校大门口有一个流程指示牌，告诉新生办理入学手续的过程。

1. 你来学校报到时，去过哪些部门？办理了哪些手续？
2. 在生活中，你曾遇到过需要经过多部门审核才能办理好的事务吗？
3. 你能解释办事流程的概念吗？

商品流通过程中贯穿着信息流、资金流、物流、商流。物流运作的核心是流程，流程是物

流公司运作的基础,物流公司所有的业务都需要流程来驱动。流程把相关的信息数据根据一定的条件从一个人(部门)输送到其他人员(部门),得到相应的结果以后再返回到相关的人(部门)。一个企业不同的部门、不同的客户、不同的工作人员和不同的分公司都是靠流程来进行协同运作的,在流转过程中可能会带有相应数据的传递,如文档、服务、财务数据、任务、人员和客户等信息。

简而言之,业务流程是为了实现一定目标而进行的一系列逻辑相关的活动,也就是工作的顺序及工作之间的传递和关系转移。

通过流程,可以把一件工作的若干个作业项目或若干个工作环节,以及它们的责任人和责任人之间的相互工作关系描述得很清楚,既说明了一件工作先做什么、后做什么的问题,又解决了每一项具体工作由谁来做的问题。

一、标准业务流程图的绘制

作为物流公司的有关部门和人员,必须掌握流程图的绘制方法。根据现有的业务程序,绘制业务流程图,使办事过程及相关责任一目了然,才能将流程管理全面、彻底地推行下去,使其最大限度地发挥作用。

1. 流程图绘制前的准备

根据实地观察办事程序以及办事的规章制度,用文字描述业务流程的步骤,找出关键流程,判断流程的开始和结束,任务和工作内容,需要决策的事项,任务和工作内容完成的先后次序,信息的来源,信息的储存和输出,办事所要经过的管理层次和部门。

2. 选用流程图符号

在流程图中,不同的符号具有不同的特定含义,物流企业在绘制流程图时要注意内部统一使用。美国国家标准学会(ANSI)规定的管理流程设计的标准符号见图1-6。

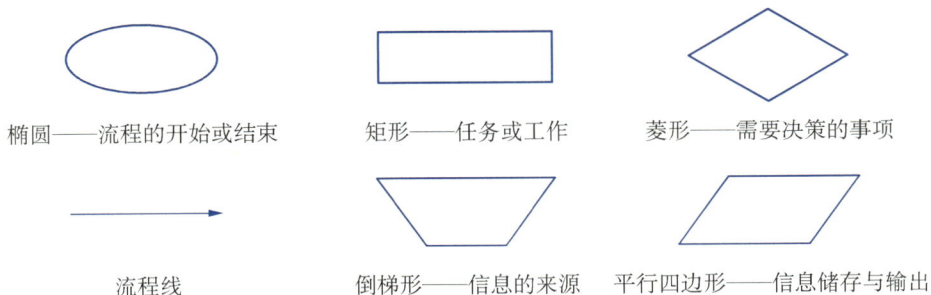

椭圆——流程的开始或结束　　矩形——任务或工作　　菱形——需要决策的事项

流程线　　倒梯形——信息的来源　　平行四边形——信息储存与输出

图 1-6　流程图常用符号示例

实际上,管理流程设计的标准符号还有很多。为了使流程图尽量简洁明了、易于操作,各个企业可根据实际需要,使用其中一部分。一般情况下,使用前四种符号就基本可以满足实际需要了。

3. 确定流程图类型

流程图有很多种类型,国际上通用的一种流程图形式是"矩阵式流程图"。这种流程图分成纵、横两个方向,纵向表示工作的先后顺序,横向表示承担该项工作的部门和职位。通过纵、横两个方向的坐标,就可以达到流程的要求,既能解决先做什么、后做什么的顺序问题,又解决了由谁来做的责任问题。

当然,物流企业在绘制流程图时,可根据本企业的实际业务情况进行流程图的样式设计或选择,以简单易懂、方便使用为原则。

4. 流程图的绘制说明

(1) 流程图的纵、横坐标

矩阵式流程图分成纵、横两个方向,纵向表示工作的先后顺序,横向表示承担该项工作的部门和岗位。从图的左上角开始,职位级别从高向低排列。通过纵、横两个方向的坐标,就可以将某项业务工作进行明确定位,使业务流程一目了然。

(2) 流程图的层次级别

物流公司的流程图一般分为一、二、三级,没有必要再往下细分。

① 一级流程图是企业级的流程,如:企业主导业务流程图、企业决策流程图等。

② 二级流程图是部门级的流程,如:人力资源管理流程图、财务管理流程图、仓储部工作流程图等。

③ 三级流程图是部门内某项工作的流程,如运输工作流程、商品包装工作流程、订单受理工作流程、员工培训工作流程等。

(3) 绘制流程图的注意事项

① 流程图要做好编号,上、下方各栏也要填写清晰,以便于信息化管理及公司内相关部门的存档管理。

② 要描述出流程的起点与终点,整个流程是一个从开始到结束的闭环过程。

③ 流程的关键节点要一一绘出,避免遗漏。绘制流程图时不妨考虑以下 6 个问题:谁(Who)、什么(What)、为什么(Why)、何处(Where)、何时(When)、如何(How),可有助于全面思考问题,避免遗漏流程项目。

④ 注意流程节点的连接方式,弄清楚是并行连接还是串行连接,每一节点的工作事项一定要与相应职位对应。

⑤ 注意流程线的走向,同时要将流程节点的一些关键输入/输出变量在流程图上标出。

⑥ 流程图要尽量简单明了,不太重要的内容和解释说明性的文字可在流程说明书中表述,而不要都表现在流程图中。

(4) 标准流程图的绘制

在实际操作中,流程图的制作是通过公司中层及基层办事人员以讨论的方式来进行,也可让公司的员工代表参与进来,这样可以集思广益,有助于流程的优化。在讨论时,可以在预先准备的白板上,以报事贴代表任务来绘制流程草图,方便随时粘贴、随时取下,便于修改。在讨论确定之后,再由一人执笔,将最终确定的流程图描绘下来。

5. 流程的管理与实施

当物流公司的所有流程图均绘制完毕以后,相关部门或人员应将其装订成册,并且发放给公司的各个部门遵照执行。流程图实际上是公司的内部法规,有了它,物流公司才能建立起真正规范的工作规则和工作秩序,有条不紊地进行流程管理,实现公司的整体经济效益。

二、业务流程案例——解读运输管理工作流程与工作标准

1. 运输管理工作流程图(图1-7)

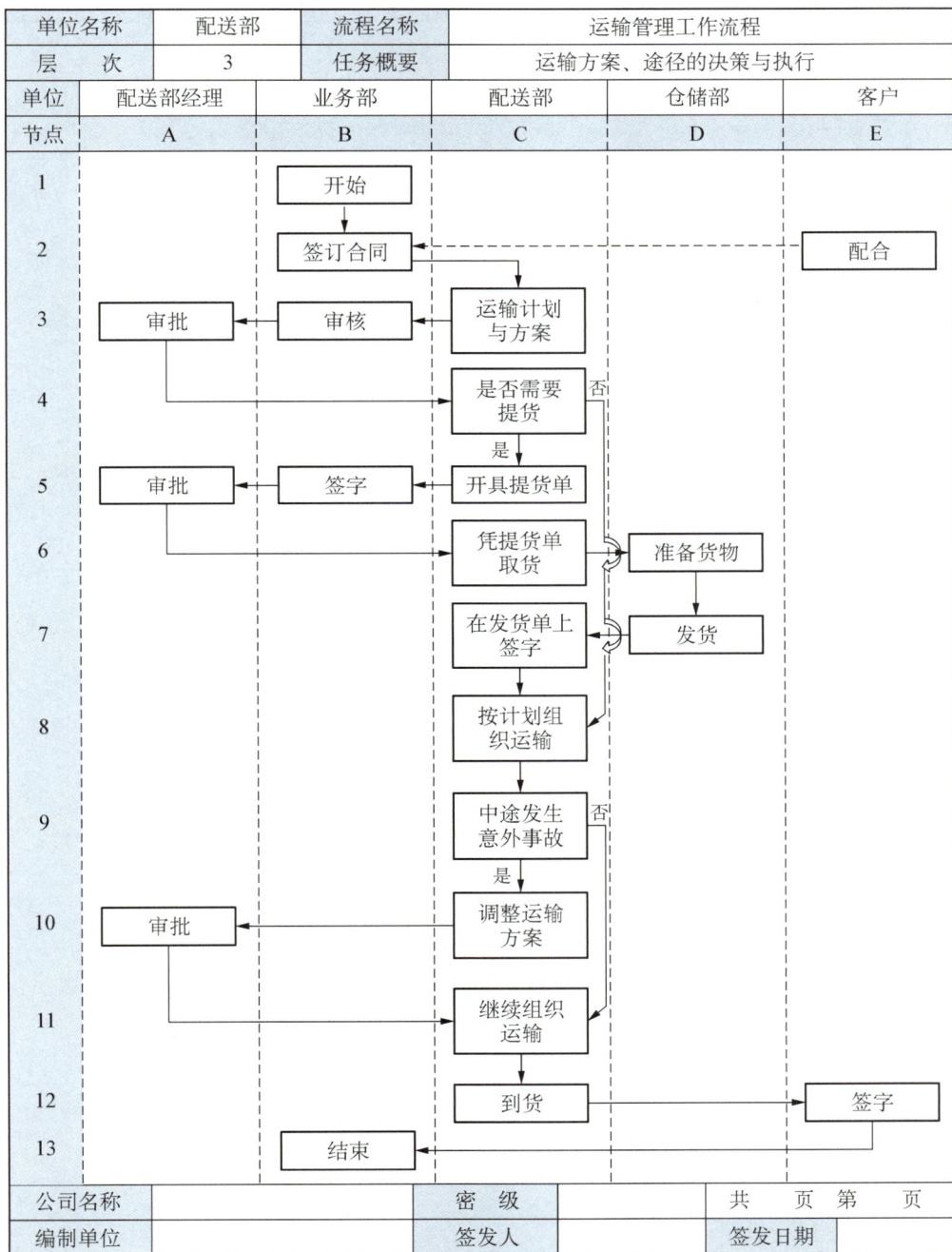

单位名称	配送部	流程名称	运输管理工作流程		
层　　次	3	任务概要	运输方案、途径的决策与执行		
单位	配送部经理	业务部	配送部	仓储部	客户
节点	A	B	C	D	E

```
1                           开始

2                           签订合同 ◄─────────────────────────── 配合

3        审批 ◄── 审核 ◄── 运输计划
                            与方案

4        ▲──────────────── 是否需要 ──否
                            提货
                            │是
5        审批 ◄── 签字 ◄── 开具提货单

6        ▲──────────────► 凭提货单 ──► 准备货物
                            取货              │
7                          在发货单上 ◄──── 发货
                            签字

8                          按计划组
                            织运输

9                          中途发生 ──否
                            意外事故
                            │是
10       审批 ◄──────────── 调整运输
                            方案

11       ▲──────────────► 继续组织
                            运输

12                          到货 ──────────────► 签字

13              结束 ◄───────────
```

公司名称		密　　级		共　页　第　页	
编制单位		签发人		签发日期	

图1-7　运输管理工作流程图

物流业务流程

2. 运输管理工作标准(表1-2)

表1-2 运输管理工作标准

任务名称	节点	任务程序	时限	相关资料	重点	标准
运输计划与方案的制定	B2 E2	业务部与客户签订《委托运输合同》	随时	一、《委托运输合同》 二、《运输计划与运输方案》	《运输计划与运输方案》的制定与审批	计划制定及时、可行
	C3	配送部根据合同要求,编写《运输计划与运输方案》	2个工作日内			
	B3	业务部对《运输计划与运输方案》进行审核,检查是否符合合同要求	1个工作日内			
	A3	配送部经理对《运输计划与运输方案》进行审批	1个工作日内			
办理提货手续	C4 C5	如果需要从仓储部提货,由配送部开具相应的提货单	1个工作日内	一、《委托运输合同》 二、《运输计划与运输方案》 三、提货单	提货手续的办理	手续齐全,无遗漏
	B5	业务部根据《委托运输合同》的规定,在提货单上签字确认	即时			
	A5	提货单交配送部经理审批	即时			
	C6	配送部指定具体的运输组,凭手续齐全的提货单到仓储部取货	即时			
	D6 D7	仓储部检查提货单,若没有问题,按照发货程序发放相应的货物,并登记发货单	即时			
	C7 C8	配送部经理在发货单上签字,货物搬运装车,运往目的地	即时			
途中意外事故处理	C9	如果运输途中发生意外事故,运输负责人及时上报公司配送部,并通知业务部及相关领导	即时	一、《委托运输合同》 二、《运输计划与运输方案》	意外事故的处理	处理及时、妥当
	C10	业务部就意外事故及时通知客户单位,商讨解决办法	视情况而定			
	A10	配送部及时制定解决措施,并由配送经理对解决措施进行审批	2个工作日内			
	C11	配送部落实领导审批的解决措施,继续组织运输				
到货	C12	配送部根据合同要求,将货物运抵目的地	即时	《委托运输合同》	到货手续的办理、余款的结算	手续办理及时、余款结算及时
	E12	客户在接收单上签字确认	即时			
	B13	配送部返回,将货物接收单送交业务部	1个工作日内			
		业务部凭货物接收单,向客户收取运输服务余款				

物流业务流程

请将上述的运输管理工作流程图和运输管理工作标准用自己的语言进行表述,叙述业务流程图的作用。

三、物流业务示意流程图的绘制

目前很多物流公司都采用了物流业务示意流程图。其主要作用一是可以将物流企业的办事程序用图形和连线直观表达,便于记忆和理解;二是可以分析流程图的合理性,进行流程优化和再造。图 1-8 是表示货物分拣出货业务的流程图。

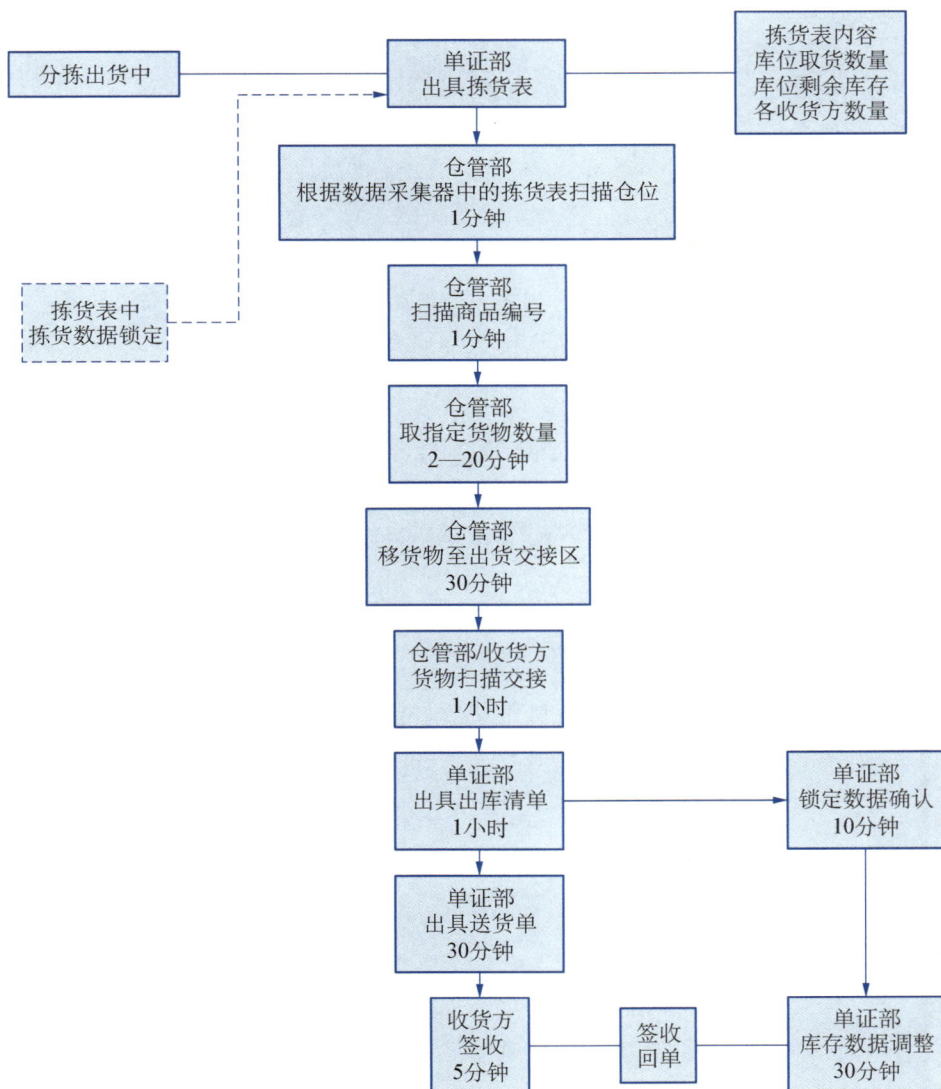

图 1-8　分拣出货业务流程图

1. 根据分拣出货业务流程图,用文字描述其业务流程。

第一步:_____

第二步:_____

第三步:_____

第四步:_____

第五步:_____

第六步:_____

第七步:_____

第八步:_____

第九步:_____

第十步:_____

2. 根据以下文字描述,画出示意业务流程图。

某公司物流部的理货作业流程如下:

① 理货员接到计划员的到货通知后,到指定地点搬运和卸货,摆放到理货区;

② 按照采购员的采购订单,理货员审核到货实物和供应商的装箱清单,先检查封箱状况,后开箱检验货物(部分厂商到货可免检);

③ 理货员把货物(每5件)按顺序摆上理货台,在电脑系统中录入条形码,核实每单位货物条形码的唯一性;

④ 严格按照质量检查标准,理货员戴好手套后检查(避免静电和汗渍氧化货物),并在包装盒的折封口处贴合格标签;

⑤ 填写质量验收报告,如有不合格品,贴上不合格标签,注明不合格原因,摆放到不合格品区,并通知计划员进行不合格品的处理;

⑥ 理货员确认货物名称、规格型号、实际数量,并在送货单上签收,自存一联送货单,并在电脑系统上录入和打印入库单;

⑦ 理货员把入库单和货物一起移交仓管员,办理入库手续,双方在入库单上签名确认。

物流部理货作业流程图

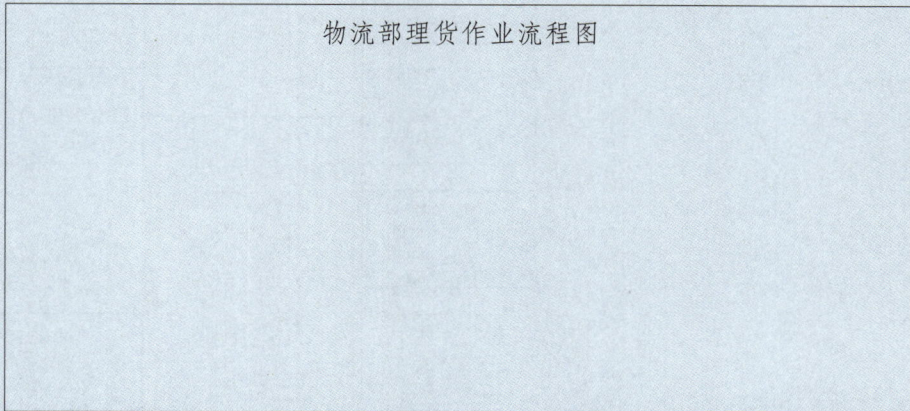

成 绩 评 定 表

考评内容	物流业务流程描述及绘图				
考评标准	具体内容	分值	自评30%	互评30%	师评40%
	根据业务流程图用文字描述办事程序	30			
	根据文字描述绘制业务流程图	30			
	填制相关表格	40			
合　计		100			

任务三　解读物流企业岗位设置及职务描述

情景展现

在多数物流企业的办公楼里,通常可以看到每个办公室门口会挂有一个牌子,经理室、仓储室、配送部、运输部、财务部等等。企业为什么要设置这么多部门? 不同部门人员的职责各是什么?

一、物流企业的组织结构

1. 物流企业组织结构的概念

物流企业的组织结构是指物流企业内组织机构按分工协作关系和领导隶属关系有序结合的总体。组织结构基本内容包括部门划分和层次划分,以及各个机构的职责、权限和相互关系,从而形成一个有机的整体。

知识链接

物流企业组织结构的建立原则

(1)结构合理。各类机构的组建应同企业的规模和经营的业务相适应,合理设计管理层次,配置工作人员。

(2)责权分明。各层次的机构要形成一条职责、权限分明的等级链,不得越级指挥和管理。

(3)利于沟通。保证信息在企业内部的无障碍传递及决策的快速性。同时在企业外部,保证客户信息有效、快速地传递到位,客户要求能得到快速反应。

(4)协调一致。所有组织机构都应该在一个目标的基础上,把物流作业活动协调起来,以求达到最佳的效果。

（5）客户优先。要考虑机构设置对客户的影响，应尽量满足客户的需求，以方便客户为基本出发点。

2. 物流企业的组织结构形式

物流企业的组织结构形式是指整个组织机构按部门划分和按层次划分组成纵横交错关系的组织形式，它取决于业务规模、经营内容、人员素质、经营管理水平和内外部环境等多种因素。

（1）职能制组织结构

职能制组织结构的本质是将企业的主导业务分解成各个环节，并由相应部门负责执行，即按照职能设置部门及各部门间的层级关系。当外界环境稳定、技术相对标准、不同职能部门间的协调相对简单时，这种结构形式是最有效的，如图1-9所示。

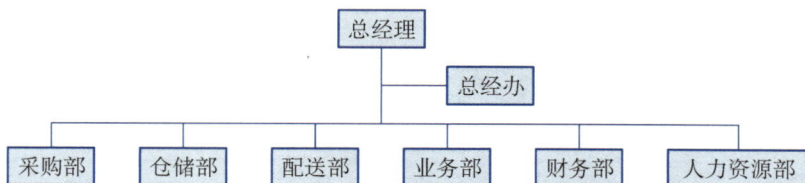

```
                        总经理
                          │
                        总经办
                          │
  ┌────┬────┬────┬────┬────┬────┐
采购部  仓储部  配送部  业务部  财务部  人力资源部
```

图1-9　职能制组织结构

职能制组织结构的核心优势是专业化分工，因此，其部门和岗位的设置及名称是以"职能"、"专业"来命名的。这种组织并不需要太多的横向协调，公司主要通过纵向层级来实现控制和协调。职能制组织结构的优势和不足见表1-3。

表1-3　职能制组织结构的优势和不足

优　势	不　足
★ 促进深层次技能的提高 ★ 促进组织实现职能目标 ★ 在中、小型企业规模下最优 ★ 在一种或少数几种产品、服务时最优	★ 对外界环境的变化反应较慢 ★ 可能引起高层决策堆积、层级负荷加重 ★ 易导致部门间缺少横向协调，对组织目标的共识有限 ★ 易导致缺乏创新

（2）直线职能制组织结构

直线职能制也称直线参谋制，是按经营活动的功能划分部门，各部门的独立性小，权力集中于高层管理者手中的一种高度集权的组织结构形式，其结构框架如图1-10所示。

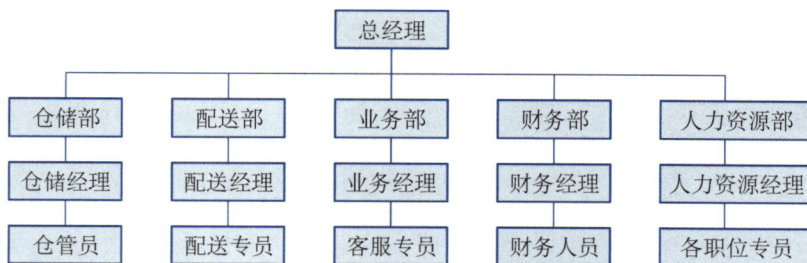

```
                        总经理
  ┌────────┬────────┬────────┬────────┬────────┐
仓储部    配送部    业务部    财务部    人力资源部
  │        │        │        │        │
仓储经理  配送经理  业务经理  财务经理  人力资源经理
  │        │        │        │        │
仓管员    配送专员  客服专员  财务人员  各职位专员
```

图1-10　直线职能制组织结构图

直线职能制组织结构形式的优势和不足见表1-4。

表 1-4　直线职能制组织结构的优势与不足

优　势	不　足
★ 权力集中,强化高层主管人员对组织的控制,有利于资源优化配置,发挥整体优势 ★ 按功能划分部门,可避免资源的重复配置 ★ 有利于专业化技能的不断提高和有效利用	★ 易导致有关人员重视方法和手段,而忽视目的和成果 ★ 集权式管理增加了高层领导人的协调工作,不能很好发挥中层管理者的积极性,易产生相互推诿的现象,削弱物流公司的效益和整体实力

(3) 事业部制组织结构

事业部制组织结构是指在物流公司中实行的一种分权式的多分支单位的组织结构形式。在总经理的领导下,公司按地区、业务形式等设立事业部,各事业部有相对的责任和权利,并作为利润中心实行独立的财务核算,依据企业的战略方针和决策实行独立经营,但在人事政策、形象设计、投资决策等方面一般没有自主权。其结构模式见图 1-11。

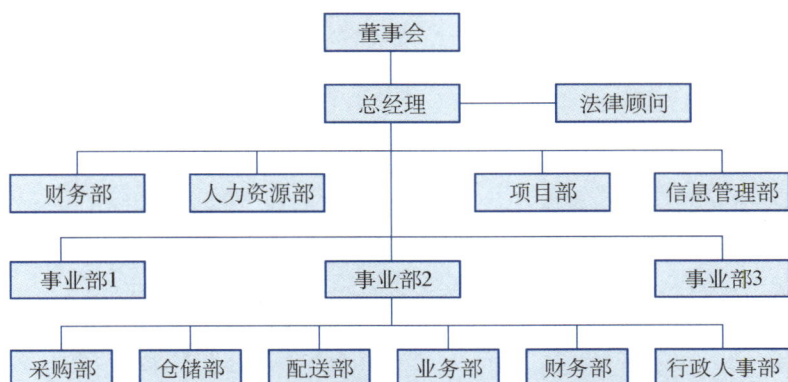

```
                    董事会
                      |
          ┌───────── 总经理 ───────── 法律顾问
          |            |
    ┌─────┬──────┬──────────┬──────────┐
  财务部  人力资源部      项目部    信息管理部
    |
 ┌──────────┬──────────────┬──────────────┐
事业部1        事业部2           事业部3
    |
 ┌────┬────┬────┬────┬────┬────┐
采购部 仓储部 配送部 业务部 财务部 行政人事部
```

图 1-11　事业部制组织结构图

事业部制组织结构的优势和不足见表 1-5。

表 1-5　事业部制组织结构的优势与不足

优　势	不　足
★ 各事业部实行统一管理,独立经营,调动了各经营部门的积极性,使统一管理与专业化分工有机结合,提高了经营管理的灵活性和对市场的适应性 ★ 总经理可从具体的经营管理事务中摆脱出来,对各个事业部的经营管理着重放在事前的决策和事后的考核上,从而使企业最高领导层成为强有力的决策机构 ★ 各事业部实行专业化管理,发挥各自优势,整体与局部效益都很显著	★ 集权和分权的程度有时难以掌握,处理不好会削弱统一性,协调难度大

(4) 矩阵制组织结构

在物流公司中,有时会根据业务项目或某些专门任务而成立跨部门的专门机构或项目小组,形成矩阵制组织结构,具体的组织结构形式如图 1-12 所示。它是职能制和事业部制组织结构形式的组合,大多是临时设置的,一个项目或业务运作完成后即取消。

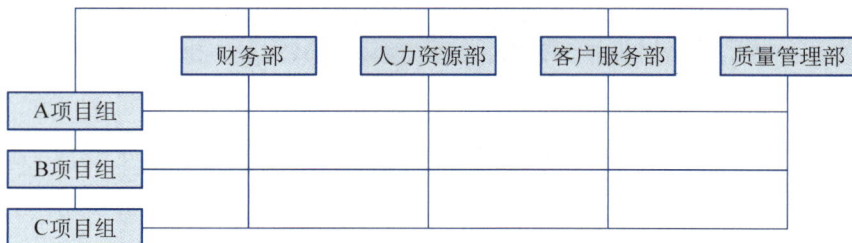

图 1-12　矩阵制组织结构图

矩阵制组织结构的优势和不足如表 1-6 所示。

表 1-6　矩阵制组织结构的优势与不足

优　势	不　足
★ 各部门抽调的人员、专业人员配备齐全 ★ 横向信息沟通容易 ★ 适应性强,协调配合好	★ 容易导致员工对双重领导的迷惑 ★ 员工需要具备良好的沟通能力,需要进行相关培训 ★ 为解决冲突,管理者将耗费较多时间

课堂讨论

问题一:企业为什么要设置组织结构? 结合实例谈谈如何设置组织结构。

问题二:调查学校的组织结构设置,绘出组织结构图,分析它属于哪种组织结构形式。

问题三:调查本地区的某个企业,绘出组织结构图,分析它属于哪种组织结构形式。

二、物流公司组织结构示例分析

1. 中型物流公司组织结构示例

某中型物流公司组织结构示例如图 1-13 所示。

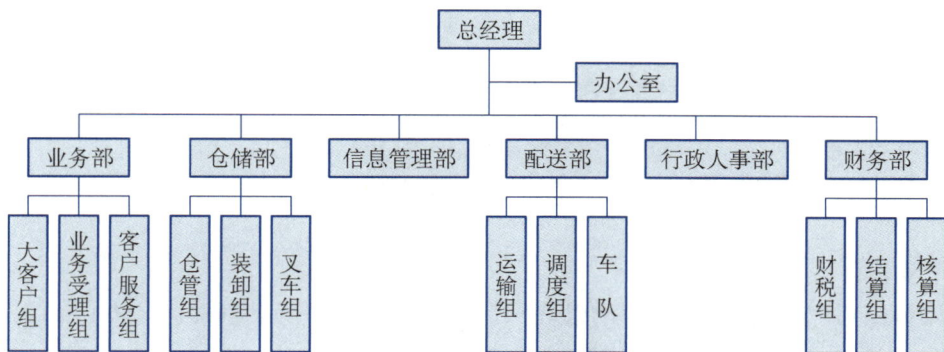

图 1-13　某中型物流公司的组织结构图

分析：

① 该公司组织结构形式为直线职能制。

② 业务部门的管理层次为三级管理。

2. 大型物流公司组织结构示例

某大型物流公司组织结构示例如图 1-14 所示。

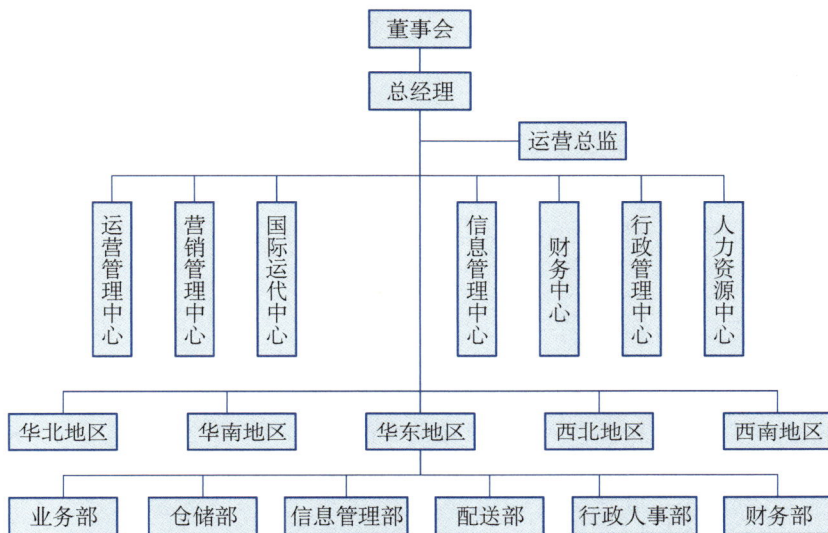

图 1-14　某大型物流公司组织结构图

分析：

① 该公司组织结构形式为地区事业部制。

② 设置了七个管理中心和五个地区事业部。

③ 大型物流公司组织机构健全，是现代企业的管理模式，为董事会下总经理负责制。

三、物流企业岗位职责

物流企业主要岗位及其岗位职责如下：

1. 经理

① 主持物流部的全面管理工作，保证本部门组织目标和管理目标的实现。

② 研究、设计物流管理办法和作业流程，并提出改进和完善建议。

③ 拟定、执行和控制本部门的工作目标。

④ 领导本部门员工及总部配送中心主管和分公司物流部经理，检查监控员工的工作状况，对员工的工作进行合理分配。

⑤ 拟定本部门的员工教育培训计划并组织实施，做好团队建设工作。

⑥ 负责本部门员工的绩效评估工作。

⑦ 贯彻、执行公司各项规章制度和决议。

⑧ 协调同其他部门的工作关系。

⑨ 完成领导交办的其他工作任务。

2. 物流主管

① 协助经理的工作。

② 研究、设计物流管理办法和作业流程,并提出改进和完善建议。

③ 拟定本部门的员工教育培训计划并组织实施,做好团队建设工作。

④ 协助做好本部门员工的绩效评估工作。

⑤ 完成领导交办的其他工作任务。

⑥ 做好内部和外部对接协调工作。

⑦ 管理监督物流部各岗位工作。

3. 信息主管

① 严格遵守公司各项规章制度和工作流程,保证信息统计质量。

② 维护公司形象,为客户提供优质的咨询服务。

③ 根据总部配送中心、各分公司物流信息数据进行分类汇总,并做好相关数据的分析工作,为内外部提供准确、可靠的物流信息。

④ 完成领导交办的其他工作任务。

4. 仓库保管员

① 主动和业务部门(或货主)沟通仓储业务信息,做好业务准备。

② 做好货物接运、交接,维护企业和货主的合法权益,处理货损、货差事宜。

③ 做好货物外观质量和数量验收,确保入库货物的数量准确和质量完好。

④ 进行货位合理规划,提高仓库利用率。

⑤ 组织货物合理堆码和苫垫作业,确保作业人员、货物和存储设施的安全。

⑥ 熟悉不同货物的基本性能、用途、储存保管要求,对库存货物进行有效的品质维护。

⑦ 按规定进行库存货物的盘点,确保账、卡、物三相符。

⑧ 完成因配送或发运业务所需要的有关仓储辅助作业。

⑨ 做好清洁工作和环境保护工作。

⑩ 掌握仓储安全技术、工业卫生、环境保护和消防知识,能够有效进行个人安全防护,掌握消防器材的使用方法并能够采取有效的防火措施。

5. 保税仓主管

① 负责仓库的管理工作,保障库房的合理秩序和安全。

② 研究、制定仓储管理办法和作业流程,并不断改进和完善。

③ 负责调拨货品,保障总库和分库库存货品的合理比例。

④ 直接领导仓库管理员,检查、监控其工作状况,合理分配工作任务。

⑤ 组织实施下属员工的教育培训计划,并进行绩效评估工作。

⑥ 直接向经理负责,服从上级领导,严格执行公司各项规章制度和工作流程。

⑦ 完成领导交办的其他任务。

6. 配送员

① 协助司机装卸货。

② 入库时检查货物跟单上的货物数量、品种、编号等是否一致,包装有无破损,如有破损和少货,必须让送货人签字(盖章)认可,以备日后办理相关手续,如无误,签字后应留一份存档。

③ 按流程办理货物入库,转交库管,做入库单,并做好货到货架时的第二次对单。

④ 根据客户发货通知单发货,做到单物相符;核对项目包括客户名称、收货人、联系电话、收货人地址、货物名称、数量、编号,做到单单相符,确保无误。

⑤ 根据货物的体积、重量预订相应的吨位车辆。

⑥ 拟定配送管理办法、配送计划和作业流程,并不断改进和完善。

7. 文员

① 及时接收收货单和发货通知单,并在第一时间内确认货物编号、数量、合同编号、名称,如有不符及时通报。

② 根据收货单和出货单及时准备发票、装箱单、车辆载货清单、托运书、EDI 报关单的申请,并确保所有单据在申报时准确无误。

③ 开办无木质包装证明、办理商检报检文件。

④ 负责跟发货中心和客户的及时沟通,保证信息畅通。

⑤ 检查和确认库存数量,并确保 EDI 的数据与库存一致。

⑥ 跟财务做好关于各项收费单据的协调、每单货物所有有关单据的保管。

⑦ 及时配合报关员做好单据的修改。

⑧ 及时跟踪货物起运时间、通关时间、到达工厂时间并要求收货方传递回执。

8. 报关员

① 根据跟单员提供的单据到海关递单或通过报关行递单,负责单据的最后核实。

② 负责商检的报检。

③ 负责海关、商检收费单的上报、传递。

④ 配合进出口部及操作组做好货物进出口的各项报关工作。

⑤ 积极配合海关查车。

⑥ 及时上报通关时出现的一些突发事件,并配合妥善办理。

由于我国物流企业目前处于发展与规范过程中,物流的岗位设置与要求也在不断地完善,不同的物流企业岗位职责描述也不尽相同,以上提及的工作岗位及岗位职责描述仅作参考。

课堂讨论

问题一:根据以上物流岗位职责描述,你对哪个岗位比较有兴趣? 该岗位的职责是什么?

问题二:为什么多数应届生到物流企业就业都要从基层做起?

问题三:根据自身的情况,谈谈自己的职业规划。

任务实训

1. 绘制学校组织结构图。

2. 根据仓库保管员的岗位职责,编写仓库保管员岗位职务说明书。

成绩评定表

考评内容	解读物流企业岗位设置及职责				
考评标准	具体内容	分值	自评30%	互评30%	师评40%
	调查一个物流企业,绘制组织结构图	30			
	能说出仓库保管员的工作职责	30			
	说说你喜欢从事物流企业的哪些岗位,并说明理由	40			
合　计		100			

第二章　物流客户服务运作

(1) 培养客户服务意识；

(2) 会收集物流客户信息并进行分类管理；

(3) 能按服务礼仪要求接待物流客户；

(4) 能按流程处理物流客户的投诉；

(5) 会受理前台业务；

(6) 会依据前台业务填制相关物流单证。

任务一　认识物流客户服务

情景展现

物流公司的基本职业道德——急客户之所急

某日,河北廊坊开发区某工厂全厂领导和工人都在焦急等待着某物流公司的一个快件,等待着一个重要配件来恢复生产。但当天北京大雾弥漫,首都机场很多航班晚点,飞机上的快件也迟迟不能落地。

急客户之所急,是该物流公司员工的共同想法,虽然员工提货时,已是 19:00,早已过了下班时间,而且天气恶劣,京津塘高速公路已经封闭,但该物流公司的两位工作人员还是克服了重重困难,在晚上 22:32 将快件安全送达客户手中,尽最大努力保证了工厂及时恢复生产。

问题:1. 什么叫物流客户服务？

　　　2. 物流行业职业道德具体表现在哪些方面？

一、物流客户服务的概念和内容

1. 物流客户服务的概念

物流客户服务是指发生在货主企业与物流企业间的、以提供物流服务产品为核心内容的交互活动。实践表明,现代物流服务与管理的实质是在让顾客满意的基础上,向物流需求方高效、迅速地提供产品,也就是说,现代物流管理是以让顾客满意为第一目标的。

2. 物流客户服务的内容

物流客户服务是为了满足客户需求所进行的一项特殊工作,要求相关工作人员必须积极主动地处理客户各种类型的信息咨询、投诉、订单请求、订单执行情况查询及提供高质量的现场服务等。物流客户服务的指导思想包括：视客户为亲友；客户永远是对的；客户是企业的上帝。

3. 物流客户服务的三要素

物流客户服务的要素包括：客户所期望的商品（备货保证），在客户所期望的时间内传递商品（输送保证）和符合客户所期望的质量（品质保证）。

物流客户服务始终贯穿在物流服务之中，物流三要素在客户服务过程中，进一步细化为：

(1) 交易前的要素

服务政策制定和宣传、客户服务组织完善、质量保证体系的建立、系统的灵活性及技术服务说明。

(2) 交易中的要素

存货水平、商品缺货标准及反馈、订单处理、货物的周转、系统精度、订货的便利性和服务的更新性。

(3) 交易后的要素

服务质量追踪、客户意见收集、客户投诉处理等。

二、物流客户服务岗位职责

1. 物流客户服务代表工作描述

有些物流企业设有专门的客户服务代表。每一位客户代表都应做到分工明确、权责分明、相互协调、相互合作。其职责主要包括：

① 当内部客户要求得到信息和帮助时，要能为业务人员提供内部支持。通过这种途径，即使业务代表不在时，咨询等工作也可以顺利地进行。

② 负责与客户沟通，以确保各种物流活动得以顺利进行。

③ 代表客户的利益，帮助发展和维护忠诚的客户。如果客户的需要总是能够高效、持续、友好地被满足，他一般不会考虑把业务转到别处。

④ 确保客户准时收到货物。当客户问："我什么时候可以收到货物？"物流客户服务代表应该立即给出答案。实际上，更好的做法是在客户询问之前就告知客户。

⑤ 处理客户的要求，最后要将处理过程和结果告知业务人员。

⑥ 处理客户投诉，努力促使公司进行调整。实践证明，吸引新客户比维持老客户要多花费7倍的精力；95％的客户在产生的问题被快速圆满地解决后，仍然会与这家公司合作。

⑦ 建议修改业务流程。针对公司内部哪些操作已经引起客户不满，应推荐问题的解决方案及建议修改操作流程。客户服务代表对于客户的不满应该是最清楚的，比如：箱子贴标签的方式，如果客户不满意就需要马上改正。

⑧ 帮助发现潜在的客户。客户服务代表与客户良好的合作关系，最终可能带来额外的机会，比如：吸引客户周围潜在的客户，获得他们的联系方式等。

2. 物流客户服务部各岗位职责及相关操作流程

有些物流企业则设有独立的客户服务部。客户服务部的主要工作岗位有客户服务经理、物流信息收集员、客户关系维护员、客户销售专员、退货处理员。

(1) 客户服务经理

客户服务经理的岗位职责主要包括：

① 定期对客户进行调查，了解客户意见。

② 紧急处理客户投诉，做到让客户满意。

③ 编制客户投诉案件统计表和客户投诉案件登记追踪表。

④ 建立客户服务档案资料。

⑤ 合理调配内部工作人员，形成一个科学的人员结构。

⑥ 制定部门员工教育、培训计划，培养、训练管理人员，为企业发展储备客服人才。

⑦ 编制部门年度预算计划，并督促下属有效地执行。

其操作流程如图 2-1 所示。

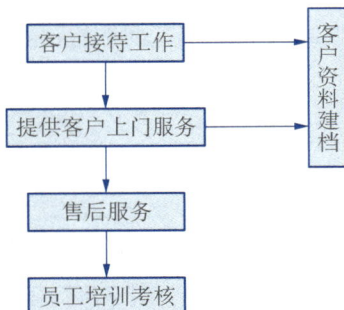

图 2-1　客户服务经理操作流程

（2）信息收集员

信息收集员的岗位职责主要包括：

① 对当地、国内乃至国际范围的市场环境信息进行收集，分析某种产品或服务的潜在市场。

② 制定调研方案，制作数据统计表格。

③ 收集客户需求信息及其他业务方面的信息。

④ 收集竞争对手的相关信息，分析其价格、业务量、营销手段等。

⑤ 审核、分析相关数据，预见市场趋势和市场潜力。

⑥ 分析客户对本企业服务质量的意见反馈，改进相关服务。

⑦ 制作调研报告，向管理层提出建议。

其操作流程如图 2-2 所示。

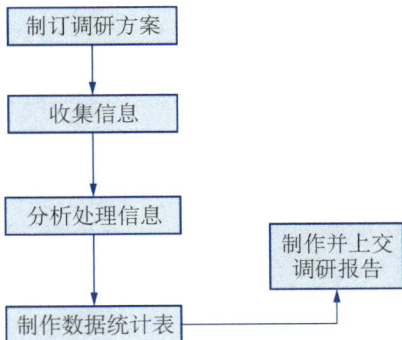

图 2-2　信息收集员操作流程

（3）客户关系维护员

客户关系维护员的岗位职责主要包括：

① 对客户档案进行分类和管理。

② 建立客户管理数据库。

③ 调查新老客户状况，分析客户需求。

④ 保持与客户的良好关系，寻求机会发展新业务。

⑤ 管理、参与和跟进物流服务项目，协调客户与公司各部门的关系。

⑥ 为公司提供精确的客户市场信息。

⑦ 客户信用跟踪。

⑧ 建立完善物流服务项目和方法，持续提高服务质量。

其操作流程如图 2-3 所示。

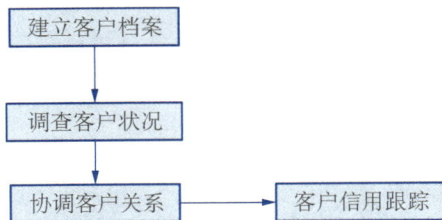

图 2-3　客户关系维护员操作流程

（4）客户销售专员

客户销售专员的岗位职责主要包括：

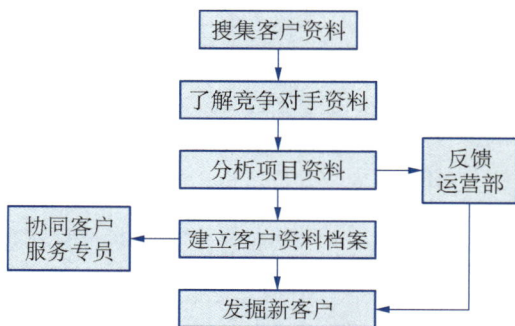

图 2-4　客户销售员操作流程

① 对企业重点客户进行关系维护。

② 收集客户资料,发掘有潜力的客户。

③ 定期和不定期拜访重点客户,接受客户意见,整理客户信息反馈单,交与具体运营操作部门。

④ 根据市场变化,搜集竞争对手信息,制定可行计划。

⑤ 代表公司与政府对口部门和有关社会团体、机构进行联络。

其操作流程如图 2-4 所示。

(5) 退货处理员

退货处理员的岗位职责主要包括:

① 发货前的订单处理。部门间对跟进问题进行沟通;及时与客人通过电话和邮件进行跟进;详细统计和分析问题,及时反馈异常汇总。

② 发货中的订单处理。运输及海关问题的处理;协调和传达退货运作规则。

③ 售后退货。核实退货与商品的退货单,确认退回商品的异常原因,填写成品退货单上的实际数量;将退货信息传到配送中心,复审退货单据,予以退货。

其操作流程如图 2-5 所示。

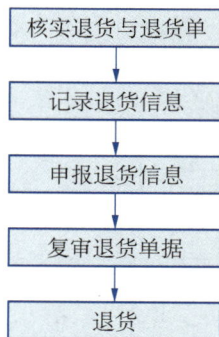

图 2-5　退货处理员操作流程

三、物流客户服务人员的职业要求

1. 能力素质要求

① 交际能力:能够和客户很好地沟通。

② 仪态仪表:端庄大方的形象能给客户带来好感和可靠感。

③ 合作能力:具有合作精神,善于合作。

④ 营销能力:直接面对客户,可为企业提供极好的销售机会。

⑤ 观察能力:善于对周围的环境和客户进行细致的观察,善于捕捉细节。

⑥ 自我调节能力:能根据实际情况适当调整自己的服务方法和营销方式。

2. 职业道德要求

① 热爱本职工作,精通工作内容。

② 文明礼貌待客,热情周到服务。

③ 遵守规章制度,维护企业声誉。

④ 发扬团队精神,创造最大效益。

任务实训

1. 组长组织本组成员采取头脑风暴法讨论"你心目中的物流客户服务人员是怎样的?"对照教材中物流企业客户服务部主要工作岗位的职责及操作流程、物流客户服务人员的素质要求等,用自己的语言描述职业化的物流客户服务人员应做好哪些工作?

2. 分组讨论，从"职业化的工作形象——看起来像那一行的人；职业化的工作态度——用心把事做好；职业化的工作技能——像个做事的样子；职业化的工作道德——对一个品牌信誉的坚持"等四个方面的具体体现着手，并一一列举。

思考：（1）为什么朝银行一看就知道是银行，朝加油站一看就知道是加油站？

（2）从哪些情况可以看出一个员工做事并不用心？

3. 组长将本组成员发言记录整理。

4. 各组派代表上台作"职业化物流客户服务人员具体表现"的交流发言。老师对各组成员的表现作简要评价并打分。

成 绩 评 定 表

考评内容	物流客户服务业务流程描述及绘图				
	具体内容	分值	自评30%	互评30%	师评40%
考评标准	物流客户服务部的主要工作岗位描述	10			
	各工作岗位的职责描述	30			
	各工作岗位的操作流程描述	30			
	物流客户服务人员的素质描述	10			
	职业化客户服务人员的训练	20			
合　计		100			

任务二　前台业务受理

情景展现

宝供物流的客户服务前台一直是该企业与客户直接接触的平台，客户的满意程度将直接反映在前台业务受理中。因此宝供的前台采用了多种调查方式获取客户满意度，并把客户满意度作为指导前台服务工作的重要导向。每次调研都会严格按照满意度调查（survey）、结果分析（analysis）、调整完善（promote）、实施改进（action）四个步骤去做。下面看一下宝供前台是如何运用 SAPA 法进行客户满意度调查的。

① 定期的第三方调查。客户满意度调查是由中立的、第三方调研公司进行的。针对某段时间接受过宝供前台服务的最终客户进行抽样的、全方位的满意度调查。调研内容涉及总体满意度、总体不足、对服务中各项因素（如：接通及时性、工作态度、服务规范性等）的重要性评价、满意度评价等。通过调研结果的分析也可以发现一些前台服务在流程规范中的不足，调整完善服务规范并改进服务是每次调研后的必做工作。

前台常被称为公司的"第一张脸",前台工作在公司的整个运行链中居于重要地位。前台工作的好坏关系到公司的整体形象和业务开展质量,前台工作是一个对信息进行接收、归纳、传递直至处理的过程。前台接触信息量很大,可以锻炼一个人分析问题、解决问题的能力,短时间内可以让一个人获得职业能力的快速成长。前台业务处理的具体工作见图 2-6 所示。

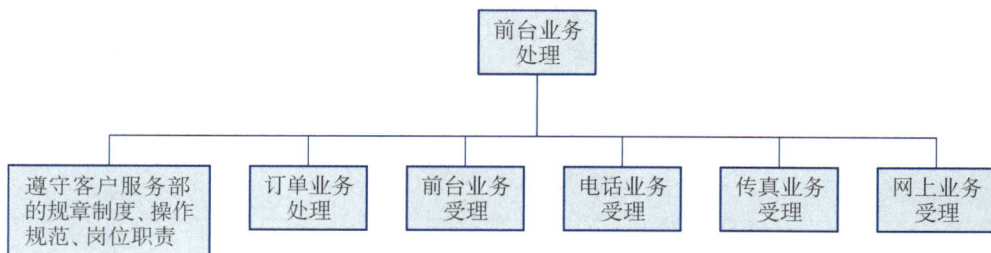

图 2-6　前台业务示意图

一、前台工作涉及部门及作业标准

1. 前台工作涉及部门及工作内容

前台工作涉及业务部、营运部、财务部、高层领导、各分公司、公司的全体客户,具体包括:
① 向业务部反馈价格问题,以稳定客户,监督制单是否正确。
② 向营运部、仓管、配载人员、现场领导、司机核实、抽查仓管的工作,监督作业人员的作业。
③ 配合财务部完成货损报账工作、货差理赔工作。
④ 接受各网点的反馈意见,给出处理方案。
⑤ 接受客户的咨询与投诉,给出处理方案。

2. 前台客服人员的作业标准

① 面带微笑、诚恳、热情。
② 熟记公司各网点服务电话及相关主管领导的电话。
③ 了解公司运价,遇客户询价时能立即报出价格。
④ 遇到客户询问超出自己职责所能处理范围,应立即告知客户相关部门及人员电话。

⑤ 承诺客户稍后回复的,无论有无结果,都必须回复。

⑥ 认真做好电话记录,并及时检查是否有信息遗漏。

⑦ 遇有中转货物,做好记录并立即通知相关中转员。

⑧ 出货时应认真核对提货人身份证,无身份证明禁止出货。

⑨ 接听电话时面带微笑,不急不躁,保持适当的语速和声调。

⑩ 详细了解公司直达、中转的到站货物运达期限。

⑪ "三不":不漏接一个电话、不漏掉一条信息、不失去一个客户。

二、物流前台业务受理流程

1. 收货业务受理流程

前台收货业务受理流程如图 2-7 所示。

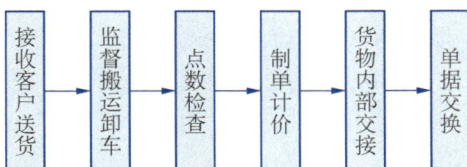

接收客户送货 → 监督搬运卸车 → 点数检查 → 制单计价 → 货物内部交接 → 单据交换

图 2-7　前台收货业务流程图

① 接收客户送来货物时,应咨询发货去向、货物件数,洽谈运输费用。

② 安排装卸人员卸车,卸车时应提醒作业人员文明作业,轻拿轻放,严格按包装、标识、方向、区域码放,严禁抛、摔、扔、砸等形式的野蛮装卸。

③ 认真核对件数,检查货物外包装是否完好,内部是否有异响,是否属于危险品,液体密封是否良好。

④ 根据发货人提供的收货人姓名及电话、地址进行制单,详细说明付款方式、是否投保或加急。

⑤ 货物入仓后,应粘贴好标签,货物超过 5 件又属于同一品种、规格的,可只粘贴部分标签。

⑥ 票据编号核对无误后,将托运单据进行汇总。

2. 电话业务受理流程

前台工作的一个重要内容是接听电话。从表面上来看,打电话是一件很简单的事情,而作为人与人之间的一种沟通方式,打电话也可以说是一门学问、一门艺术,其中大有讲究。作为物流企业的前台客服人员在进行电话业务受理时,需要掌握以下如图 2-8 所示的操作。

电话业务受理的流程具体如图 2-8 所示。

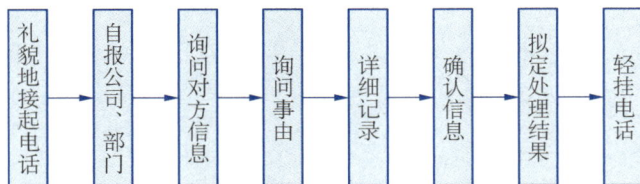

礼貌地接起电话 → 自报公司、部门 → 询问对方信息 → 询问事由 → 详细记录 → 确认信息 → 拟定处理结果 → 轻挂电话

图 2-8　电话业务受理流程图

物流业务流程

3. 传真业务受理流程

传真业务受理流程如图 2-9 所示。

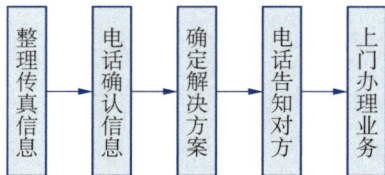

图 2-9　传真业务受理流程图

(1) 发送传真的操作

普通传真机的外观见图 2-10 所示。当需要发送传真时,第一步是将所要传真的文件放在传真机的进纸盒中,然后拿起听筒开始拨号,拨号过程和平时打电话一样。拨完号后,一般传真机的接收方会有两种应答方式:一种是自动应答,另一种是人工应答。如果是自动应答,听筒里会听到"叮……叮……"的信号声;如果是人工应答,则需要接收方先通过其传真机的按钮发出传真信号。当听到传真信号声后,按下"开始"键,传真机开始自动将传真件扫描转化为电子数据发送给对方。传真件扫描完毕后,就会被转移到传真机下方的出纸口出来。

图 2-10　普通传真机

(2) 接收传真的操作

手动接收传真:听到铃声后,提起话筒或按下免提键,再按传真键,待传真键灯亮,挂上话筒。传真机会开始接收传真数据,同时将其转化并打印出来。

自动接收传真:无人在传真机旁操作时,按下"留守"键,留守示意灯亮起即完成设置,当程序设定答录时,机器自检后,自动复位,显示当前日期、时间。有传真进入时,传真机会在设定时间内自动开启接收装置或录音装置(程序设定后有效)。

4. 网上业务受理流程

网上业务受理流程如图 2-11 所示。

① 查看订单信息。

② 网上确认,将信息收集归类。

③ 电话确认订单,进一步核实。

④ 上门办理业务,接收货物。

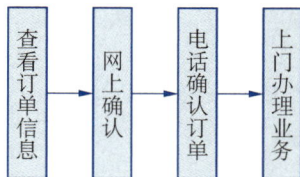

图 2-11　网上业务受理流程图

任务实训

前台业务受理训练

同学们分成四个小组,每组由一人扮演物流客户,准备好需要办理的业务,如:一批货物的托运、物流业务咨询等。另外由一人扮演物流公司前台客户服务人员,接待客户并办理相关业务。

成绩评定表

考评内容	前台业务受理流程				
	具体内容	分值	自评30%	互评30%	师评40%
考评标准	前台客户服务人员的作业标准	10			
	前台收货业务受理流程	30			
	电话业务受理流程	30			
	网上业务受理流程	10			
	传真业务受理流程	20			
合　计		100			

任务三　接收货物前台开单

情景展现

某月 26 日,百联公司委托物美公司公路运输:康师傅方便面 200 箱,体积 30 cm×22 cm×15 cm,每箱毛重 10 kg;奥利奥巧克力饼干 300 箱,体积 28 cm×25 cm×20 cm,毛重 12 kg。发货站:上海。地址:上海市浦东大道 324 号。联系人:王刚。电话:021 - 52234556。到货站:台州。卸货地址:台州市海滨路 215 号。联系人:张庆。电话:0573 - 8764999。运费:每吨每公里 5 元。要求两天后到达。需要开具货物运单。

物流企业前台开单的步骤包括接待、检查、计价、开单、编号、确认入库六个环节。

一、接待

接收客户托运的货物,并向客户告知、宣传有关货物的托运须知及相关服务承诺;办完受托手续后,要起立、点头、微笑目送客户,并表示感谢。

站立服务:客户上门咨询、托运时,前台客户服务人员要站立、点头、微笑服务。客户走近时,距离最近的客户服务人员必须立即站起来打招呼:"您好! 请问有什么需要?"

电话接待咨询:电话铃响 3 声内,最近距离的客户服务人员应迅速拿起话筒,将来电方所投诉或查货的情况详细登记在案,并在 10 分钟内给予答复;对于恰逢交接班时段,必须将来电投诉或查货的事宜移交给接班人,并提醒接班人在 20 分钟内给予客户答复,否则会有可能造成来电方再次的投诉;特殊情况的投诉必须向直接领导及时汇报。

上级领导或客户服务总部来电:接到上级领导或客户服务总部来电,必须及时处理,原则上在接到来电起 15 分钟内将处理结果回报给相关来电人员。

查货:接到协查货物请求时,第一时间查本线路货物区域和分点货物区域,再查运(小)单和上车点数单,与当时班次装卸工、点数员进行交流,在确定货物是否属未发出或发错目的地后,及时通知对方收货部门。

二、检查

1. 检查的内容
检查货物包装情况和货物名称是否与客户提供的信息相符。

2. 检查四环节
① 问。应主动询问发的是什么货物。

② 观。主要是看其货物是否为原包装,包装是否贴有有毒、易燃、易爆等禁运标志。

③ 拿。亲手掂量货物,检查所报的重量是否与实际重量相符,如果是家电,应该较为沉重,如发现很轻的话就说明有问题。

④ 查。对有疑问的货物,要求托运人当场开箱检查,否则可以拒收;对托运人离开后再有疑问的,可在分公司经理或其委派人在场的情况下,打开箱子检查。

注意:百货和化工货物有很多种类,要注意分清种类,尤其是液体要注意检查是否易燃,可取少许到安全区域用打火机试一下(离仓库 10 米外)。

3. 遇禁运物品的处理
所谓禁运物品,是指易燃、易爆、易腐蚀物品,危险品及国家规定的禁运物品,需办理审批检验手续而托运人未办理的物品。

① 如遇需办理审批检验手续而托运人未办理的物品,应劝说托运人办理好有关手续后再接受托运。

② 遇易燃、易爆、易腐蚀物品禁止接收,应向客户做好解释说明工作。

③ 遇危险品及国家规定的禁运物品,应及时上报分公司经理,必要时可报国家相关部门,没收货物。

④ 如已收下禁运物品的,应及时上报并将禁运物品隔离,保证其他货物的安全。

4. 核对数量
清点货物数量是否与客户声明数量一致。大批量货物(如:书籍等)或不规则货物(如:汽车配件等)应向另一客服人员请求协助点数,一人点数,一人记录,以共同点数得出的一致数量为发货数量。

5. 司机交接
审查、接收市内配送司机自提货单提货时,要求司机必须在小单的提货受理人一栏签名。

6. 单据核对

认真审查小单的填写是否正确、规范、齐全,尤其对地域代码、单据编号后四位数字、货物数量及结算方式等项目一一核对,发现错误应让司机重开或自动重新开具并签名。对于货单都完整的,则由接收人在运单存根联的承运经办人处签字确认。

7. 营收交接

仅适用于自提,营业所除外。在与司机就货物、单据核对后,对于收取现金的,特别要记得收取后应在运单结算联的承运经办处签字确认。

三、计价

1. 计价

按公司的价格标准对货物计价,并告知客户相关计价方式和标准;对货物的体积(卷尺)或重量(磅秤)进行测量验证。

2. 货物类型

1 立方米重量小于 333 千克的为轻泡货,按体积收费;1 立方米重量大于 333 公斤的为重货,按重量收费。

3. 计价方式

包括起运(起步价)计价法,重货按重量(吨位)计价法,轻泡货按立方(体积)计价法,不规则、超长货按特殊收费计价法,贵重货按保价计价法,部分支柱货物按指定计价法等六类计价方式。

① 起运计价法规定一定的起运最低价,根据地区或公司会有所不同。

② 吨位计价法:重货采用吨位计价法;单件货物重量大于 100 千克的,按特殊收费计价法计价。

③ 体积计价法:轻泡货采用体积计价法;工业品按体积收费;单件货物体积大于 1 立方米的,按特殊收费计价法计价。

④ 特殊收费计价法:单件体积大于 1 立方米或重量大于 100 千克,单件货物价值在 5000元(含)以上,不规则或超长的货物均按特殊收费计价法计价;特殊货物受托时,需在普通货物受托的基础上加收 30%~300%的运费作为重装卸处理费。

⑤ 保价计价法:如单件货物价值 1000 元(含)以上,须保价运输,收取保价费率为 3‰~7‰,保价费必须以现金收取。声明价值超过 2 万元/单(含)时,开单收货员(业务受理员)必须向分公司经理请求汇报;声明价值超过 5 万元/单(含)时,分公司经理必须向总部营运作业部部长请示汇报;声明价值超过 10 万元/单(含)时,总部营运作业部部长必须向董事长(总经理)请示汇报。

⑥ 指定计价法:只针对大客户和大批量受托时采用。

四、开单

应根据客户提供的资料详细填写托运单。

1. 托运单样式

托运单(俗称小单)通常为五联单据:第一联存根、第二联结算、第三联回执、第四联财务、第五联托运人。

一般物流公司常用运单见表 2-1 所示。

表 2-1　上海××物流有限公司
货物托运单

托运单位：　　　　　　　　　承运单位:上海××物流有限公司
电　话：　　　　　　　　　　地　　址:上海市××路××号

货物名称	包装式样	件数	每件体积（米³）	每件重量（千克）	托运总体积	托运总吨位	备注
合计							
装货要求	装货时间						
	装车地址						
	联系人			电话:			
卸货要求	到达时间						
	卸货地址						
	联系人			电话:			
委托注意事项	1. 2. 3. 4. 5.						
运费人民币(大写)：				￥			

经济责任:不按货物托运单规定的时间和要求配货发车的,由承运单位酌情赔偿损失;运输过程中货物灭失、短少、损坏,按货物的实际损失赔偿。托运方未按托运单规定的时间和要求提供托运的货物,应偿付承运方实际损失的违约金。由于货物包装缺陷产生破损,造成人身伤亡的,托运方应承担赔偿责任。

附:结算单据等

托运方：　　　　　（盖章）　　　　　　　　　　承运方:(盖章)
经办人：

　　　　　年　　月　　日　　　　　　　　　　　　　年　　月　　日

2. 开单方法及要求

在相应栏目用正楷字写明托运人单位及其经办人姓名、电话,收货人单位及姓名、电话、地址,货号、包装、流量(大字)、收款方式、合计金额大小写及规格体积或重量,受托日期、货运流向(必须写汉字)及到货站电话;备注栏内容一定要谨慎书写。特别提醒客户阅读托运单合同条款中关于保价的相关规定。最后请客户在托运人签字处签名并留下联系方式。

开单要做到快(可先填好日期、发货站等)和准(按照运单的表格要求填写,特别是收货人的地址、电话、是否急货都要写清楚并标明件数,收费的体积或重量也要标明,如需要中转的,要详细注明运费的收取方法)。

3. 结算的操作方法

① "货到付款":收货人付款后,将此联交给收货人。

② "货到未付款"：收货人已验收货物，但未付运费，则让收货人在"结算联"上注明"货已收，款未付"字样，并将此联交回财务。

③ "签回单付款"：由收货人在此联签字后，将单据交回财务，由财务将单据返回发货方财务，以便发货方向客户收取运费。

④ "已付款"：由托运人付款，此联留在发货方分公司财务作进账的原始凭证。

⑤ "已付款、签回单"：到货时，因没有托运小单，则由发货方开具提货服务单作为仓库提货的凭证。

4. 注意事项

① 是否为易损、易碎品：易碎、易损品（如：玻璃、太阳能热水器发热管等）应在小单上注明"易碎、易损品、货物运输有损自负"，并由客户签字。

② 检查包装：货物包装是否符合标准，有无外包装，外包装是否完好，是什么材质。如无外包装，或外包装有破损、开裂，则应在小单上注明"无外包装或外包装有破损、开裂、货物运输有损自负"，并由客户签字；或让客户重新包装完好后再托运。

③ 是否包装不当：遇到像使用编织袋包装电视机、电脑主机等不当包装的情况时，在收货小单上注明"包装不当、货物运输有损自负"，并由客户签字；或让客户重新包装完好后再托运。

④ 是否有堆放要求：货物堆放有无明显可重压、倒置图形标志。货物上有明显标志，按照图形标志。无明显标志，对可否重压、倒置物品存在疑问，如坚固度较低的塑料制品，不规则钢铁物品，先询问客户意见，客户表示不可重压、倒置，用记号笔在货物外包装上注明"不可重压、倒置物品"，装车时也要特别注意。

⑤ 是否为特殊货物：如托运物为摩托车等，必须清除油箱内的汽油。由托运人负责操作或经托运人许可自行操作。

⑥ 是否为急货急配：如客户要求急运，必须当日送出的，应在小单备注栏写明"急运当日送出"，并上报有关发货站负责人审批落实。

⑦ 复核运单：托运单填写完毕后，再次核对数量是否与货物实数相符，收货人姓名、电话和发货单位及电话（尤其是月结或签回单付款类）是否正确，运费金额及付款方式是否正确，货物流向及货号是否正确，备注栏内容是否正确等。

⑧ 是否误开运单：在与提货司机交接货物及检查运单时，如发现严重误开的，重开运单的托运联，责任人务必最迟在 18 小时内，从受托客户手中换回误开的托运联，并随同原先误开的五联单一同作废，一联都不可少。所谓严重误开是指数量计错，货单不符，结算方式有误，不能保价运输的货物条件不符，声明货物价值明显与货物不符，货物名称严重不符，受托货号错误，收货名称不全，承接了公司无法配送到的线路，以及备注栏注明了"等通知发货或提货"等特殊条款。

⑨ 更改规定：如果发货后需将"货到付款"改为"已收款"，则所有更改付款方式的证明均需有经办人的签字，且要有财务盖的"财务专用章"，否则将不予承认。

⑩ 作废规定：已开单、发货且已收款、录入电脑，后客户又退货的，必须将客户的托运人联收回，并要求客户在托运人联上写明"已收回该单运费××元"字样并签字，经办人将单据交回财务开支付证明单退款。

⑪ 交款规定：托运单本实行专人专本专用。对已收款类，开单人每天按小单存根，将每个货号、金额一一核对汇总，列出清单，将钱和清单统一汇总到分点收款员处，当日的收款，当日列清，当日交清。

特别提醒：如是保价运输或运费现金支付的，一定要现收现付，要唱收，并对货币的真伪认真检查,一发现假币应立即按有关规定处理。

⑫ 现付营收交接:要确保集货中心所收的现金营收款"日收日清",分点现金营收款务必在次日上午9点前上交财务部。

五、编码

① 根据运单的编码对货物进行统一编码,力争做到堆、快、准:

应遵循堆码"大件货不压小件货、重货不压轻货"的原则,另外还需按收货站的线路设置放好、堆整齐,动作要麻利,急货要贴好急货标签并置于容易装车的位置。按码好的顺序逐个复核清点,另外要根据开单的号码进行位置编号。标签编号要书写清晰、整齐。

② 不可错编:编号时千万不能编错号,一旦编错就会发错货,还容易导致货物丢失。发生错编的情况主要有:将区域代码、单号序号、数量、日期等写错。

③ 不可重编:如果货物没有堆放好,而导致其他人把货物编进另一单货,就会造成一边多一件、另一边少一件的情况;还有一种情况是已经编好号的又编一次,这种失误所造成的后果是非常严重的。例如:一件货物上贴有多个不同的初次编号或一件货物上贴有多个同单编号或标签。

④ 不可漏编:每件受托货物上都要按要求打编或粘贴托运标签或编号,防止错粘在其他单票或本票已粘有标签的货物上。例如:10件货物只编了8个号,有2件就漏编了。

六、入库

前台通知仓库保管员将货物按顺序入库并堆放整齐。

七、转换前台所生成的清单

根据受托票证转换成大单,见表2-2。

表2-2　货物托运清单(俗称大单)

始地:		终地:		日期:		班次:		车牌号:		司机:
序号	收货人	电话	货物名称	货号	包装	运费	结算方式			
司机确认: 日　期:			本车共　单 本车共　件			点数员确认: 日　期:				

根据大单生成车辆点数单,见表2-3。

表2-3　车辆点数单

始地:		终地:		日期:		班次:		车牌号:		司机:
货物名称	货号	包装	上车数量	货物名称	货号	包装	上车数量			
司机确认: 日　期:			本车共　单 本车共　件			点数员确认: 日　期:				

接收货物前台开单训练

1. 一名学生扮演物流企业前台客服人员,一名学生扮演客户,两人一组实训。

2. 由前台客服人员对物流客户的以下信息及数据进行核实和业务受理,填制托运单。

2010 年 11 月 26 日,百联公司委托物美公司公路运输康师傅方便面 200 箱,体积 $30 \times 22 \times 15$ cm³,每箱毛重 10 kg;奥利奥巧克力饼干 300 箱,体积 $28 \times 25 \times 20$ cm³,毛重 12 kg,发货站上海,地址为上海市浦东大道 324 号,联系人:王刚,电话:021 - 52234556,到货站台州,卸货地址为台州市海滨路 215 号,联系人:张庆,电话:0573 - 8764999。运费按 5 元/吨公里计算,要求两天内到达。

3. 根据货物托运单据转换大单和车辆点数单。

4. 分组互查单据填写质量,师生共同点评打分。

成 绩 评 定 表

考评内容	接收货物前台开单实训				
	具体内容	分值	自评 30%	互评 30%	师评 40%
考评标准	接待	10			
	检查四环节	30			
	计价作业内容	20			
	开单六步骤	20			
	转清单	20			
合　计		100			

任务四　处理物流客户投诉

情景展现

　　武汉的一位王女士,她居住在河南的女儿、女婿为尽孝心,委托某货运公司运送苹果和梨各一箱给她。王女士按原定的到货时间致电货运公司,却得知货物尚未运到。事隔多天后货运公司通知王女士,说水果已经运到了。王女士前往货运站取货,却发现两箱水果残缺不全,一箱苹果只剩下几个,梨也只剩下三分之一。多方责问下,经理回应:水果在运输途中因气候原因变质、腐烂,尚好的部分让工人吃掉了,所以只剩下这么一点。王女士投诉到货运站的主管公司,客户服务经理接待了王女士,并对该投诉进行了受理。

　　问题:1. 客户服务工作的基本前提是什么?

　　　　　2. 就物流业务来分析,客户的基本需求是什么?

　　　　　3. 假如你是客户服务经理,你会如何处理王女士的投诉?

一、物流客户投诉处理工作流程

1. 物流客户投诉处理的工作流程

物流客户投诉处理的工作流程如图 2-12 所示。

图 2-12　投诉处理工作流程图

2. 客户投诉的追踪回访

　　① 客户投诉处理人员应对客户进行定期或不定期的客户意见调查,对客户的投诉进行追踪回访。

② 收集客户的意见和建议,定期编写《客户意见调查报告》和《客户服务调查报告》,报售后服务主管审阅。

3. 客户投诉处理总结

每半年售后服务主管要根据年度售后服务情况和客户投诉情况做出总结报告,并提交工作改进的建议,报客户服务经理审阅,售后服务主管组织落实。

二、物流客户投诉处理员的岗位职责

① 负责对物流客户投诉案件进行登记,例如客户投诉的订单编号、数量、交运日期等;

② 负责检查审核"投诉处理通知",确定具体的处理部门;

③ 负责协助各部门对客户投诉的原因进行调查;

④ 协助各部门开展对客户投诉案件的分析和处理,填制由客户服务部统一印制的"投诉统计表";

⑤ 负责提交客户投诉调查报告,分发给企业有关部门;

⑥ 负责将客户投诉处理中客户所反映的意见和跟踪处理结果提交企业有关部门;

⑦ 负责定期向客户服务经理汇报客户投诉管理工作情况;

⑧ 负责受理客户投诉,做好客户回访工作。

三、物流客户投诉受理的基本准则

1. 受理四原则

① 坚持谁主管、谁负责和分级受理、公开受理的原则;

② 以谦恭礼貌、迅速周到为原则;

③ 严格按照投诉受理程序办理,不得压案不报和瞒报,不得越级处理;

④ 各被投诉部门应尽力防范类似情况的再度发生。

2. 受理机构

物流客户服务部下设客户投诉中心作为受理客户投诉的工作机构,同时受理对服务质量的投诉,受理电话向社会公开。

3. 受理工作纪律

① 未经客户同意,不得将客户的投诉材料转给被投诉者;

② 不得泄露投诉客户的姓名、电话、单位及家庭住址等个人信息;

③ 不得向无关人员泄露与投诉有关的事项,需邮寄的重要信件,应以机要件和挂号件寄出;

④ 客户服务经理和客户投诉管理专员在投诉材料上的批示,未经批准不得外传、下转和引用;

⑤ 投诉事项若涉及投诉受理工作人员的亲属或朋友,该工作人员应主动提出回避;

⑥ 客户投诉的调查、受理和处理,要严格遵守本规定中的程序和职责要求,调查处理应实事求是、客观公正,不得徇私舞弊。

4. 受理范围

客户投诉中心受理自然人、法人和其他社会组织对本企业的产品、服务工作问题的投诉。

5. 受理内容

① 产品规格、等级、数量等与合同规定或与货物清单不符;

② 产品在质量上有缺陷；

③ 产品在运输途中受到损害；

④ 产品技术规格超过允许误差范围；

⑤ 因包装不良造成损坏；

⑥ 有其他质量问题或违反合同规定；

⑦ 对客户不认真接待，服务态度恶劣；

⑧ 对客户提出的正当要求和意见置之不理；

⑨ 不按规定程序和要求为客户提供服务；

⑩ 在为客户提供服务的过程中，办事效率低下或有意拖延。

四、物流客户投诉的受理方法

1. 沟通技巧与后续处理

重视每一位提出投诉的客户，交谈时集中注意力。如果是当面的沟通，应尽可能多地与客户进行目光接触。说话、举止应镇定自如。注意措词，同时耐心、认真倾听，理清客户申诉的重点，确保获得全面的信息。尽可能提供一个符合投诉客户的要求和心理预期的方案。

后续应对客户进行跟踪回访，看看许诺是否已经兑现。准备一份简单而不是很贵的礼物，与感谢信一起送给客户也是一种很好的做法。解决问题并修复客户关系后，应总结经验教训。

2. 投诉级别的评定

物流客户投诉级别见表 2-4。

表 2-4　投诉级别评定

级别	与服务质量有关的投诉	与服务质量无关的投诉
一般投诉	(1) 发生小故障 (2) 造成一定的经济损失	(1) 给客户带来不便 (2) 可能造成一定的经济损失
其他投诉	因客户的过度期望或错误认识引发	超出企业的承诺范围
特别投诉	(1) 由于产品性能发生大的故障，给客户带来巨大的经济损失 (2) 出现危害人身安全的情况 (3) 存在发生大量故障的隐患	(1) 与法律法规相冲突 (2) 造成巨大经济损失 (3) 引起客户的强烈不满

3. 投诉的基本原因

① 客户服务人员对物流业务的知识和技术不够了解；

② 物流企业管理制度的不健全；

③ 货物送错或送迟，运输途中车辆发生故障；

④ 货品发生破损、货差，以及地址弄错或票据开错等现象；

⑤ 客户服务人员个人的相关常识，以及对客户的解释说明不到位；

⑥ 客户服务人员礼貌不周、接待不当，或讲话不得体；

⑦ 对客户的初次不满处理不当。

五、物流客户投诉接待工作的礼仪规范

1. 接待工作的基本礼仪规范

① 态度：接待投诉客户态度亲切、大方热情。

② 关怀：随时为客户着想，为其提供无微不至的关怀。

③ 道歉：充分道歉，平息客户愤怒，换取客户的理解和信任。

④ 倾听：对待客户的抱怨、投诉、疑问，全神贯注地倾听，耐心细致地答疑。

⑤ 有效暗示：应避免一切与客户的争辩，最好的办法是将自己的意图暗示给客户，如同润物无声的细雨。

⑥ 解决方案：在自己职权范围内，第一时间为投诉客户提供几个可供选择的解决方案。

⑦ 许诺：不要轻易向客户许诺，尤其是超出自己责权范围的承诺。

⑧ 现场记录：对每一起客户投诉都需要进行详细记录，如：投诉内容、投诉要点等。

2. 良好的心态及情绪控制

① 保持一颗"同理心"。学会站在客户的角度思考；能专心听客户说话，让客户觉得被尊重；能正确辨识客户情绪；能正确解读客户说话的内容。

② 保持一颗"克制心"。保持良好心态，不让客户的情绪干扰自己正常的工作态度和程序；对于客户情绪化的发泄，要能控制自己的情绪，避免自己情绪的失控，同时造成态度上的失礼；对于客户的不理解，甚至是语言上的人身攻击，要保持忍让克制；针对客户的误解，耐心解释、传递必要的专业知识，帮助客户消除误会。

③ 保持微笑。微笑时表情自然舒展，展现真诚；适时微笑，随着客户情绪变化予以配合。

六、物流客户索赔处理

物流客户索赔处理要求如下：

① 速度：对客户索赔及时反应，尽快处理，使企业与客户的损失都降到最低。

② 范围：大多与交易有关，即产品、价格、交易期限、服务及其他方面的问题。

③ 态度：对于索赔，无论金额大小，都应慎重对待。

④ 处理：迅速、正确获得有关索赔的情报；索赔问题发生时，要尽快制定对策；客户服务经理对于所有的相关资料均应过目，以防止部下忽略重要问题；每一种索赔问题，均应制定处理的方法标准（处理规定、手续和形式等）。

⑤ 沟通：客户服务部与其他相关部门联络沟通，保持联系，召开协调会议；客户服务部要访问经办人，或听其报告有关索赔的对策、处理过程和处理反馈等。

⑥ 防范：防止索赔问题的发生才是解决问题的根本之道，不要等到索赔问题发生时，再去研究对策。

 **任务实训**

物流客户投诉处理及索赔

根据"情景展现"中的资料，填写相关物流客户投诉管理表单，见表2-5～表2-8。

表 2-5 物流客户投诉登记表

投诉种类：　　　　　　编号：　　　　　　填写日期：　　　年　　月

投诉客户名称		客户地址		电话	
受理日期			受理编号		
客户要求					
受理部门意见	接待单位	处理单位	营业单位		其他

表 2-6 物流客户投诉调查表

投诉种类：　　　　填写日期：　　　年　　月

受理案件		发生原因	处理经过	建议	
编号	摘要			对策	工作

制表　　　审核：

表 2-7 物流客户投诉管理表

客户投诉编号：　　　　客户名称/代号：　　　　受理日期：　　　　填表部门：
填表人：　　　　　　　　　　　　　　　填写日期：　　　年　　月　　日

接单日期		接单人		客户名称		负责人	
受订编号		受订名称		数量		存货地址	
交运编号		料号		联系人		联系电话	
交货日期		单价		客户投诉方式	□电话 □书信 □其他		
交货数量		交货金额		不良数量			
发票日期		发票号		产品用于	□内销 □外销/合作外销 □其他		
本批货款	□已全部收回 □部分收回 □尚未收回 □其他			客户有无质量确认	□有	□无	
本批货品	□已经使用 □部分使用 □尚未使用 □其他			产品名称			
本次客户投诉发生的阶段	□入库时 □生产线上 □制成品出口后 □其他			本次客户投诉属本年度第_____次客户投诉协调后拟： □退回：　数量　余额 □补送：　数量　余额 □重修：　数量　余额 □折让：　数量　余额 □索赔：　数量　余额			
客户发现问题的日期				客户投诉比率			
客户反映问题的日期							

投诉内容：	物流客户服务部主管意见：	物流客户服务部经理意见：

质量管理部门检验分析及异常判定：	质量管理部门意见	
	部门经理	
	科长	
	经办人	
制造部门异常原因分析及改善对策：	制造部门意见	
	制造经理	
	科长	
	经办人	
研发部门意见：	物流客户服务部门处理意见：	
研发经理：	客服经理：	
经办人：	经办人：	

总经理室综合意见					

总经理	副总经理	责任归属				
		单位	比率	金额	结案日期	销案日期

表 2-8　客户索赔一览表

填写人：　　　　　　　　填写日期：　　　　　年　　　月　　　日

发文号	客户号	品名	理由	重要程度	客户回复	工厂回复	发生时间	联络时间	经过时间

成 绩 评 定 表

考评内容	客户投诉处理及索赔实训				
考评标准	具体内容	分值	自评 30%	互评 30%	师评 40%
	客户投诉处理工作流程描述	20			
	客户抱怨处理方法	20			
	客户沟通技巧	20			
	客服人员的心态及情绪控制	20			
	填写相关客户投诉管理表格	20			
合　计		100			

(1) 了解运输作业的基本知识；
(2) 会填制物流运输主要单证；
(3) 熟悉水运业务基本流程；
(4) 熟悉铁路运输基本程序；
(5) 熟悉公路运输基本程序；
(6) 熟悉航空货运基本程序。

任务一　认识运输

情景展现

　　王刚是某物流公司客户服务部经理，某日接到一客户来电，称其有 100 吨淀粉需要从上海运往重庆，向王刚咨询：这批货物应选择哪种运输方式？走哪条路线到重庆？费用和途中风险又如何？

　　问题：1. 请帮助客户设计最合理的运输方案，并简要说明理由。

　　　　　2. 货物运输主要有哪些方式？它们各自的优势和不足之处有哪些？

一、运输的基本知识

1. 运输的概念

　　《国家标准物流术语》中对运输的定义是：用专用运输设备将物品从一地点向另一地点运送。其中包括集货、分配、搬运、中转、装入、卸下、分散等一系列操作(见图 3-1)。

　　本书中的运输专指"物"的载运及输送。它是在不同地域范围间(如两个城市、两个工厂之间，或一个大企业内相距较远的两个车间之间)以改变"物"的空间位置为目的的活动，对"物"进行空间位移。它和搬运的区别在于，运输是较大范围的活动，而搬运是在同一地域之内的活动。广义的运输经营活动还包括货物集散、装卸搬运、中转仓储、干线运输、配送等一系列操作。虽然运输过程中不生产新的物质产品，但它可以创造货物的时间效用和空间效用。

 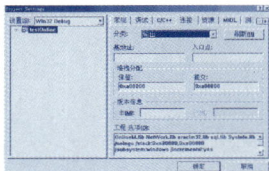  

集货　　　　　　　　分配　　　　　　　　搬运　　　　　　　　中转

装入　　　　　　　　　卸下　　　　　　　　　分散

图 3-1　运输的相关操作

2. 运输的职能

在物流管理过程中,运输主要提供物品移动和短时储存两大职能。

(1) 物品移动

无论是原材料、零部件、装配件,还是在制品、半成品、产成品,不管是在制造过程中被移到下一阶段,还是移动到终端顾客,运输都是必不可少的。运输的主要目的就是以最短的时间、最低的成本将物品转移到指定地点。通过位置的移动,运输便完成了一个增值的过程。

(2) 短时储存

短时储存是指将运输工具(如车辆、船舶、飞机、管道等)作为临时的储存设施。如果转移中的产品需要储存,又很快需要转移时,装卸货的成本可能高过储存在运输工具中的费用,这时将运输工具作为临时储存工具是可行的。

3. 物流运输方式

物流运输方式主要是按运输设备及运输工具的不同进行分类,如表 3-1 所示。

表 3-1　物流运输方式一览表

运输方式	适 用 范 围
公路运输	具有很强的灵活性,主要承担近距离、小批量的货运
铁路运输	主要适用于长距离、大数量的货运和没有水运条件的地区的货运
水路运输	承担大数量、长距离的运输,并在内河及沿海补充及衔接大批量干线运输
航空运输	主要适用于对时效性要求高的高价值货物的运输
管道运输	主要适用于大宗流体货物,如石油、天然气、煤浆、矿石浆体等

4. 物流运输形式

物流运输形式有直达运输、多式联运、专业化运输和集装箱运输等四种形式,其内容和特点见表 3-2 所示。

表 3-2　物流运输形式一览表

运输形式	含　义	特　点
直达运输	货物通过一种运输方式直接运送到收货人手中	减少运输环节、速度快、损耗少、费用低
多式联运	从货物的发运地到收货地采用两种或两种以上的运输方式	托运人填写一张运单;促进各种运输方式的协作配合;减少货物在途时间,节约运费
专业化运输	体现在运输工具的专业化,如使用油罐车、散装水泥专用车运输	适合对运输有特殊要求的产品,有利于保障安全、节约包装
集装箱运输	将货物装入标准规格的集装箱,以集装箱为集装运输单位,利用多式联运,将货物运送到收货人手中的现代化运输方式	提高装卸效率,保证货物的安全,简化货运作业手续,是一种高效的运输方式

5. 办理货物运输的种类

根据发货人托运的货物数量、性质、体积、状态等条件,办理货物运输的种类可以分为整车、零担和集装箱运输。

(1) 整车运输(full car load, FCL)

整车运输是指托运的一个批次货物至少占用一节货车车皮或一个车厢进行的铁路或汽车运输。一批货物的重量、体积、形状或性质需要以一辆或一辆以上的货车装运的,应按整车方式办理运输。

(2) 零担运输(less than car load, LCL)

零担货物是指一张货物运单(一个批次)托运的货物,其重量或容积不够装满一节货车车皮或一个车厢的货物(即达不到整车运输的条件),需统一由运输部门安排和其他托运货物拼装后再进行运输。

一批货物的重量、体积、形状或性质不需要单独使用一辆货车装运的,而且允许和其他货物配装,可以按零担方式办理运输。零担货物单位体积不得小于 0.02 立方米。但单位重量在 10 千克以上时,则不受此最小体积限制。零担货物每批件数不得超过 300 件。

(3) 集装箱运输

集装箱运输是指使用集装箱装载货物,然后通过一种或者几种交通运输工具联合运输的一种先进的运输方式。

二、货物运输合同相关知识

1. 货物运输合同的概念

货物运输合同也称货运合同,是指托运人将货物交给承运人,承运人按照约定事项将货物运送到目的地,由托运人或收货人支付运费的运输协议。

其中,托运人是指请求运送货物的一方。承运人是指接运货物的运输组织或个人。收货人是指接收货物的一方。

2. 货物运输合同的特征

① 货物运输合同通常涉及第三人。
② 货物运输合同以交付收货人为履行终点。

物流业务流程

第三章　运输业务流程操作　　53

3. 货物运输合同的订立程序

货物运输合同一般由托运人提出运输货物的要约，承运人同意运输的承诺而成立。

我国的《合同法》中规定："从事公共运输的承运人不得拒绝旅客、托运人通常、合理的运输要求。"

货物运输合同中涉及的托运人、承运人和收货人的权利与义务见表3-3。

表3-3 托运人、承运人和收货人的权利与义务

合同当事人	主要权利	主要义务
托运人	(1) 请求承运人按照合同约定的地点和时间将货物运达目的地 (2) 在承运人交付货物给收货人之前，托运人可以要求承运人中止运输、返还货物、变更到达地或者将货物交给其他收货人	(1) 托运人应按合同的约定提供托运的货物 (2) 托运人应提交相关的文件 (3) 托运人应按照约定的方式包装货物 (4) 托运人应按照合同的约定及时交付运输费和有关费用 (5) 赔偿因变更、中止运输造成的承运人损失的义务
承运人	(1) 承运人有权收取运输费用及其他有关费用 (2) 承运人有权要求托运人提供货物运输的必要情况 (3) 承运人有权留置运到目的地的货物 (4) 承运人有权处置无人认领的货物	(1) 按照合同约定的要求配发运输工具，接受托运人依约定托运的货物 (2) 按照合同约定的时间、地点将运输的货物安全地送达目的地 (3) 货物运达目的地后，应及时通知收货人 (4) 承运人对运输过程中货物的毁损、灭失承担损害赔偿责任。如果不是自身原因造成的，还负有举证责任加以证明
收货人	收货人的主要权利就是提取货物	(1) 及时提货 (2) 及时验收 (3) 支付运费和保管费

4. 货物运输合同的变更和解除

《合同法》中规定："在承运人将货物交付收货人之前，托运人可以要求承运人中止运输、返还货物、变更到达地或者将货物交给其他收货人。"但是，如果因为单方变更或解除合同给承运人造成损失的，托运人或者提货凭证持有人"应当赔偿承运人因此受到的损失"，并且还要承担因变更或解除合同而产生的各种费用。

三、签署货物运输合同

货物运输合同

订立合同的双方

托运方：_____

承运方：_____

根据国家有关运输的规定，经过双方充分协商，特订立本合同，以便双方共同遵守。

一、货物名称、规格、数量、价款

货物编号	品名	规格	单位	单价	数量	金额(元)

二、包装要求

托运方必须遵照国家主管机关规定的标准包装要求执行;没有统一规定包装标准的,应根据保证货物运输安全的原则进行包装,否则承运方有权拒绝承运。

三、运输办法及运杂费负担

四、托运时间及地点

五、到货时间及地点

六、收货人领取货物及验收办法

七、付款办法

八、违约责任

托运方责任:

1. 未按合同规定的时间和要求提供托运的货物,托运方应按货物价值的_____％偿付给承运方违约金。

2. 由于在普通货物中夹带、匿报危险货物,错报笨重货物重量等而导致吊具断裂、货物摔损、吊机倾翻、爆炸、腐蚀等事故,托运方应承担赔偿责任。

3. 由于货物包装缺陷产生破损,致使其他货物或运输工具、机械设备被污染腐蚀、损坏,或造成人员伤亡的,托运方应承担赔偿责任。

4. 在托运方专用线或在港、站公用线、专用铁道自装的货物,在到站卸货时,如发现货物损坏、缺少,在车辆施封完好或无异状的情况下,托运方应赔偿收货人的损失。

5. 罐车发运货物,因未随车附带规格质量证明或化验报告,造成收货方无法卸货时,托运方应偿付承运方卸车等存费及违约金。

承运方责任:

1. 不按合同规定的时间和要求配车(船)发运的承运方应偿付托运方违约金_____元。

2. 承运方如将货物错运到货地点或接货人,应无偿运至合同规定的到货地点或接货人;如果货物逾期到达,承运方应偿付逾期交货的违约金。

3. 运输过程中货物灭失、短少、变质、污染、损坏,承运方应按货物的实际损失(包括包装费、运杂费)赔偿托运方。

4. 联运的货物发生灭失、短少、变质、污染、损坏,应由承运方承担赔偿责任的,由终点阶段的承运方向负有责任的其他承运方追偿。

5. 在符合法律和合同规定条件下的运输,由于下列原因造成货物灭失、短少、变质、污染、损坏的,承运方不承担违约责任:①不可抗力;②货物本身的自然属性;③货物的合理损耗;④托运方或收货方本身的过错。

本合同正本一式两份,合同双方各执一份;合同副本一式_____份,送_____等单位各留一份。

托运方:_____   承运方:_____

代表人:_____   代表人:_____

地址:_____   地址:_____

电话:_____   电话:_____

开户银行:_____   开户银行:_____

账号:_____   账号:_____

二〇_____年____月_____日

任务实训

1. 看懂空白运输合同的内容与格式。
2. 根据下表中资料完成运输合同的缮制。

运输合同资料

托运方基本情况		承运方基本情况	
公司名称	浙江奋进公司	公司名称	浙江三门物流公司
公司地址	三门县光明中路 110 号	公司地址	三门县光明中路 23 号
公司电话	0576 - 33732899	公司电话	0576 - 33732011
开户银行	工行三门县支行	开户银行	工行三门县支行
账号	955880100213456	账号	955888991028631
法人代表	王刚	法人代表	李立

货物基本情况				运输办法及运杂费			
品名	三角带	规格	B1275	计费单价	2 元/吨公里	到货时间	2010 - 9 - 27
编号	0580	金额	30000	计费里程	1000 公里	验收办法	据运单核对
件数	300	单价	100	托运地点	三门县光明中路 110 号	到货地点	郑州市农业路 23 号
重量	3000 KG			托运时间	2010 - 9 - 17	付款方法	预付 50%,到付 50%

注:装卸费由承运方负责,不再另计。

注意事项

① 先认真研读业务背景资料和空白运输合同,弄清楚每一项内容的含义,把业务背景资料的内容与所要缮制的合同一一对应起来。

② 合同缮制字迹工整,不得涂改。

成 绩 评 定 表

考评内容	运输基本知识				
考评标准	具体内容	分值	自评 30%	互评 30%	师评 40%
	合同缮制正确	50			
	业务流程描述正确	40			
	课堂纪律表现良好,合同填制字迹工整,符合要求	10			
	合　计	100			

任务二　水路货物运输作业

情景展现

这天,物美物流公司来了一位客户,要求将 350 件箱纸制品从上海运往重庆。这批货物应选择哪种运输方式? 走哪条路线到重庆?

问题:1. 请你帮助客户设计最为合理的运输方案,并说明理由。

2. 若是采用水路运输,需要办理哪些手续? 需要填制哪些单证?

一、认识水路货物运输

1. 水路货物运输的特点和形式

水路货物运输是指使用船舶(或其他水运工具),在江、河、湖、海等水域运送货物的一种运输方式。沿海货物运输和内河货物运输统称为国内水路货物运输。水路运输是目前各种运输方式中兴起最早、历史最长的运输方式,较适于负担大宗、低值、笨重和各种散装货物的中长距离运输,特别是海运,更适于承担各种外贸货物的进出口运输。

(1) 水路货物运输的特点

一是运输运载能力大、成本低、能耗少、投资省,是一些国家国内和国际运输的重要方式之一。打比方来说,密西西比河的运输能力相当于 10 条铁路,莱茵河的运输能力抵得上 20 条铁路。此外,修筑 1 公里铁路或公路约占地 3 公顷多,而水路运输利用的是海洋或天然河道,占地很少。在我国的货运总量中,水运所占的比重仅次于铁路和公路运输。

物流业务流程

二是受自然条件的限制与影响大。这主要是指受海洋与河流的地理分布及其地质、地貌、水文与气象等条件和因素的明显制约与影响。且水运航线无法在广大陆地上任意延伸，因而水运还要与铁路、公路和管道运输配合，实行联运。

三是开发利用涉及面较广。例如：天然河流涉及通航、灌溉、防洪排涝、水力发电、水产养殖，以及生产与生活用水的来源等；海岸带与海湾涉及建港、农业围垦、海产养殖、临海工业和海洋捕捞等。

（2）水路货物运输形式

① 沿海运输：使用船舶通过大陆附近沿海航道运送货物的一种运输形式，一般使用中、小型船舶，见图3-2所示。

② 近海运输：使用船舶通过大陆邻近国家海上航道运送货物的一种运输形式，视航程可使用中型船舶，也可使用小型船舶，见图3-3、图3-4所示。

图3-2　沿海运输　　　　图3-3　近海中型船舶运输　　　　图3-4　近海小型船舶运输

③ 远洋运输：使用船舶跨大洋的长途运输形式，主要依靠运量大的大型船舶，见图3-5～3-7所示。

图3-5　集装箱远洋运输船　　　图3-6　大型散货运输船　　　图3-7　大型油轮远洋运输船

④ 内河运输：使用船舶在陆地内的江、河、湖、川等水道进行运输的一种形式，主要使用中、小型船舶，见图3-8、3-9所示。

图3-8　内河拖船运输　　　　图3-9　内河单船运输

本任务主要介绍的是沿海运输和内河运输，国际远洋货物运输将在本书的第八章中进行讲解。

2. 水路货物运输的运营方式

① 自营：轮船公司本身购买或建造船舶，自行经营航线业务。通常只有规模较大的海运公司才有能力自营。

② 租船营运：公司本身并无船舶，而是以租船的方式，自船东处取得船舶，从事货物船运或转租运营。

③ 委托经营：小型轮船公司将船舶委托给大轮船公司或有经验的代理人代为运营。通常以代理费、货运佣金或代营费作为受委托人的报酬，而盈亏仍由船东自行负责。

④ 联合运营：各轮船公司在某一航线组织海运联盟，采取联合运营，同一航线或数条航线的所有货运公平分配装运，运费收入公平分配，但各公司仍保持其独立性。

⑤ 自运：大规模的生产事业，为运送本身的货物，而自行购船或租船开展运营。

⑥ 船务代理：以船东或租船人的名义代办客货招揽、船务处理、装卸货物及进出口手续等，以收取佣金或手续费为报酬的业务。

⑦ 航业经纪：代办各项业务，以收取佣金为报酬，但其经营范围较广，包括船舶买卖、代理船方或货方洽办租船业务以及从事海事案件的处理等。

二、填制水路货物运单

水路货物运单是指承运人或其代理人在接受发货人或货物托运人的订舱时，根据发货人的口头或书面申请货物托运的情况，据以安排货物运输而缮制的单证。该单证一经承运人确认，便作为承、托双方订舱的凭证。运单是运输合同的证明，是承运人已经接收货物的收据。

1. 水路货物运单的内容

① 承运人、托运人和收货人名称。

② 货物名称、件数、重量和体积（包括：长、宽、高）。

③ 运输费用及其结算方式。

④ 船名、航次。

⑤ 起运港、中转港和到达港。

⑥ 货物交接的地点和时间。

⑦ 装船日期。

⑧ 运到期限。

⑨ 包装方式。

⑩ 识别标志。

⑪ 相关事项。

2. 水路货物运单的填制要求

① 一份运单只填写一个托运人、收货人、起运港和到达港。

② 货物名称填写具体品名，名称过于冗繁的，可以填写简称。

③ 按重量和体积择大计费的货物，应当填写货物的重量和体积（包括：长、宽、高）。

④ 填写的各项内容应当准确、完整和清晰。

⑤ 承运人接收货物应当签发运单，运单由载货船舶的船长签发的，视为代表承运人

签发。

⑥ 运单签发后,承运人、承运人的代理人、托运人、到达港港口经营人、收货人各留存一份,另外一份由收货人收到货物后作为收据签还给承运人。承运人可以视情况需要增加或者减少运单份数。

3. 水路货物运单示例

水路货物运单

月　　日

交接清单号码_____　　运单号码_____

> 本运单经承托双方签章后,具有合同效力,承运人与托运人、收货人之间的权利、义务关系和责任界限均按《水路货物运输规则》及运杂费用的有关规定办理。

船名	航次		起运港			到达港			到达日期	收货人
托运人	全称			收货人	全称				(承运人章)	(章)
	地址、电话				地址、电话					
	银行账号				银行账号					

发货符号	货名	件数	包装	价值	托运人确定		计费重量		等级	费用	金额	应收费用		
					重量/t	体积(长、宽、高)/m	重量/t	体积/m³				项目	费率	金额
												运费		
												装船费		
合计														

运到期限(或约定)	托运人 (公章) 月　日	总计
		核算员
特约事项	承运日期 起运港承运人章	复核员

水路货物运单的有关说明:

① 此货物运单主要适用于江、海干线和跨省的水路货物运输。

② 水路货物运单一式6份,各联及流转如下:

第一份为起运港存查联。

第二份为解缴联,起运港→航运企业。

第三份为托运人收据联,起运港→托运人。

第四份为船舶存查联,起运港→船舶。

第五份为收货人存查联,起运港→船舶→到达港→收货人。

第六份为提货凭证,起运港→船舶→到达港→收货人→到达港。

③ 除另有规定者外,属于港航分管的水路运输企业,由航运企业自行与托运人签订货物运输合同的,均使用抬头为航运企业的水路货物运单。

④ 货物运单联需用厚纸印刷,货票各联用薄纸印刷,印刷墨色应有区别:解缴联为红色,收据联为绿色,其他各联为黑色。

⑤ 要印有控制号码或固定号码。

⑥ 到达港收费应另开收据。

三、水路货物运输作业

水路货物运输业务流程如图 3-10 所示。

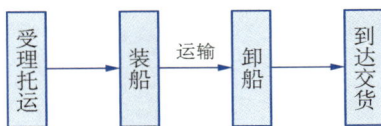

图 3-10　水路货物运输业务流程图

1. 受理托运

发货人(货主、货运代理)在托运货物时,应按承运人的要求填写货物托运单,以此作为货物托运的书面申请。货物托运单是发货人托运货物的原始依据,也是承运人承运货物的原始凭证。托运单内容包括:①货物名称;②重量、件数,按体积计费的货物应载明体积;③包装;④运输标志;⑤起运港和到达港,海、江、河联运货物应载明换装港;⑥托运人、收货人名称及其详细地址;⑦运费、港口费和有关的其他费用及其结算方式;⑧承运日期;⑨运到期限(规定期限或商定期限);⑩货物价值;⑪双方商定的其他事项。

承运人在接到托运单后,应认真审核,审核主要是检查托运单上各项内容是否正确,如确认无误,则在托运单上签章,表示接受托运。审查人员确认完所有受理的托运单后方能处理下一步的工作。

托运人应当及时办理港口、海关、检验、检疫、公安和其他货物运输所需的各项手续,并将已办理各项手续的单证送交承运人。因托运人办理各项手续和有关单证不及时、不完备或者不正确,造成承运人损失的,托运人应当承担赔偿责任。

2. 装船作业

① 装船前,承运人应将船舱清扫干净,检查管系,准备好隔垫物料,港口经营人应准备好保障安全质量的防护措施。

② 承运人与港口经营人在船边进行货物交接。对于按件承运的货物,港口经营人应为承运人创造计数的条件,装船作业结束后,承运人和港口经营人应办清当班交接手续。

③ 除承运人和港口经营人双方另有协议的以外,装船时应做到大票分隔、小票集中,每一大票货物应接单装船、一票一清,同一收货人的几票货物应集中在一起装船,每一大票货物或每一收货人的货物,装船开始及终了时,承运人应指导港口作业人员做好隔垫工作。

④ 装船作业时,承运人应派人看舱,指导港口作业人员按计划的装货顺序、部位装舱,堆码整齐。整船散装货物应按有关规定检验测定装前、装后水尺,并记录在货物交接清单上。如果发现货物残损、包装不合标准要求、破裂或标志不清等情况,应编制货运记录。

⑤ 港口经营人应在每一票货物装完后,检查库场、舱口、作业线路有无漏装、掉件,发现漏装及时补装,发现掉件及时拣归原批。对装船中洒漏的地脚货物,属于散装货物的要随时收集进舱归原批,属于袋装货物的应收集整理、灌包,并通知承运人安排舱位,分类堆簇;同时在货物交接清单内注明灌包地脚货物的件数。

⑥ 装船作业时,港口经营者要严格遵守操作规程和货运质量标准,合理使用装卸工具,轻搬轻放。做到不倒放、破包不装船、重不压轻、木箱不压纸箱、箭头向上、堆码整齐。散装货物应按承运人要求平舱。

⑦ 计划配装的货物,如因故必须退装时,应按下列规定办理:
- 必须按运单、货名、件数退装,不得将几张运单的货物,不分货名、合并笼统退装件数。
- 一张运单的货物全部退装时,应将运单抽出,并在货物交接清单内划去该运单。
- 一张运单的货物退装一部分时,应将退装的件数、吨数,按运单、货名编制货运记录,并在货物交接清单内注明实装件数、吨数;退装货物另行装船,由造成退装的责任方会同托运人进行处理。

⑧ 货物装船时,如发生实装数量与运单记载数量不符时,承运人与港口经营人应编制货运记录。港口经营人事后发现货物漏装,应另行办理托运手续,费用由责任方承担;并在运单特约事项中注明原承运船舶的船名、航次、原运单号码、原发货件数和重量等。

⑨装船完毕,通过港口库场装船的货物,由承运人和港口经营人在货物交接清单上签章;船边直接装船的货物,由承运人和托运人在货物交接清单上签章。未办妥交接手续,船舶不得开航。

⑩ 货运记录编制和事故处理。货运记录和普通记录的编制,应按《水路货物运输规则》办理。编制记录要认真、准确,客观地反映真实情况,以便作为处理事故、查询货物的依据。编制记录应遵守下列规定:
- 在交接或交付货物的当时编制,任何一方不得拒编,也不得事后再要求补编。
- 记录内各栏应逐项填写清楚,如有更改应由交接双方在更改处盖章。
- 一张运单或作业委托单有数种品名时,应分别写明情况。
- 内容应如实填写,不得使用揣测、笼统的词句;情况要记录得详细、准确、具体。

水路货运记录单的式样见表3-4。

表 3-4 水路货运记录单

货运记录

编号：

交货方		接货方		
运、提单号码	作业合同号码	船名		航次
交接时间		交接地点		车号
起运港		中转港		到达港
货物名称	包装方法	识别标志		集装箱号
记录内容				

交货方（签章）　　　　　　　　　　　　　　　　接货方（签章）

　年　　月　　日　　　　　　　　　　　　　　　年　　月　　日

3. 卸船作业

① 承运人应及时向港口经营人提供卸船资料。对船边直取的货物，应事先通知收货人做好接运提货的准备工作。港口经营人应根据承运人提供的资料以及与作业委托人签订的作业合同，安排好泊位（浮筒、趸船）、库场、机械工具和劳力，并编制卸船计划。

② 承运人应派人指导卸货。港口作业人员应接受承运人指导，按实际装载顺序、运单、标志卸船，整批货物，应做到一票一清。几票集中装船的零星货物，应做到集中卸船。承运人发现港口经营人混卸或违章操作，应予以制止，制止不听也应编制货运记录。

③ 卸船时，如在船上发现货物残损，包装破裂、翻钉、松钉，包装完整内有碎声，分票不清、标志不清、装舱混乱，以及积载不当等情况，港口经营人应及时与承运人联系，检查确认，编制货运记录证明，不得拒卸或原船带回。

④ 卸船时，港口经营人应按规定的操作规程、质量标准操作，合理使用装卸机具。在卸船时要做到不拖关、不挖井、不推垛、不落水，分清原残、工残，并按双边交接的有关规定，为货物堆码、做关标准、理货计数等方面创造条件，使交接双方顺利交接，做到理货数字一班一清、一票一清、全船数字清。每一张运单或一个收货人的货物卸完后，应由库场员复点核实。

⑤ 承运人和港口经营人在卸船作业中，应随时检查舱内、舱面、作业线路有无漏卸货物或掉件，港口经营人应将漏卸、掉件和地脚货物按票及时收集归原批。卸船结束后，港口经营人应将舱内、甲板、码头、作业线路、机具、库场的地脚货物清扫干净。

⑥ 货物卸进港区仓库，由承运人与港口经营人在船边进行交接。如为收货人船边直取

物流业务流程

货物,由承运人与收货人进行交接。卸船完毕,承运人和港口经营人,或者承运人和收货人应在货物交接清单上签章。未办妥交接手续,船舶不得离港。

4. 到达交付

① 收货人在接到到货通知后,应当及时提货,不得因需对货物进行检验而滞留船舶。货物运抵到达港后,承运人应当在 24 小时内向收货人发出到货通知。到货通知的时间,信函通知的,以发出邮戳为准;电传、电报、传真通知的,以发出时间为准;采用数据电文形式通知,收件人指定特定系统接收数据电文的,以该数据电文进入该特定系统的时间为通知时间,未指定特定系统的,以该数据电文进入收件人任何系统的首次时间为通知时间。承运人交付货物时,应当核对证明收货人单位、身份以及经办人身份的有关证件。

② 承运人发出到货通知后,应当每 10 天催提一次,满 30 天收货人不提取或者找不到收货人的,承运人应当通知托运人,托运人在承运人发出通知后 30 天内负责处理该批货物。托运人未在规定期限内处理货物的,承运人可以将该批货物作无法交付的货物处理。

③ 除另有约定外,散装货物应按重量交接,其他货物按件数交接。散装货物按重量交接的,承运人与托运人应当约定货物交接的计量方法;没有约定的应当按船舶水尺数计量,不能按船舶水尺数计量的,运单中载明的货物重量对承运人不构成其交接货物重量的证据。散装液体货物装船完毕,由托运人会同承运人对每处油舱和管道阀门进行施封,施封材料由托运人自备,并将施封的数目、印文、材料品种等在运单内载明;卸船前,由承运人与收货人凭舱封交接。

④ 船边直取货物,由承运人向收货人交付。卸进港区的货物,收货人凭运单(提货凭证)以及进口作业委托单到港区提货。港口经营人应当认真核对提货单证,与收货人当场对货物的数量和质量进行交接。收货人对收到货物无异议时,应在提货单证上签章。交接时发现货物短缺、残损,双方应及时编制货运记录。

承运人和港口经营人在交付货物时,如发现标志脱落或模糊不清,应当查明收货人后方可交付。一张运单中的货物分批交付时,应当在有关提货单证上逐次批注清楚。一张运单的货物分卸几个港区或几个库场,在交付时港口经营人应核对清楚,防止错交、错转。

⑤ 不能交付的货物按国家《关于港口、车站无法交付货物的处理办法》办理。

任务实训

根据以下资料填制水路货物运单(见表 3-5)和货运记录(见表 3-6),并描述水路货物运输作业流程。

发货人:上海新兴贸易公司

地址:上海市湖滨东路 118 号

法定代表人:马伟明,总经理

电话:021 - 55889900

银行账号:工商银行 622200068543499

承运人:华东航运(集团)公司海运分公司

地址:上海市民权路 4 号

法定代表人:李国安,经理

电话:021 - 35449988

银行账号:建设银行 4367420000023761

收货人:重庆市印刷包装公司

地址:重庆市解放路 28 号

法定代表人:许大全,经理

电话:023 - 39902233

银行账号:农业银行 552599000000235676

　　2010 年 7 月 11 日,华东航运(集团)公司海运分公司所属"黄山 8 号"轮在上海港外高桥码头装载上海新兴贸易公司出售给重庆市印刷包装公司的白板纸 350 件。其中"绿源"牌白板纸 256 件,每件净重 0.711 吨,体积 0.45 立方米,为木箱包装,每吨单价 5650 元;"白洁"牌白板纸 156 件,每件净重 0.4635 吨,体积 0.35 立方米,为木箱包装,每吨单价 6510 元。运费每吨 100 元,空驶费按运费 50% 计。合同签订后,甲方预付运费 50%,乙方卸船后,以运单与甲方一次结清。货物于合同签订之日起 5 天内集中于外高桥码头,华东公司应在 3 天内派船装运,船舶自装货完毕办好手续 120 小时内将货物运到目的港重庆朝天门码头,否则承担滞延费用。装船费 2000 元。未尽事宜双方协商解决。上海新兴贸易公司代办托运,一切费用由收货方支付。

成 绩 评 定 表

考评内容	水路货物运输基本流程				
	具体内容	分值	自评 30%	互评 30%	师评 40%
考评标准	运单填写完整清晰	35			
	货运记录填写正确、整洁	30			
	水路运输作业流程描述完整	35			
合　计		100			

任务三　铁路货物运输作业

情景展现

　　某物流公司承揽到一笔业务,客户有 120 辆帕萨特汽车需要从上海运往拉萨,上海至拉萨铁路里程为 4373 公里,公路里程为 4218 公里,请问选择采用何种运输方式比较合适?如选择铁路运输,需要办理哪些手续?要填制哪些单证?

物流业务流程

一、认识铁路货物运输

1. 铁路货物运输的含义

铁路货物运输是指在相对固定的列车线路上利用铁路设施、设备进行货物运送的一种运输方式（见图3-11）。铁路货物运输主要承担远距离、大批量的货运。在没有水运条件的地区，几乎所有大批量货物都是依靠铁路运输的。铁路货物运输是在干线运输中起主力运输作用的运输形式。

图3-11　铁路运输

2. 铁路货物运输流程

铁路货物运输的流程如图3-12所示。

① 托运。托运人要先查看所托运的货物有无限制。填写铁路货物运输服务订单（长期货主填写月度运输订单），交车站审核。在车站批复要车计划后，填写铁路货物运单，货物准备就绪，随时移交给承运人。

② 承运。承运人受理托运后，发货人应按指定的日期将货物移入车站或指定的货位，铁路应根据货物运单上的记载核实货物，如无异议，在整车货物装车完毕后，发站*在货物运单上加盖承运日期戳。

③ 发运。装车发运具体包括货物进站、请车和拨车、装车、加固、施封、编制和使用运输标志等几个步骤。

④ 国境站交接。国境站根据邻国国境站货物列车的预报和确报，通知交接所及海关做好到达列车的检查准备工作。列车到达后，铁路会同海关接车，由双方铁路进行票据交接，然后将车辆交接单及随车的货运票据呈交接所，交接所根据交接单办理货物和车辆的现场交接。海关则对货物列车执行实际监管。

⑤ 费用结算。整车货物装车发运后，货运员将签收的货运单移交货运室缮制货票，核收运杂费。

⑥ 交付。货物到达后，由收货人代表在现场监卸、清点，无误后即可提走货物。

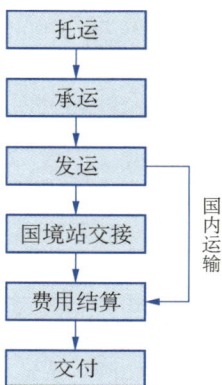

图3-12　铁路货物运输流程图

二、填制铁路货物运单

铁路货物运单规定了在铁路货物运输过程中托运人、承运人和收货人的权利、义务和责任，并要求各方对所填记的内容负责。铁路货物运单既是办理铁路货物运输最原始的依据，又是划清承运人与托运人、收货人之间责任的重要依据，因此，货物在铁路运输过程中，如果发生货运事故或运输费用计算错误时，铁路货物运单就是处理承运人与托运人、收货人间责任的依据。

铁路货物运单的具体填写方法如下：

① 到站栏：应按铁路规定的站名完整填记，不得只填简称。到达局名填写到站主管铁路局的第一个字，如：沈阳局为沈。但北京局除外，为京字。

---

* 发站：即货物发出的铁路站点。

② 托运人或收货人栏：应填写托运单位或收货单位的全称，为自然人时，则填写姓名。并在对应地址栏中详细填写托运人或收货人所在省、市、自治区城镇街道和门牌号码或县、区、乡、村名称，以及正确的邮政编码。

③ 货物名称栏：应按铁路《货物运价分类表》或《危险货物品名表》所列的货物名称完全、正确填写。铁路《货物运价分类表》内未列载的货物，应填写生产或贸易上通用的名称。发货人按一批托运的货物，不能逐一将品名填写在运单内时，须另附物品清单。个人托运的行李，在运单上不必明确填写货物的具体名称，可填写"搬家货物、行李"等。

④ 包装栏：应记明包装种类。如：木箱、纸箱、麻袋、条筐、铁桶、绳捆等。

⑤ 货物规格：应记明货物的长、宽、高尺寸，以厘米为单位。

⑥ 货物重量栏：应按货物名称将货物重量（包括包装重量）用公斤记明。"合计栏"填记该批货物的总重量。

⑦ 托运人签章栏：属于单位托运时须加盖公章。

⑧ 托运人记载事项：需要由托运人声明的事项。托运人确定以保价运输的货物，应在本栏内注明。需凭证明文件运输的货物，托运人应将证明文件与货物运单同时提出，在本栏内注明文件的名称和号码。

铁路货物运单的式样如表 3-5 所示。

表 3-5　铁路货物运单

货物指定于　月　日搬入　　　　　　　　　　××铁路局
货位：　　　　　　　　　　　　　　　　　　货物运单号码：

承运人/托运人装车
承运人/托运人施封　　　计划号码或运输号码：　　　托运人→发站→到站→收货人
　　货票第　号　　　　　　　　　　　　　　运到限期限　日

托运人缮制				承运人缮制			
到站		到站(局)		车种车号			货车标重
到站所属省(市)自治区				施封号码			
托运人	名称		邮政编码	经由	铁路货车棚车号码		
	地址		电话				
收货人	名称		邮政编码	运价里程	集装箱号码		
	地址		电话				
货物名称	件数	包装	货物规格	托运人确定重量	承运人确定重量	计费重量	运价号	运价率	运费
合计									
托运人记载事项		保险		承运人记载事项					

三、铁路运输基本知识

1. 铁路货物运输合同

① 整车合同:以月度要车计划表作为运输合同,交运货物时还须向承运人递交货物运单。

② 零担、集装箱合同:以货物运单作为运输合同,每张运单为一份。

③ 铁路货物运输服务订单:此订单是铁路运输服务合同的组成部分,当托运人提出运输或服务要求时,应向车站递交。

使用集装箱运输的货物,每箱不得超过集装箱最大载重量。承运后发现超载,对超过部分应按规定核收违约金。每批必须是同一箱型,至少一箱,最多不得超过铁路一列货车能装运的箱数,且集装箱总重之和不得超过货车的允许载重量,单件货物重量超过100公斤时,应在货物运单上注明。

以下货物不能使用集装箱装运:

一是易于污染和腐蚀箱体的货物,如:水泥、炭黑、化肥、盐、油脂、生毛皮、牲骨、没有衬垫的油漆等。

二是易于损坏箱体的货物,如:生铁块、废钢铁、无包装的铸件和金属块等。

三是鲜活货物(经铁路局确定,在一定季节和区域内不易腐烂的货物除外)。

四是危险货物(另有规定的除外)。

2. 货物发运

(1) 托运

托运人向承运人交运货物,应向车站按批提交货物运单一份。运单粗线以左各栏和领货凭证由托运人用钢笔、毛笔、圆珠笔或加盖戳记的方法按规定正确填写,内容要完整,字迹要清楚。托运人对填写的内容有更改时,还应在更改处盖章。

(2) 包装

托运人托运货物应根据货物的性质、重量、运输种类、运输距离、气候及货车装载等条件,使用符合运输要求、便于装卸和保证货物安全的运输包装。有国家标准或行业包装标准的,按上述标准执行。对没有统一规定包装标准的,车站应会同托运人研究制定货物运输包装暂行标准,共同执行。对于需要试运的货物运输包装,除另定者外,车站可与托运人商定条件组织试运。

(3) 包装储运标志

托运人应根据货物性质、国家标准,在货物包装上做好包装储运标志。货件上与本批货物无关的运输标记和包装储运标志必须消除。

(4) 货签

托运人托运零担货物,应在每件货物的两端各粘贴或钉固一张明晰的标记(货签)。

(5) 货物进站

托运人应根据车站承运日期表或运单上批准的日期,将货物送到指定的仓库货位或集装箱场地,交货运人员进行验收。经验收后由货运人员在货物运单或收货凭证上签收。

(6) 缴付运杂费

与车站票务组签订运杂费结算合约的单位,由车站发给运杂费结算合约专用章,托运货物时,将此章盖在货物运单领货凭证下方托收合约编号格内凭以结算。无合约单位,运杂费一律按"付现"办理,付现方式为现金和支票两种,必须在进货的当日付清,延期缴付者每延迟一日,应按运杂费总金额的1‰向铁路部门缴付迟交金。

物流业务流程

(7) 有关事项

① 保价运输:托运人托运货物时,根据自愿的原则可向发站要求办理保价运输,以全批货物的实际价格作为保价金额,不得只保其中一部分,并在"货物价格栏"内以元为单位填写货物的实际价格,按规定支付货物保价费。铁路部门从承运货物时起至将货物交付收货人为止,对保价货物的灭失、短少、变质、污染、损坏承担赔偿责任,按照实际损失赔偿,但最高不超过保价金额。

② 托运人责任:托运人应对托运的货物名称、重量、内容、品质和价格的真实性负责。托运人在托运货物时不得在普通货物中夹带危险品,或将危险货物匿报、错报。

3. 货物到达

(1) 货物到达查询

托运人应及时将"领货凭证"寄交收货人。收货人对"领货凭证"应妥善保管,接到"领货凭证"后,应及时与到站*联系领取货物。收货人在到站联系未领到货物或通过电脑查询货物未到时,应要求到站出具货物未到证明书。

(2) 到货领取

凡在铁路货场领取货物,须凭"领货凭证"。收货人为个人的,须凭本人证件(户口簿或身份证);收货人为单位的,须有单位出具所领货物和领货人姓名的证明文件及领货人本人身份证。不能提交"领货凭证"的,个人必须持收货人所在单位开具的提货证明和收货人本人证件;单位持本单位证明文件,证明文件上必须详细说明发站、票号、托运人、品名、件数、重量,并附本单位营业执照副本或复印件。委托他人代领时,代领人须携带"领货凭证"和证明委托的介绍信及代领人本人身份证。

(3) 免费保管期

到达铁路车站的货物,可以在铁路车站免费存放 24 小时。免费存放期限自铁路车站发出到货催领通知的次日(或卸车的次日)零点起计算。

(4) 暂存费

收货人领取货物已超过免费暂存期限时,应按规定支付货物暂存费。

(5) 无主货

从承运人发出催领通知次日起(不能实行催领通知时,从卸车完毕的次日起),经过查找,满 30 日(搬家货物满 60 日)仍无人领取或收货人拒领的货物,托运人又未按规定期限提出处理意见的货物,承运人可按无法交付的货物处理。

4. 铁路货物运输的主要优点

铁路货物运输具有安全程度高、运输速度快、运输距离长、运输能力大、运输成本低等优点,且具有污染小、潜能大、不受天气条件影响的优势,是公路、水运、航空、管道等运输方式所无法比拟的。

任务实训

看懂空白铁路货运单及其填制要求;根据下列资料填制铁路货运单,并根据图 3-12 流程图用文字描述铁路货物运输业务流程。

---

* 到站:即货物到达的铁路站点

物流业务流程

托运人基本情况				收货人基本情况			
公司名称	上海迅达汽车贸易公司			公司名称	拉萨市机械公司		
地址	上海市光明中路 110 号			地址	拉萨市文化路 23 号		
电话	021 – 33732899			电话	0891 – 61695060		
邮编	200100			邮编	850002		
货物基本情况(铁路运输)							
品名	帕萨特轿车	规格	中型车 1.8 L	编号	0580	重量	180 吨
件数	120 台	单价	22 万	到站	拉萨站	到局	青藏局

注:① 货物于 2011 年 5 月 10 日搬入 3 号货位。
② 保险费按总价值的 1‰。
③ 货物限于 5 月 30 日前运到。

成 绩 评 定 表

考评内容	铁路运输基本流程				
	具体内容	分值	自评30%	互评30%	师评40%
考评标准	铁路货物运单填制正确	50			
	铁路货物运输业务流程描述正确	40			
	课堂纪律表现良好,单证填制字迹工整,符合要求	10			
合　计		100			

任务四　公路货物运输作业

情景展现

　　某物流公司收到浙江奋进公司一笔业务,要求将 3 吨三角带 1 天内从浙江三门县运至郑州,请问选择何种运输方式比较方便? 假如选择公路运输会是什么原因? 需要办理哪些手续? 需要填制哪些单证?

一、公路货物运输流程

1. 公路货物运输的含义

公路货物运输是指主要使用汽车在公路上进行货物运送的一种运输方式。公路货物运输主要承担铁路、水路优势难以发挥的近距离、小批量运输以及水路和铁路运输难以到达地区的长途大批量运输。公路运输工具如图 3-13 所示。

图 3-13　公路货物运输工具

2. 公路货物运输的作用

公路运输主要是满足短途运输的需要。它可以将两种或多种运输方式衔接起来，实现多种运输方式联合运输，做到货物运输的"门到门"服务。

公路运输在综合运输体系中发挥着"微血管"和"大动脉"的双重作用，随着高速公路以及公路国道干线网的建立，公路运输在综合运输体系中的作用不断提升，成为新的运输大动脉。

3. 公路货物运输流程

公路货物运输流程如图 3-14 所示。

（1）接单

公路运输主管从客户处接受运输发送计划。公路运输调度从客户处接出库提货单证并核对单证。

（2）登记

运输调度在登记表上分别标注送货目的地、收货客户标定提货号码。司机（指定人员及车辆）到运输调度中心拿提货单，并在运输登记本上确认签收。

（3）调度安排

填写运输计划，填写运输在途、送到情况和追踪反馈表，并输入电脑。

（4）车队交接

根据送货方向、重量、体积，统筹安排车辆，报运输计划给客户处，并确认到厂提货时间。

（5）提货发运

司机到客户仓库提货前，先检查车辆情况，到达仓库后办理提货手续。装货完毕，盖好车棚，锁好箱门，办好出厂手续，电话通知收货客户预达时间。

（6）在途追踪

建立收货客户档案，司机及时反馈途中信息，与收货客户电话联系送货情况，填写跟踪

接单 → 登记 → 调度安排 → 车队交接 → 提货发运 → 在途追踪 → 到达签收 → 回单 → 费用结算

图 3-14　公路货物运输流程图

物流业务流程

记录,如有异常情况及时与客户联系。

(7)到达签收

电话或传真确认到达时间,司机将回单用快递或传真发回公司,签收运输单,定期将回单送至客户处,并将当地市场信息及时反馈给客户。

(8)回单

按时、准确到达指定卸货地点,进行货物交接,签收时逐一核对,保证运输产品的数量和质量与客户出库单一致,同时了解客户产品在当地市场的销售情况。

(9)费用结算

整理好收费票据,做好收费汇总表交给客户,确认后交回结算中心。

二、公路货物运输托运单

公路货物运输托运单是托运人与承运人双方订立的运输合同,它明确规定了双方在货物承运期间的权利、责任。公路货物运输托运单的式样如表3-6所示。

表3-6 公路货物运输托运单

托运人:　　　　　　　　　　　　　　　　　经办人:

电话:　　　　　　　　　　　　　　　　　　地址:

运单编号:

发货人		地址		电话		装货地点				
收货人		地址		电话		卸货地点				
付款人		地址		电话		约定起运时间	月 日	约定到货时间	月 日	需要车种
货物名称及规格	包装形式	件数	体积(长×宽×高)	单件重量kg	总重量(t)	保险与保价	货物等级	计费项目 运费	装卸费	计费重量 单价
合计						计费里程				
委托注意事项		付款人银行账号		承运人记载事项				承运人银行账号		
注意事项	1. 货物名称应缮制具体品名,如货物品种过多,不能在运单内逐一填写,须另附物品清单 2. 保险或保价货物,在相应价格中缮制货物声明价格						托运人签章 年 月 日		承运人签章 年 月 日	

注:本运单一式两份,一份作为受理存根,另一份作为托运回执。

三、公路运输知识

1. 公路货物运输的特点

公路货物运输是一种机动灵活、简捷方便的运输方式。在短途货物的集散运转上，它比铁路、航空运输具有更大的优越性，尤其在实现"门到门"的运输中，其重要性更为显著。尽管其他运输方式各有特点和优势，但或多或少都要依赖公路运输来完成最终两端的运输任务。例如：铁路车站、水运港口码头和航空机场的货物集疏运输都离不开公路运输。

但公路货物运输也具有一定的局限性，如：载重量小，不适宜装载重件、大件货物，不适宜走长途运输；车辆运行中震动较大，易造成货损、货差事故；运输成本费用较水运和铁路要高。

2. 公路货物运输的经营方式

在市场经济条件下，公路货物运输的组织形式一般有以下几种类别。

(1) 公共运输业 (common carrier)

这类企业专业经营汽车货物运输业务并以整个社会为服务对象，其经营方式有：

① 定期定线。不论货载多少，在固定路线上按时间表行驶。

② 定线不定期。在固定路线上视货载情况派车行驶。

③ 定区不定期。在固定的区域内根据货载需要派车行驶。

(2) 契约运输业 (contract carrier)

这类企业按照承托双方签订的运输契约运送货物。与之签订契约的一般都是一些大的工矿企业，常年运量较大且稳定。契约期限一般都比较长，短的有半年、一年，长的可达数年。按契约规定，托运人保证提供一定的货运量，承运人保证提供所需的运力。

(3) 自用运输业 (private operator)

工厂、企业、机关自备汽车，运送自己的物资和产品，一般不对外营业。

(4) 汽车货运代理 (freight forwarder)

这类企业本身既不掌握货源也不掌握运输工具，他们以中间人身份一面向货主揽货，一面向运输公司托运，借此收取手续费用和佣金。有的汽车货运代理专门从事向货主揽取零星货载，加以集中成为整车货物，然后自己以托运人名义向运输公司托运，以赚取零担和整车货物运费之间的差额。

3. 公路运费

公路运费均以"吨/里"为计算单位，一般有两种计算标准：一是按货物等级规定基本运费费率，二是以路面等级规定基本运价。凡是一条运输路线包含两种或两种以上等级公路时，均以实际行驶里程分别计算运价。特殊道路（如：山岭、河床、原野地段）则由承托双方另行商定。

公路运费费率分为整车（FCL）和零担（LCL）两种，后者一般比前者高 $30\%\sim50\%$，按我国公路运输部门规定，一次托运货物在两吨半以上的为整车运输，适用整车费率；不满两吨半的为零担运输，适用零担费率。凡一公斤重的货物，体积超过四立方分米的为轻泡货物（或尺码货物 measurement cargo）。整车轻泡货物的运费按装载车辆核定吨位计算；零担轻泡货物，按其长、宽、高计算体积，每四立方分米折合一公斤，以公斤为计费单位。此外，含有包车费率（lump sum rate）的，即按车辆使用时间（小时或天）计算。

物流业务流程

4. 责任范围

(1) 承运人责任

公路运输承运人的责任期限是从接受货物时起至交付货物时止。在此期限内,承运人对货物的灭失损坏负赔偿责任。但如果不是由于承运人的责任所造成的货物灭失损坏,承运人不予负责。根据我国公路运输规定,由于下列原因而造成的货物灭失损坏,承运人不负责赔偿:

① 由于人力不可抗拒的自然灾害或货物本身性质的变化以及货物在运送途中的自然消耗。

② 包装完好无损,而内部短损的变质者。

③ 违反国家法令或规定,被有关部门查扣、弃置或作其他处理者。

④ 收货人逾期提取或拒不提取货物而造成霉烂变质者。

⑤ 有随车押运人员负责途中保管照料者。

对货物的赔偿应按实际损失价值赔偿。如货物部分损坏,应按损坏货物所减抵的金额或按修理费用赔偿。

要求赔偿的有效期限从货物开票之日起,不得超过六个月。从提出赔偿要求之日起,责任方应在两个月内做出处理。

(2) 托运人责任

公路运输托运人应负的责任基本与铁路、海上运输相同,主要包括:按时提供规定数量的货载;提供准确的货物详细说明;货物唛头标志清楚;包装完整,适于运输;按规定支付运费。如因托运人的责任所造成的车辆滞留、空载,托运人必须承担延滞费和空载费等损失。

任务实训

看懂空白公路货物运输托运单及其填制要求;根据下列资料填制公路货物运输托运单,并根据图3-14流程图用文字描述业务内容。

发货人基本情况		收货人基本情况	
公司名称	浙江奋进公司	公司名称	郑州机械公司
地址	三门县光明中路110号	地址	郑州市文化路23号
电话	0576 - 33732899	电话	0371 - 61695060
银行账号	955880100213456	银行账号	622588991028631
装货地点	三门县光明中路110号	卸货地点	郑州市文化路23号

货物基本情况(公路运输)							
品名	三角带	体积	$5 \times 3 \times 4 (m^3)$	重量	3000 kg	启运时间	2010 - 9 - 1
件数	300	单价	100 元	计费单价	2元/吨公里	需要车种	厢式卡车
包装	纸箱	金额	30000 元	计费里程	1000 km		

注:运费付款人为发货人。

物流业务流程

注意事项

① 先认真研读业务背景资料,弄清楚每一项内容的含义,把业务背景资料的内容与所要填制的单证内容一一对应起来。

② 单证填写时字迹应工整,不得涂改。

成 绩 评 定 表

考评内容	公路运输基本流程				
	具体内容	分值	自评30%	互评30%	师评40%
考评标准	公路货物运输托运单填制正确	50			
	公路货物运输业务流程描述正确	40			
	课堂纪律表现良好,单证填制字迹工整、符合要求	10			
合　计		100			

任务五　航空货物运输作业

情景展现

关于摩托罗拉公司对航空物流服务的要求如下:

① 要求提供24小时的全天候准时服务。主要包括:保证摩托罗拉公司与中外运业务人员、天津机场和北京机场两个办事处及双方有关负责人通信联络24小时通畅;保证运输车辆24小时都能运转;保证天津与北京机场办事处24小时均可提货、交货。

② 要求服务速度快。摩托罗拉公司对提货、操作、航班、派送的时间都有明确的规定,精确到以小时计算。

③ 要求服务的安全系数高,对运输的全过程负责,保证航空公司及派送代理处理货物的各个环节都不出问题,一旦某个环节出了问题,将由服务商承担责任、赔偿损失,而且当过失到一定程度时,将被取消合作资格。

④ 要求信息反馈快。要求航空公司的计算机与摩托罗拉公司联网,做到能对货物随时跟踪、查询,掌握货物运输的全过程。

问题:1. 摩托罗拉公司为什么要选择航空运输方式?

2. 航空运输需要办理哪些手续?需要填制哪些单证?

一、航空货物运输基本流程

航空货物运输由于其突出的高速直达性,在货运大系统中具有特殊的地位并且拥有很大的发展潜力。

1. 航空货物运输的含义

航空货物运输是指使用飞机或其他航空器进行货物运送的一种运输形式。航空运输的主要工具是飞机(见图3-15)。

(一)一般航空运输　　　　　　　(二)紧急航空运输

图 3-15　航空运输飞机

航空运输最适合承担运量较小、距离长、对时间要求严格、运费负担能力较强的紧急运输任务。

2. 航空货物运输的方式

(1)班机运输

班机运输是指在固定航线上定期航行的航班,一般有固定的始发站、到达站和经停站。

(2)包机运输

包机运输又分为整机包机和部分包机,其中整机包机是指航空公司或包机代理公司按照合同中双方事先约定的条件和运价,将整架飞机出租给租机人,从一个或几个航空港装运货物至指定目的地的运输方式;部分包机则是指由几家航空货运代理公司或发货人联合包租一架飞机,或者由包机公司把一架飞机的舱位分别卖给几家航空货运代理公司的货物运输形式。相对而言,部分包机适合于运送一吨以上但货量不足整机的货物,在这种形式下货物运费较班机运输低,但由于需要等待其他货主备妥货物,因此运送时间会比较长。

(3)集中托运

集中托运作为最主要的一种航空货运方式,有着鲜明的特征,同时也给托运人带来了极大的便利,主要表现在:

① 由于航空运费的费率随托运货物数量增加而降低,所以当集中托运人将若干小批量货物组合出运时,能够争取到更为低廉的费率。集中托运人会将其中一部分支付目的地代理的费用,另一部分返还给托运人以吸引更多的客户,其余的作为自己的收益。

② 集中托运人的专业性服务也会使托运人受益,这包括完善的地面服务网络,即拓宽了的服务项目,也提高了服务质量。

③ 因为航空公司的主运单与集中托运人的分运单效力相同,集中托运形式下托运人结汇的时间提前,资金的周转也会加快。

（4）联合运输方式

联合运输方式是指采用包括空运在内的两种以上运输方式的联合运输。具体的做法有:陆空联运(train-air)、陆空陆联运(train-air-truck)等。

（5）航空快件传送

航空快件传送(air-express)是目前国际航空运输中最快捷的运输方式,是派专人以最快的速度在货主、机场、用户之间运输和交接货物的一种运输方式,见图3-16所示。航空快件传送业务主要有以下三种形式:①从机场到机场;②门到门;③派专人送货,即由速递公司派出专人随机送货。

图 3-16　联邦快递的陆空联运快件服务

3. 航空货物运输的特点

航空运输的单位成本很高,因而主要适合运载两类物资:一类是价值高、运费承担能力强的物资(如:贵重设备、高档产品等);另一类是紧急需要的物资(如:救灾抢险物资等)。

（1）航空货物运输的优点

① 速度快。这是航空运输的最大特点和优势。距离越长,航空运输所能节省的时间越多,速度快的特点也越显著。

② 机动性大。飞机可以将地面上相隔任何距离的两个地方连结起来,可以定期或不定期飞行。尤其在灾区的救援、供应等紧急任务方面,航空运输已成为必不可少的手段。

③ 舒适、安全。主要体现在客运方面,喷气式客机的巡航高度一般在10000 m左右,飞行不受低空气流的影响,平稳舒适。

④ 基本建设周期短、投资少。要发展航空运输,只需添置飞机和修建机场。这与修建铁路和公路相比,建设周期短、占地少、投资省、收效快。

（2）航空货物运输的缺点

航空运输的主要缺点是飞机机舱容积和载重量都比较小,运载成本和运价比地面运输高,气象条件对飞行的限制大。此外,航空运输速度快的优点在短途运输中难以充分发挥。因而,航空运输较适用于时间性强的鲜活易腐和高价值物资的中长途运输。

4. 航空货物运输基本流程

航空货运业务的流程如表3-7所示。

物流业务流程

表 3-7 航空货运业务流程

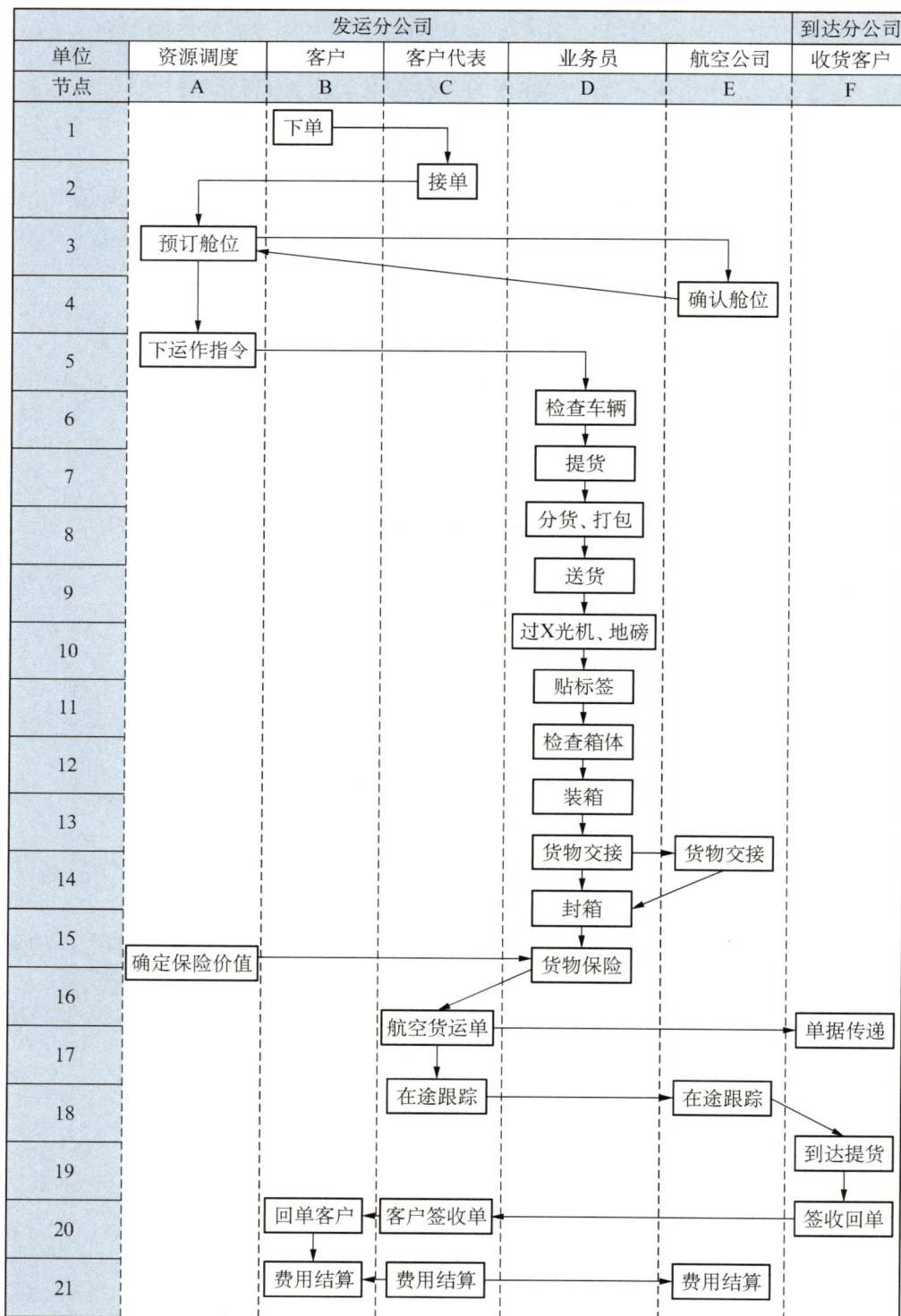

单位	发运分公司					到达分公司
	资源调度	客户	客户代表	业务员	航空公司	收货客户
节点	A	B	C	D	E	F
1		下单				
2			接单			
3	预订舱位					
4					确认舱位	
5	下运作指令					
6				检查车辆		
7				提货		
8				分货、打包		
9				送货		
10				过X光机、地磅		
11				贴标签		
12				检查箱体		
13				装箱		
14				货物交接	货物交接	
15	确定保险价值			封箱		
16				货物保险		
17			航空货运单			单据传递
18			在途跟踪		在途跟踪	
19						到达提货
20	回单客户	客户签收单				签收回单
21	费用结算	费用结算			费用结算	

① 客户委托物流公司航空发运货物，传递委托单据。

② 发运分公司的客户代表接受客户订单（提单、签收单）。

③ 预订舱位。资源调度根据客户订单信息（如：目的地、体积、吨位、到货时间、包装等情况）确定航班及使用工具（航空集装箱或航空板）。用电话或传真等方式向航空公司或航空货运代理商传递《航空货物托运书》并预订舱位。

④ 确认舱位。由航空公司或代理确认预订的舱位。若没有预订舱位满足到货时间的要求，应由区域客户代表与客户沟通解决。

⑤ 资源调度。资源调度以制订的《公路调度计划跟踪表》为依据，下运作指令给业务员及车队供应商，安排车辆提货。

⑥ 检查车辆。业务员按照《运输工具检查标准操作程序》对提货车辆进行检查，确保车况符合装载要求。

⑦ 提货。业务员按照《提货作业标准操作程序》以短驳车辆到提货地点进行提货，业务员监督装车，并开具《短途公路运输作业单》。司机提货时，与业务员进行货物交接，将货物送至公司分货/打包处，或直接送至机场货运处进行分货、打包。

⑧ 分货、打包。由业务员进行货物打包。对于包装脆软及单件体积小于 0.01 立方米的货物，应采用硬纸箱或泡沫箱打包，打包带所覆盖的箱体棱角处需用硬纸皮或其他物品加以保护，禁止使用编织袋或其他软性包装打包。

⑨ 送货。将分货、打包后的承运货物不迟于飞机起飞前 2~4 小时送至机场货运处。送达机场后业务员签收《短途公路运输作业单》，与司机进行货物交接。

⑩ 过 X 光机、地磅。货物过 X 光机时要轻拿轻放，掌握好输送带的速度。禁止重叠堆放，X 光机出口处的货物应及时移开，避免货物相互碰撞造成残损。

⑪ 贴标签。业务员按照航空公司的要求在货物上逐件贴上标签。贴标签时注意不要将外箱上关于产品的重要标识覆盖住。

⑫ 检查箱体。业务员检查承运箱体是否有水湿、污染、异味、洞眼、箱门是否可上闩等情况。箱体突起处须用封箱胶纸或航空标签粘贴、垫护。

⑬ 装箱。装箱堆码须遵从"大不压小、重不压轻"的原则。将包装脆软、质量小、不抗压的货物放在顶层。易渗漏货物与其他货物混装时，用薄膜做好防渗漏保护隔离。货物应做好轻重搭配，避免超高超重（集装箱容积 3 立方米，限重 1 吨；航空板限高 1.6 米，限重 2.5 吨）。

⑭ 货物交接。业务员与航空公司进行货物交接必须数字清楚，双方确认签名；若有小包装或细数，必须确认细数。航空公司开具《航空货运单》，业务员核实后签名，并留下第二联作为备查凭证。第一、三联航空公司留底，其中第一联作为结算原始单据。货物交接后，业务员监督封箱，封箱或上网罩时每一根拉栓均须扣好。

⑮ 货物保险。货物保险根据航空公司与保险公司的保险费率不同，确定货物保险的最佳方式，可直接在《航空货运单》中确定"运输声明价值"与"运输保险价值"；也可另外向保险公司购买保险。

⑯ 单据传递。签收单原件随货同行。

⑰ 在途跟踪。区域客户代表跟踪货物在途情况，处理异常情况，并与到达方及航空公司或代理保持联系。

⑱ 到达提货。机场自提——到达方凭收货人身份证、《航空货运单》传真件到机场办理

物流业务流程

提货手续；委托供应商提货——供应商凭收货人身份证、公司介绍信、货运单号（或货运单传真件）到机场办理提货手续。

⑲ 签收回单。收货方客户签收后，到达方将到达、签收情况记录于《航空到达登记表》，交统计员及时将签收信息录入；客户签收后，由到达分公司将"客户签收单"寄回发运分公司，发运分公司客户代表将回单送交客户。

⑳ 费用结算。物流公司财务开具发票并向客户收款。

二、航空货物运单的填制

航空货物运单与海运提单类似，也有正面、背面条款之分，不同的航空公司也会有自己独特的航空运单格式。所不同的是，航运公司的海运提单可能千差万别，但各航空公司所使用的航空运单则大多借鉴国际航空运输协会（IATA）所推荐的标准格式，差别并不大。航空运单分为航空公司签发的航空公司主运单和由航空货运代理人签发的航空分运单，表3-8为中国民用航空国内货运单范本。

表3-8 中国民用航空货运单（范本）

出发站			到达站		
收货人名称			电话		
收货人地址					
发货人名称					
发货人地址					
空陆转运	自_____	至_____		运输方式	
货物品名	件数及包装	重量			价值
		计费	实际		
航空运费（每公斤￥）	￥		储运注意事项		收运站
地面运输费（每公斤￥）	￥				
空陆转运费（每公斤￥）	￥				日期
中转费（每公斤￥）	￥				
其他费用	￥				经手人
合计	￥				

任务实训

看懂空白航空运单及其填制要求；根据下列资料填制航空运单，并根据表3-7用文字描述航空业务流程。

1. 基本资料

基本资料

收货人基本资料	
公司名称	西藏日喀则飞翔电脑公司
公司地址	日喀则市东风路 123 号
公司电话	0892 - 5345672
公司传真	0892 - 5345668
公司邮编	857012
托运人基本资料	
公司名称	ZHEJIANG FENJIN RUBBER & PLASTIC PRODUCTS CO.，LTD(浙江奋进橡胶制品有限公司)
公司地址	浙江省海宁县海湾路 3256 号
公司电话	0576 - 33732899
公司传真	0576 - 33733888
公司邮编	317100

2. 其他资料

出发站:上海

到达站:日喀则

货名:酷睿双核 CPU

数量:1000 只

包装:每 100 件装一箱,共 10 箱

总毛重:50 公斤

运输声明价值:50 万元

运价等级:45 公斤以上货物适用的普通货物运价

运价:¥6 元/公斤

地面运输费:1 元/公斤

空陆转运费:2 元/公斤

中转费:2 元/公斤

保险费:100 元

发货代理人:王强

签单日期、地点:2010 - 5 - 3,上海

注意事项

单证填写字迹工整,不得涂改。

成 绩 评 定 表

考评内容	航空货运业务流程				
考评标准	具体内容	分值	自评30％	互评30％	师评40％
	航空货物运单填制正确	30			
	航空货物运输业务流程描述正确	30			
	办理相关交接业务手续正确	20			
	课堂纪律表现良好,单证填制字迹工整,符合要求	20			
合　计		100			

第四章　仓储业务流程操作

任务一　熟悉仓库环境

情景展现

富康物流的主要客户包括大型家电厂商、酒类生产企业、方便食品生产企业和其他快速消费品厂商。

富康物流的商业模式就是基于配送的仓储服务。制造商或大批发商通过干线运输等方式大批量地把货物存放在富康物流的仓库里，然后根据终端店面的销售要求，用小汽车小批量配送到零售店。富康物流为客户提供仓储、配送、装卸搬运、流通加工、代收款、信息咨询等物流服务，利润来源包括仓储费、物流配送费和流通加工服务费。

富康物流仓库全部是平房仓库，部分采用托盘和叉车进行库内搬运，少数采用手工搬运，月台设计适合于大型集装箱车、平板车和小型厢式货车的快速装卸作业。

问题：1. 家电、酒类、方便食品对仓库的储藏要求是否一致？为什么？

2. 为什么制造商要把商品先储存到富康仓库中，而不是直接销售给终端用户？

一、走进仓库

1. 仓库的含义

仓库是指保管、储存物品的建筑物和场所的总称。仓储是指利用仓库及相关设施、设备进行物品的进库、存贮、出库的作业。随着物流业的快速发展，现代仓库不再仅仅被用于储存和保管货物，还同时具有了配送商品的功能。

仓储作业流程形式有很多种，其区别除了取决于仓库的业务模式、设施条件和服务功能等因素外，另一大因素就是仓库的类型。

2. 仓库的种类

仓库是物流系统的基础设施,按不同的标准会有不同的类型划分。

(1) 按所处的领域分类

① 生产企业仓库:是指处在生产领域里的物资仓库。它是工业企业的一部分,不是一个独立的经济单位。其作用主要是对生产所需的物流需求进行调节。

② 流通仓库:是指处在流通领域的物资仓库。其作用主要是对市场上商品的供需状况进行调节。

(2) 按用途分类

① 自营仓库:是指由企业或各类组织自营自管,为自身的货物提供储存服务的仓库。

② 公共仓库:是指面向社会提供货物储存服务,收取储存保管费用的仓库。

③ 保税仓库:是指经海关批准,在海关监管下,专供存放未办理关税手续而入境或过境货物的场所。

(3) 按结构和构造分类

可以分为平房仓库、多层仓库(或楼房仓库)、高层货架仓库(或立体仓库)、散装仓库、罐式仓库。

(4) 按技术处理方式及保管方式分类

可以分为普通仓库、冷藏仓库、恒温仓库、危险品仓库。

(5) 按仓库的自动化程度分类

① 自动化仓库:是指由高层货架、巷道堆垛起重机(有轨堆垛机)、入出库输送机系统、自动化控制系统、计算机仓库管理系统及其周边设备组成,可对集装单元货物实现自动化存取和控制的仓库。

② 机械化仓库:是指货物出入库使用叉车等机械设备作业的仓库。

3. 仓库的环境

仓库的环境包括仓储企业的整体环境和仓库内部环境两大部分。

(1) 仓储企业整体环境

这是指一个仓储企业主要建筑物、辅助建筑物、行政生活区及绿化带等的构成和位置安排。仓库整体规划如图 4-1 所示,仓库外观如图 4-2 所示,仓库布局如图 4-3 所示。

图 4-1　某仓储企业整体规划图

图 4-2　仓库外观图

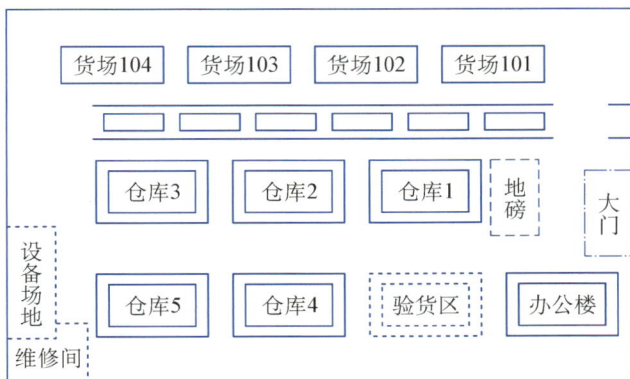

图4-3　仓库整体布局图

(2) 仓库内部环境

它不仅包括仓库的面积大小、构造、仓库的层数、仓库内柱子的间距、仓库的高度、仓库通道的布置等直观的内容,还包括库内区域划分、企业文化的体现。仓库内环境布局和设施、设备的布置合理与否,关系着仓库作业能否顺利、高效地完成。

仓库面积大小应视企业规模、能力等因素而定。而货物从入库到出库的整个仓储作业内容,决定了仓库的布局,包括入库验收区、储存区和发货区、设备存放区等基本区域。货架之间的距离既要考虑充分利用仓库空间尽量多置存货,又要考虑叉车运行和转弯的需要。仓库的收货区如图4-4所示,储存区如图4-5所示,设备存放区如图4-6所示,发货区如图4-7所示。

图4-4　收货区

图4-5　储存区

图4-6　设备存放区

图4-7　发货区

仓库内部环境除了这些硬环境外,还包括软环境,即企业文化的体现。企业文化可以通过仓库内墙壁上的各种标语、标语颜色、员工衣着、员工工作态度的外在表现等细节体现出

物流业务流程

来。仓库内部环境布置如图 4-8 所示。

图 4-8　仓库内部环境布置图

二、认识仓储设备

1. 仓库保管设备

(1) 货架

货架是专门用来存放成件物品的保管设备,在仓库中占有非常重要的地位。仓库管理实现现代化,与货架的种类、功能有直接的关系。货架的种类较多,其方法也不尽相同。物流中心仓库中常用的货架有:搁板式货架、托盘式货架、流利货架等。

① 搁板式货架储存的货物可以用包装箱的形式直接放在搁板上,所用搁板可以是木板,也可以是钢板,如图 4-9 所示。

② 托盘式货架上没有搁板,一般用来储存托盘单元货物。柱片为装配式结构,横梁与柱片之间采用柱卡插接连接,并设有安全插销锁定。所有通道拐弯处货架的立柱底部均设置了护脚,以防止叉车在行驶中直接撞击货架而使货架损伤,提高了操作的安全性,如图 4-10 所示。

图 4-9　搁板式货架

图 4-10　托盘式货架

图 4-11　流利货架

③ 流利货架带有滚珠的横条,利用重力作用,货物自行下滑。在存放散货时,一般要与标准塑料周围箱或纸箱配合使用,如图 4-11 所示。

(2) 托盘

用于集装、堆放、搬运和运输,放置作为单元负荷物品的水平平台装置。托盘的种类很多，有平板托盘、柱式托盘、箱式托盘和轮式托盘等，如图4-12所示。托盘是物流业中最基本的集装单元和搬运器具。1200 mm×1000 mm 和 1100 mm×1100 mm 两种规格的托盘是我国平板托盘国家标准的规格。

a. 平板托盘

b. 柱式托盘

c. 箱式托盘

d. 轮式托盘

图4-12　托盘组图

（3）苫垫用品

该类用品主要是起遮挡风雨、隔潮、通风等作用，如：苫布、苫席等，如图4-13所示。

2. 装卸搬运设备

装卸搬运设备包括手推车、叉车、手制液压托盘车、堆垛机、输送机等。

手推车是一种以人力驱动为主，一般为无动力装置，在路面上水平运输货物的小型搬运车辆的总称，其样式有很多，如图4-14所示。

图4-13　苫布

杠杆式手推车

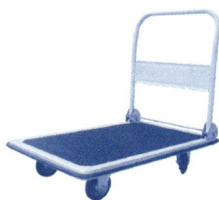
手推台车

登高式手推车

手动液压升降台车

图4-14　手推车组图

经常与平板托盘配套使用的手制液压托盘搬运车的式样见图4-15所示。

图 4-15　手制液压托盘搬运车

图 4-16　叉车

叉车在仓储作业过程中，是另一类比较常用的装卸设备。它同时具有装卸、起重及运输等方面的综合功能，常见外形如图 4-16 所示。

3. 计量设备

计量设备用于货物进出时的计量、点数，以及货存期间的盘点、检查等。计量设备主要包括地磅、电子秤、电子计数器、流量仪、皮带秤等，电子台秤如图 4-17 所示，地磅如图 4-18 所示。

图 4-17　电子台秤

图 4-18　地磅

4. 安全与养护设备

安全与养护设备主要包括消防、安保、通风、调节温度和照明设备等。

任务实训

1. 编写好企业调研的大纲、欲了解的主要方面及内容。
2. 带好文具和照相机，前去物流企业参观、学习、记录。
3. 填写以下《物流企业调研总结表》。

物流企业调研总结表

序号	基本调研项目	具体调研内容
1	企业名称	
2	所在地址	
3	仓库类型	
4	仓库面积	
5	企业组织结构	
6	企业岗位设置	
7	仓库内设备	

物流业务流程

序号	基本调研项目	具体调研内容
8	设备运用的举例	(1)仓库内所见的设备你还在哪里见到过？ (2)对设备运用领域的拓展联想
9	仓库平面布局图	
10	仓库作业现代化程度	A. 传统手工作业　B. 机械化作业　C. 自动化作业

注意事项

到企业参观,必须要遵守参观纪律,展示良好的精神风貌,并注意库内行走安全。

成 绩 评 定 表

考评内容	体验仓库环境				
	具体内容	分值	自评30%	互评30%	师评40%
考评标准	能够陈述仓库的类型和主要功能	25			
	能够根据参观内容列举仓库内的主要分区	25			
	能够陈述仓库主要设备	25			
	全班交流,口头表达	25			
合　计		100			

任务二　货物入库作业

情景展现

　　某日,武汉市某现代化仓储企业接到贵糖有限公司武汉分公司的送货电话,要求运送30组纯点卫生纸,每组2卷;12提武商专供纯点120抽装抽纸,每提4盒;500 ml白云边42度9年陈酿400箱,每箱6瓶。三种货物需入库存放。

　　问题:1. 上述三种货物如何用手工操作完成收货入库工作?

　　　　　2. 上述三种货物如何使用电子标签(RFID)技术和机械化设备完成入库操作?

　　仓库的现代化程度不同,其仓储作业流程就会出现差异。本任务将分别介绍传统手工仓储入库作业流程、基于 RFID 技术的机械化仓储入库作业流程。

一、传统手工仓储入库作业流程

　　传统手工仓储入库作业流程可以包括入库前准备、接运、验收和入库四个环节,如图4-19所示。

物流业务流程

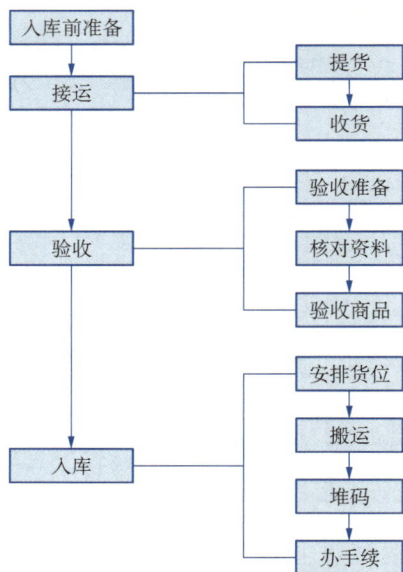

图 4-19　传统手工仓储入库作业流程图

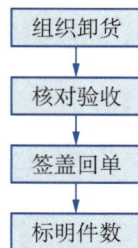

图 4-20　收货员工作流程

1. 收货员的操作流程

收货员的主要操作流程如图 4-20 所示。

(1) 组织卸货

当供应商的送货卡车到达收货站台时,组织卸货人员将货物卸到指定地点,并检验送货员递交的抽样商品、送货凭证、增值发票等。

(2) 货品核对验收

选择合适的验收方法,并对商品条形码、商品的总件数、商品包装上的品名、规格等进行仔细核对。

(3) 签盖回单

在核对单货相符的基础上签盖回单,在收货基础联上盖章并签注日期。对于一份送货单上分批送货的商品,应将每批收货件数记入收货检查联,待整份单据的商品件数收齐后,签盖回单给送货车辆带回。对于使用分运单的,除分批验收签盖回单以外,还要在货收齐后签盖总回单。

(4) 标明件数

在货物堆齐后,将每一托盘的货物件数标明,并标明此商品的总件数,以便与保管员核对交接。

2. 入库作业所涉及的单证及其流转程序

(1) 交接手续

交接手续是指仓库对收到的货物向送货人进行的确认,表示已接收货物。办理完交接手续,意味着划清了运输、送货部门和仓库的责任。交接手续涉及承运人、仓库管理员等人员。完整的交接手续包括以下几方面。

① 接收货物。仓库管理员以送货单(见表 4-1)为依据,通过理货、查验货物,将不良货物剔出、退回或者编制残损单证等以明确责任,确定收到货物的确切数量、货物表面状态良好。

表 4-1　送货单　　　　　　　　　　　　　　No._____

单位：　　　　　　　　　　　　　　　　　日期：　年　月　日

品名	规格	单位	数量	单价	金额	备注

收货单位：(盖章)　　　　制单：　　　　送货单位：(盖章)　　　　经手人：

② 接收文件。接收送货人送交的货物资料、运输的货运记录、普通记录等，以及随货的在运输单证上有注明的相应文件。

③ 签署单证。仓库管理员与送货人或承运人共同在送货人交来的送货单及到接货交接单(见表 4-2)上签署和批注，并留存相应单证。

表 4-2　到接货交接单

单位：　　　　　　　　　　　　　　　　　日期：　年　月　日

收货人	发站	发货人	物资名称	标志标记	单位	件数	重量	货物存放处	车号	运单号	提料单号
备注											

提货人：　　　　　　　　经办人：　　　　　　　　接收人：

(2) 登账

货物查验中，仓库管理员根据查验情况制作入库单(见表 4-3)或货物保管明细账(见表4-4)。详细记录入库货物的实际情况。对非正常情况应在备注栏缮制或说明。

表 4-3　入库单　　　　　　　　　　　　　　No._____

送货单位：　　　　　入库日期：　年　月　日　　　　　入库仓库：

物资编号	品名	规格	单位	数量	检验	实收数量	备注

会计：　　　　　　　　仓库收货人：　　　　　　　　制单：

本单一式三联，第一联：送货人联；第二联：财务联；第三联：仓库存查。

表 4-4　货物保管明细账

货物入库明细卡			卡号		
			货主名称		
			货位		
品名		规格型号			
计量单位		供应商名称			货物验收情况
应收数量		送货单位名称			
实收数量		包装情况			
年			入库数量	出库数量	结存数量	备注	
月　日	收发凭证号	摘要	件数	件数	件数		

二、基于 RFID 技术和机械化设备仓储入库作业流程

基于 RFID 技术和机械化设备仓储作业的入库流程与传统手工入库流程相比要简单得多，很多程序和工作也有所简化，具体入库流程如图 4-21 所示。

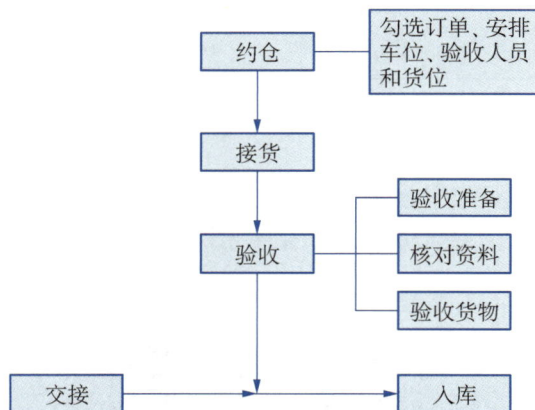

图 4-21　基于 RFID 技术的机械化仓储入库流程

在整个入库过程中，要涉及以下相关单位和人员，如表 4-5 所示。

表 4-5　货物入库涉及的相关人员

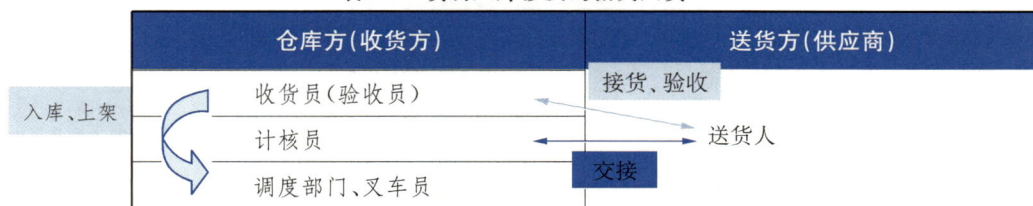

1. 约仓

与供应商的约仓,是做好入库的第一步。约仓的目的是为了仓储企业提前做好接运准备。约仓的主要内容有:确定送货时间,以便从众多订单中,调出将要到达的货物订单,并将其打印出来,形成"预验收单"。同时,整体安排到达车辆的车位、卸货位和将要入库货位。另一方面,统筹安排接货验收人员和装卸搬运人员及设备。

2. 接货

在机械化作业中,一般以供应商送货为主,仓库方面只需做好接货的准备工作即可。接货时,需要供应商出示订单和送货清单两种单证。其中,订单往往是由仓储企业自行印制或通过网上录入下单的,相当于订货合同,如图 4-22 所示。送货清单是供应商根据货物实际出货和运输的数量、品种填制。由于送货清单多采用手工填制,所以也称为"手工清单"。

3. 验收

验收分为以下三个步骤。

(1)验收准备

在机械化入库作业中,验收前的准备工作不像传统验收要准备各种验收工具。由于采取计算机系统管理,在系统初始化时,已经将与该仓储企业有业务往来的各供应商的商品进行了材积试算。所谓"材积试算",是指根据货物的品项、

图 4-22　订单(订货合同)

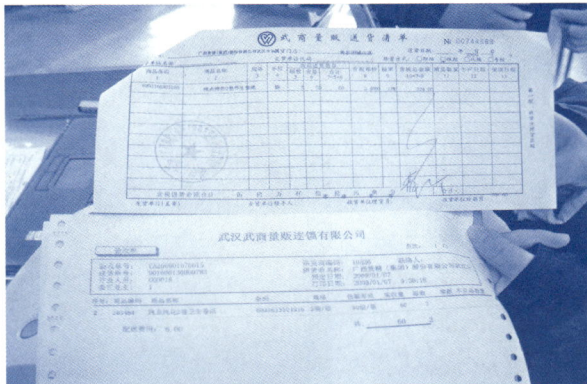

体积或重量等指标预先对货物的包装材料和体积进行试算。材积试算的目的是为了收货入库时选择合适的托盘和货架,安排合适的货位,以及在出库时顺利装车。

(2)核对资料

核对资料包括两方面内容:

① 单、证核对。仓储方面将预验收单与供应商的送货清单进行核对。预验收单上的货物品项和数量可能与手工清单上的内容不一致,这时,应以验收时货物的实际品项和数量为准。

② 单、货核对。除了单证核对外,还要将预验收单、手工清单与货物的实际品项和数量进行核对,根据实际验收的品项和数量打印验收单,如图 4-23 所示。手工清单上的内容必须和实际到货情况相符。

图 4-23　核对手工清单和验收单

物流业务流程

（3）验收货物

仓库对货物的验收分为全检和抽检两种类型。对于重点管理的关键货物施行全检,即检查到货的所有货物。对于一般货物实施抽样检查。检查时,验收人员应重点查看的内容有:货物的外包装、保质期、含量、是否有 QS 标志等内容。验收货物时,使用 RFID 手持无线电脑终端扫描货物外包装的商品条形码,该批货物的品种、到库数量、单价和总金额就会即时传输到数据库中,根据实际验收内容,同时打印出验收单。图 4-24 为验收时,验收员使用的移动收货台,通常配备有电脑、打印机、手持无线电脑终端(如图 4-25 所示)等设备。

图 4-24　移动收货台　　　　图 4-25　手持无线电脑终端　　　　图 4-26　一式四联的送货清单

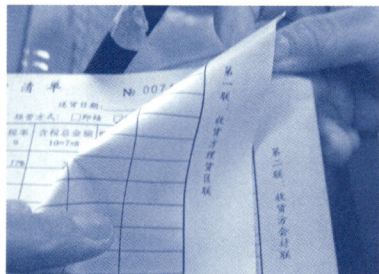

4. 交接

当单、货验收相符后,送货人就可以到计核处办理交接手续。送货清单一式四联,如图 4-26 所示。

第一联:收货方理货区联,为白色,交给验收人员留存;

第二联:收货方会计联,为红色,交给仓储方面计核处留存做账;

第三联:发货单位结算联,为绿色,由送货人带回,交给送货方会计处做账;

第四联:发货单位存根联,为黄色,交给送货人留存。

在仓库计核处,送货人将第一联、第二联交给计核员,办理交接手续。

5. 入库

在送货人办理交接手续的同时,仓库方也在进行货物的入库上架作业。这一过程是由调度部门安排叉车组负责完成的。由仓库管理系统(WMS)给出货物的具体存放货位,再由叉车员将其运送至相应货架和货位,完成货物的入库上架工作,如图 4-27 所示。

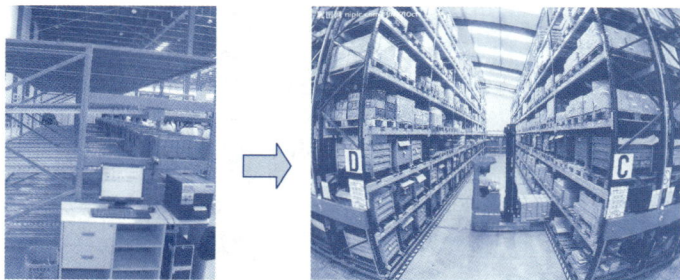

图 4-27　安排货位、货物上架

整个入库过程中,单证信息的流转如图 4-28 所示。

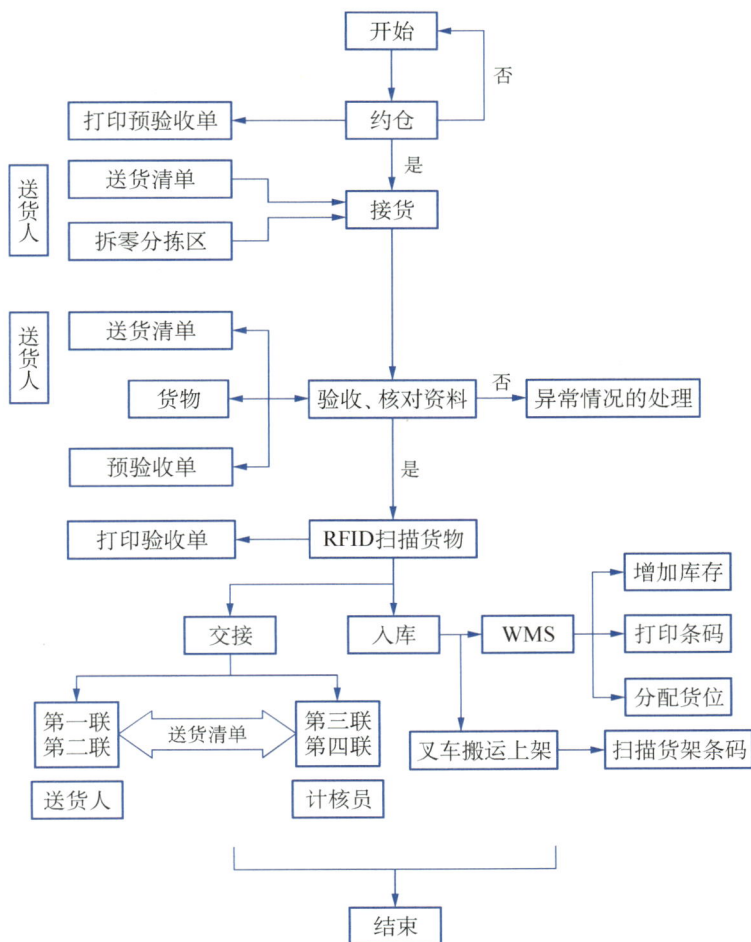

图 4-28　基于 RFID 技术的机械化仓储入库作业单证信息流程

三、自动化立体仓库

1. 自动化立体仓库的概念

　　自动化立体仓库(automated storage & retrieval system)是由高层货架、巷道堆垛起重机(有轨堆垛机)、入出库输送机系统、自动化控制系统、计算机仓库管理系统及其周边设备组成,可对集装单元货物实现自动化存取和控制的仓库,见图 4-29 所示。自动化立体仓库的功能一般包括自动收货、存货、取货、发货、信息统计和查询等。

2. 自动化立体仓库的优点

　　① 高层货架存储。采用高层货架存储,并结合计算机管理,容易实现先入先出。

图 4-29　自动化立体仓库

② 自动存取。

③ 计算机控制。计算机控制能够有效减少货物处理和信息处理过程中的差错。

3. 自动化立体仓库的基本设施

自动化立体仓库的基本设施包括:土建及公用工程设施、机械设施和电气设施。

(1) 土建及公用工程设施

我国的《建筑设计防火规范》是消防系统设计的主要依据,再根据所存物品的性质确定具体消防方案和措施。

(2) 机械设施

自动化立库的机械设备一般包括高层货架、巷道堆垛起重机和出入库运送搬运机械等。立体仓库的建筑高度一般在 5 米以上,最高的立体仓库可达 40 米,常用立体仓库高度在 7 米至 25 米之间。

(3) 运行机构

包括电动机、减速器和制动器等运行驱动机构和在地轨上运行的车轮。

(4) 自动化仓库的电气与电子设施

主要包括检测装置、信息识别装置、控制装置、通信设备、计算机管理设备、大屏幕显示、图像监视等设备。

(5) 信息识别设备

主要可以完成对货物品名、类别、货号、数量、等级、目的地、生产厂家,甚至货位地址的识别。

(6) 巷道式堆垛机的控制要求

包括了位置控制、速度控制、货叉控制以及方向控制等。

(7) 信息传递的媒介

包括电缆、远红外光、光纤和电磁波等。

4. 自动化立体仓库的作业流程

自动化立库的作业流程一般是入库、库内搬运、放置和出库。

5. 自动化立体仓库的信息管理系统

自动化立库的信息管理系统主要包含计算机监控系统、数据库系统及网络系统。

任务实训

　　理清收货作业所涉及的各方岗位人员之间的关系;看懂送货单、到接货交接单的内容和填制的要求,根据"情景展现"中的资料进行收货作业。每组学生分别模拟送货人(或承运人)、仓库管理员、复核员、理货员、计核员等进行对单证的传递。根据业务流程画出包括单证及岗位人员在内的作业流程图。

注意事项

① 各人员要熟知各自的职责。

② 单证填写要求字迹工整,不得涂改。

考评内容	货物入库的能力				
	具体内容	分值	自评30%	互评30%	师评40%
考评标准	能够正确对送货单、到接货交接单进行填制和传递	30			
	能够正确描述传统手工货物入库作业流程	30			
	能够准确陈述基于RFID技术的机械化仓储作业的入库流程	30			
	课堂纪律表现良好	10			
	合　计	100			

任务三　货物保管作业

情景展现

安利(中国)物流中心按照商品的类型,将仓库区分为几种类型,分别存放不同的商品。干货区(面积14416平方米,可储存10621个托盘)存放家居护理和个人护理用品,以及印刷和音像制品;恒温区专门存放营养保健品和美容化妆品;危险品货区(面积385平方米,可储存500个托盘)专门存放压缩气体及含酒精成分的商品。

问题:安利(中国)物流中心为什么要分区存放不同性质的商品?

货物经验收合格入库后,就进入了货物储存、保管的业务程序。货物保管作业是指对货物进行的合理保管和养护,以确保物资的质量完好和数量无误。

一、商品分区分类作业

1. 商品分区分类储存的意义

(1) 商品分区分类储存的概念

仓库商品的分区分类储存是指把仓库划分为若干保管区域,把储存的商品划分为若干类别,以便统一规划储存和保管。

(2) 仓库的分区分类与专仓专储的主要区别

① 仓库的性质不同。

② 储存商品的种类多少不同。

③ 储存商品的数量多少不同。

④ 储存商品的性质不同。

(3) 分区分类储存商品的作用

① 可缩短商品拣选及收、发作业的时间。

② 能合理使用仓容,提高仓容利用率。

③ 有利于保管员熟悉商品的性能,提高保管养护的技术水平。

④ 可合理配制和使用机械设施,有效提高机械化、自动化操作程度。

⑤ 有利于仓储商品的安全,减少损耗。

2. 商品分区分类储存的原则

仓库分区分类储存商品应遵循以下原则:商品的自然属性、性能应一致;商品的养护措施应一致;商品的作业手段应一致;商品的消防方法应一致。

3. 商品分区分类储存的方法

由于仓库的类型、规模、经营范围、用途各不相同,各种仓储商品的性质、养护方法也迥然不同,因而分区分类储存的方法也有多种,需统筹兼顾,科学规划。主要方法包括:

① 按商品的种类和性质分区分类储存。

② 按商品的危险性质分区分类储存。

③ 按商品的发运地分区分类储存。

④ 按仓储作业的特点分区分类储存。

⑤ 按仓库的条件及商品的特性分区分类储存。

二、货位规划和商品编号作业

1. 货位编号的要求和方法

(1) 货位编号的要求

① 标志设置要适宜。

② 标志制作要规范。

③ 编号顺序要一致。

④ 段位间隔要恰当。

(2) 货位编号的方法

① 货场编号:按进入仓库正门的方向,以左单号、右双号的方法编制。

② 库房编号:可以按照距离仓库正门的远近顺序编号。

③ 货位编号:按照四号定位方法,仓库号—货架号—层隔号—货位号。

例如:12—04—06—05 表示 12 号库房第 4 个货架中第 6 层第 5 个货位。

2. 商品分类及编码的原则、方法

(1) 商品分类的原则、方法

商品的分类是指为满足某种目的和需要,根据商品的特征、特性,选择适当的分类标志,将商品划分为不同类别和组别的过程。

1) 商品分类的原则。

包括科学性原则、系统性原则、实用性原则、可扩性原则、兼容性原则、唯一性原则。

2) 商品分类的方法。

① 按商品的用途分类:可将全部商品分为生产资料和生活资料两大类;若将生活资料继续按用途分类,又可分为食品、医药用品、纺织品等。

② 按商品的原材料分类:这种分类方式适用于原材料的种类和质量对商品的性能和品质影响较大,或起决定作用的情况。

③ 按商品的加工方法分类:这种分类方式适用于若生产工艺不同,生产出的商品特性、品种也就不同的商品。

④ 按商品的主要成分或特殊成分分类:有些商品的特性、质量、用途,往往是由其主要成分或特殊成分所决定的,则可采用该种分类方法。

⑤ 按其他特征分类：譬如按商品的形状、尺寸、颜色、重量、产地、产季等分类。

（2）商品编码的原则、方法

商品编码又称商品货号或商品代码，它是用来代表商品的具有一定规律的代表性符号。符号可以由字母、数字或特殊标记等构成。

1）商品编码的原则：唯一性原则、简明性原则、标准性原则、可扩性原则、稳定性原则。

2）商品编码的种类：以所用的符号类型分为数字代码、字母代码、字母—数字代码、条形码共四种。其中，最常用的是数字代码和条形码。

3）商品编码的方法：商品编码的方法很多，常用的有四种。

① 层次编码法：按照商品类目在分类体系中的层次、顺序，依次进行编码，主要采用线分类体系。

② 平行编码法：以商品分类面编码的一种方法，即每个分类面确定一定数量的码位，各代码之间是并列平行的关系。例如：服装的平行编码法如下表所示。若是全毛淑女西装，其编号为（AⅡ1）。编码时可全部用字母或全部用数字编码，也可同时用字母、数字进行编码。

例如：服装面料   式样   款式

     全毛（A）   男士装（Ⅰ）   西装（1）

     全棉（B）   淑女装（Ⅱ）   大衣（2）

     毛绦（C）   童装（Ⅲ）   连衣裙（3）

     丝麻（D）   婴儿装（Ⅳ）   衬衫（4）

③ 混合编码法：即层次编码法与平行编码法的结合运用。

④ 分组编码法：按照商品的特性分成多个数字组，每一组数字代表此商品的一种特性，例如，第一组数字代表商品类别，第二组数字代表商品的形状，第三组数字代表商品的供应商，第四组数字代表商品的尺寸，至于每一组数字位数多少视情况而定，此方法是目前使用最多的编码方法。

三、货物托盘堆码作业

堆码作业主要是对货物堆码的操作，这里主要介绍托盘堆码的四种方法。

1. 重叠式堆码

具体步骤为：

① 将货品箱平等排列，根据托盘规格决定列数和每列的数量；

② 堆码过程中按先远后近的原则堆码；

③ 将底层的货品箱堆码整齐，箱与箱之间不留空隙；

④ 箱与箱的交接面为正面与正面衔接，侧面与侧面衔接；

⑤ 将货品箱逐层叠堆码，层与层之间的货品箱平等，货品箱的四个角边重叠，方向相同，直到堆码完成，如图 4-30 所示。

图 4-30   重叠式堆码

2. 正反交错式堆码

具体步骤为：

① 每层货品箱在排列的时候，列与列之间的货品箱垂直放置；

② 箱与箱的交接面为正面与侧面衔接；

③ 层与层之间的货品箱摆放时，上层的货品箱相对于下层的货品箱旋转 180 度，如图 4-31 所示。

图 4-31 正反交错式堆码

图 4-32 纵横交错式堆码

3. 纵横交错式堆码

具体步骤为：

① 货品箱的每层堆码方向均相同，水平方向摆放；

② 货品箱的第二层相对于第一层旋转 90 度，如此循环，直到堆码结束，如图 4-32 所示。

4. 旋转交错式堆码

具体步骤为：

① 货品箱的每层相邻的货品箱相互垂直、旋转摆放，根据托盘及货品箱的规格，可以将两个货品箱为一个单位相互垂直摆放；

② 每个堆码单位的交接面必须有一个正面和一个侧面；

③ 第二层堆码时，相对于第一层整体旋转 90 度，如此循环，直到堆码结束，如图 4-33～图 4-35 所示。

图 4-33 旋转交错式堆码(a)

图 4-34 旋转交错式堆码(b)

图 4-35 旋转交错式堆码(c)

四、货物盘点作业

1. 盘点员的操作流程

盘点员工作的具体流程见图 4-36 所示。

① 准备盘点。确定盘点的程序方法，配合财务会计做好准备，设计印制盘点要用到的表单，结清库存资料。

② 决定盘点时间。根据货品的性质决定不同的盘点时间。

③ 确定盘点方法。实际中常采用"账面盘点"和"现货盘点"并行。

④ 清理盘点现场。对厂商在盘点前送来的货物必须明确数目，储存区在关闭前应通知各有关部门；整理储存场地，预先鉴定呆料废品、不良品；整理、结清账卡、单据、资料，进行预盘。

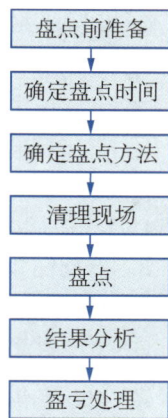

盘点前准备

确定盘点时间

确定盘点方法

清理现场

盘点

结果分析

盈亏处理

图 4-36 盘点员工作流程

⑤ 进行盘点。

⑥ 盘点结果差异分析。通过分析差异，找出在管理流程、方式、作业程序、人员素质等方面需要改进的地方，进而改善商品管理的现状，降低商品损耗，提高经营管理水平。

⑦ 盘盈盘亏的处理。经审核后，用更正表进行更正。

2. 盘点的内容

① 账面盘点。将每天出入库物资的数量及单价记录在账簿上，并不断累计加总计算出账面上的库存量及库存金额。

② 现货盘点。到仓库进行实地点数，确认仓库内物资的库存数，再根据物资单价计算出库存金额。

核对账面盘点与现货盘点的结果是否一致。若出现账、物不符的现象，需分析错误原因，并划清责任归属。

3. 盘点的步骤

① 确定盘点的范围、程序和方法。若盘点的程序与方法已成制度，则按照制度来执行。

② 确定盘点日期和周期。对于不同类型的货物应进行不同周期的盘点。

③ 确定盘点人员。在定期盘点时，盘点工作量大、时限性强，为使盘点工作顺利进行，需从各部门抽调人手参加，可能是财务或行政等部门人员、有关领导。

④ 准备相关工作单证和表格：如盘点票(卡)、盘点记录表、盘点盈亏表等(格式如表4-6～4-8所示)。

表 4-6　盘点卡

卡号：　　　　　　　　　　　　　　　　　　　　　　　盘点日期：

品　　名		规　　格		
编　　号		单　　位		
储放位置		货架号		
账面数量		实盘数量		差异
说　　明				
复盘人				
盘点人				

表 4-7　盘点记录表

盘点范围：　　　　　　　　　　　　　　　　　　　　盘点时间：　年　月　日

责任人签字	盘点项目			数量					
	品种	入库	出库	账面数量	实际盘点数	差量	批次	票号	出库率
备注说明									

物流业务流程

表 4-8　盘点盈亏汇总表

品名	规格	账面资料		实盘资料		盘盈		盘亏		差异原因	对策
		数量	金额	数量	金额	数量	金额	数量	金额		
总经理		财务部经理			仓储部经理			制表人			

备注:第一联由仓库依据此单登记卡片,第二联是财务账联。

⑤ 培训盘点人员。盘点人员分为初盘人员、复盘人员。初盘人员一般为仓库业务人员,复盘员可以是其他部门抽调过来的人员。复盘员需要进行一定的业务培训。

4. 盘点作业的实施

(1) 初盘与复盘

首先,对应实物填写盘点票(卡),盘点票(卡)不得更改涂写,更改需用红笔在更改处签名。盘点票(卡)挂于对应的实物上。

其次,将初盘数量填写在盘点记录表上,将盘点记录表交复盘人员复核。

复盘出现差异时,由复盘人员与初盘人员共同再盘点一次,确认后记录于盘点记录表上。

复盘完毕,从实物处取下盘点票(卡)。

(2) 核对盘点单据

盘点票(卡)是实际库存数的原始记录,要按编号、发出数收回。将盘点记录表上的数据与盘点票(卡)上的数据进行核对。

(3) 核账

将盘点记录表上的实盘数据与账目核对。发现实存数大于账面结存量或有物无账,即说明发生了货物盘盈;若发现实存数小于账面结存量或有账无物,即说明发生了货物盘亏。

(4) 盈亏原因分析、汇总

出现了账实不附,要分析差异是由于盘点人员工作失误所致,还是仓库保管人员保管力度不够导致丢失,抑或记账员记账错误、进出仓原始单据丢失,还是自然损耗等原因。

最后,对盘盈盘亏情况进行汇总,编制盘点盈亏汇总表,报上级主管部门。

5. 现代化仓储企业的盘点作业

现代化仓储企业一般都配有 WMS 仓库管理系统,该系统可对在库货物多方面的作业进行现代化管理。该项物流信息技术的运用,对在库货物的货位管理、盘点作业都带来了极大的便利。在使用 WMS 系统时,只要进入系统,设置好要盘点的货架和货位区域,相应区域内的 LED 显示屏就会显示出目前该货位的账面数量,由盘点员亲自点数,实有数与账面数一致时,按灭LED 显示灯,该货位货物的盘点工作即告结束,最后由信息中心打印盘点表,完成该次的盘点作业,如图 4-37 所示。

图 4-37　LED 显示货位数量

6. 货物检查作业

对在库货物的日常质量检查可以由仓库管理员定时巡回查看,每一班一次,主要对以下方面进行检查并填写相应的记录表,如表4-9所示。

表4-9 仓库巡查记录表

检查项目	月 日 星期一	月 日 星期二	月 日 星期三	月 日 星期四	月 日 星期五	月 日 星期六	月 日 星期日
库房清洁							
作业通道							
用具归位							
货物状态							
库房温度							
相对湿度							
照明设备							
消防设备							
消防通道							
防盗							
托盘维护							
检查人							

注:① 消防设备每月做一次全面检查。
② 将破损的托盘每月集中维护处理。

任务实训

1. 堆码作业的实训步骤

(1) 准备好堆码作业的货品箱和托盘。

(2) 根据以下资料进行堆码作业:

2011年3月1日,武汉市畅鑫现代化仓储企业接到广西贵糖有限公司武汉分公司送来如下货物:康师傅西红柿牛腩面200箱;500 ml白云边42度9年陈酿400箱,每箱6瓶。两种货物已在验收区通过验收,等待堆码后上架。

① 分别选择四种货品箱的堆码方法。

② 按相应堆叠标准进行堆叠,其中一人负责堆码作业,一人做辅助。

③ 小组中第三人对堆码作业进行检查。

④ 堆码结束,相互评价作业情况,并轮换角色再次练习。

2. 盘点作业步骤

(1) 给每个小组发放盘点票(卡)、盘点记录表和盘点盈亏汇总表等单证。注意,盘点票(卡)发放前需要编号。

(2) 发放盘点单,记下发放盘点单的编号数。

物流业务流程

（3）初盘，填写盘点票（卡）。

（4）复盘，确认初盘数量，数量如有差异，与初盘员做好复核确认，之后将数据记录于盘点记录表上。

注：教师可以提供填写错误的盘点票（卡），要求学生用正确的方式修改错误。

（5）复盘完毕后，从实物处取下盘点票（卡）。

（6）汇总盈亏情况，编制盘点盈亏表。

注意事项

① 堆码作业中，对货品箱要轻拿轻放，禁止乱扔、乱抛或野蛮操作。

② 注意人身安全，禁止堆码过高。

③ 每一种堆码作业的操作时间不应过长，要熟能生巧，快中有稳，稳中求精。

④ 训练场地可以在校内实训室进行，也可以班级财产为盘点对象。

⑤ 人员安排可以一大组为一个角色单位，若条件许可，可以将组细分。

⑥ 注意掌握四种堆码方法和盘点的整个步骤。

成 绩 评 定 表

考评内容	货物在库业务中的堆码作业能力				
考评标准	具体内容	分值	自评30%	互评30%	师评40%
	堆码练习前，需要学生准备货品箱等工作	10			
	重叠式堆码作业操作正确、堆叠整齐	20			
	正反交错式堆码作业操作正确、堆叠整齐、快速	20			
	纵横交错式堆码作业操作正确、堆叠整齐、快速	20			
	旋转交错式堆码作业操作正确、堆码整齐、快速	20			
	课堂纪律表现良好，单证填制字迹工整符合要求	10			
合　计		100			

考评内容	货物在库业务中的盘点作业能力				
考评标准	具体内容	分值	自评30%	互评30%	师评40%
	盘点工具准备	15			
	填写盘点票（卡）认真、准确、清晰	20			
	填写盘点记录表认真、准确、熟悉	20			
	采用正确的方式修改填写错误的盘点票（卡）	20			
	盘点盈亏汇总表编制及时、认真、正确、熟练	15			
	课堂纪律表现良好，单证填制字迹工整符合要求	10			
合　计		100			

任务四　货物出库作业

情景展现

　　某日，顺达物流公司仓库由于备货不够仔细，导致错发，将货主康福公司计划只在 B 地区销售的货发往异地，从而打乱了康福公司的整个营销策略，使货主的预期目标不能实现。根据合同的有关条款，顺达物流公司将支付高达 10 万元的赔偿款，后经与康福公司多次协商，货主做出一些让步，最终赔付了 5 万元。

　　问题：1. 你认为该问题出在哪个环节上？
　　　　　2. 货物出库有哪些要求？

一、货物出库流程

　　出库业务是货物储存业务的最后一个环节，是仓库根据使用单位或业务部门开出的货物出库凭证，按其所列的货物名称、规格、数量、时间和地点等项目，组织货物，并进行登账、配货、复检、点交清理和送货等一系列工作的总称。货物出库凭证有提货单、领料单、调拨单、出库单。货物出库流程操作如图 4-38。

　　货物出库时，一般要经过两大工作程序。

1. 出库前准备

　　第一大程序是出库前准备工作，主要包括以下内容。

（1）对货物原件的包装整理

　　货物经过多次装卸、堆码、翻仓和拆检会使部分包装破损，不适宜运输要求，出库时需要进行整理、加固和改换包装。

（2）对零星货物的组配、分装

　　根据货主需要，有些货物需要拆零后出库，仓库应为此事先做好准备，备足零散货物，以免因临时拆零而延误发货时间；如有些货物需要进行拼箱，应做好挑选、分类、整理和配套等准备工作。

（3）准备包装材料、作业工具及相关用品

　　对从事装、拼箱或改装业务的仓库，在发货前应根据性质和运输部门的要求，准备各种包装材料及相应的衬垫物，以及刷写包装标志的用具、标签、颜料，钉箱、打包等工具。

（4）安排待运货物的仓容，调配装卸机具

　　货物出库时，应留出必要的理货场地，并准备必要的装卸搬运设备，以便为运输人员的提货发运及时装载货物，加快发送速度。

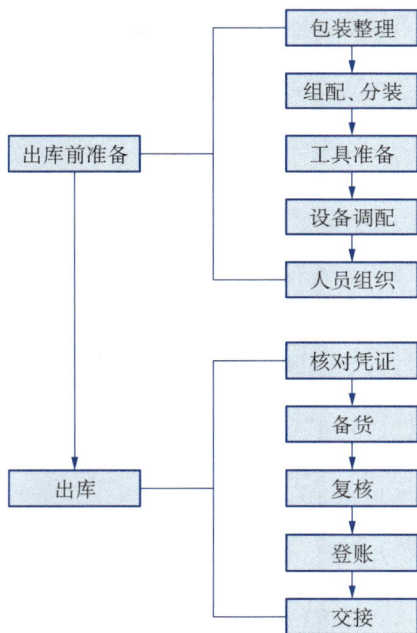

图 4-38　货物出库流程图

（5）合理组织发货作业

发货作业是一项涉及人员多、处理时间紧、工作量大的工作，进行合理的人员组织和设备协调安排是完成发货的必要保证。

2. 出库

第二大工作程序是进行实际的出库工作，这一工作共有下述五个步骤。

（1）审核出库凭证

出库时首先要核对出库凭证。出库凭证，不论是领（发）料单还是调拨单，均应由主管分配的业务部门签章。出库凭证应包括：收货单位名称（用料单位名称）、发货方式（自提、送料、代运）、货物的名称、规格、数量、单价、总价、用途或调拨原因、调拨单编号、有关部门和人员签章、付款方式及银行账号。

仓库接到出库凭证后，由业务部门审核证件上的印鉴是否齐全相符，有无涂改。审核无误后，按照出库凭证上所列的货物品名规格、数量与仓库料账再做全面核对。确认无误后，在料账上填写预拨数，再将出库凭证移交给仓库保管人员。保管员复核料卡无误后，即可做货物出库的准备工作，包括准备随货出库的物品技术证件、合格证、使用说明书、质量检验证书等资料。

凡在证件核对中，有货物名称、规格型号不符的，印鉴不齐全、数量有涂改、手续不符合要求的，均不能发货出库。

（2）备货

出库凭证核对无误后，要进行备货。保管员对商品会计转来的货物出库凭证复核无误后，按其所列项目内容和凭证上的批注，与编号的货位对货，核实后进行配货。

对实行送货制的出库货物，还要进行理货。即将货物按地区代号搬运到备货区号，再进行核对、置唛、复核和待运装车等。

① 核对。理货员根据货物场地的大小、车辆到库的班次，对到场货物按照车辆配载、地区到站编配分堆，然后对场地分堆的货物进行单货核对，核对工作必须逐车、逐批进行，以确保单货数量、品唛、去向完全相符。

② 置唛。做好理货工作，必须准确置唛。实行送货制的出库货物，为方便收货方收转，理货员必须在应发货物的外包装上刷置收货单位简称。置唛应在货物外包装两头，字迹清楚，不错不漏；重复利用用旧包装时，必须刷去原有标志；如系粘贴标签，必须粘贴牢固，便于收货方收转。

③ 待运装车。车辆到库装载待运货物时，理货员要亲自在现场监督装载全过程。要按地区到站逐批装车，防止错装、漏装，对于实际装车件数，必须与随车人员一起点交清楚，再将送货通知单和随货同行单证交付随车人员一起送达车站码头。

（3）复核

货物备好后要全面复核查对。为了避免和防止备货过程中可能出现的差错，工作人员应按照出库凭证上所列的货物进行核查，核查的具体内容包括以下几方面。

① 怕震怕潮的货物等，衬垫是否稳妥，密封是否严密。

② 每件包装是否有装箱单，装箱单上所列各项是否和实物、凭证等相符。

③ 收货人、到站、箱号、危险品或防震防潮等标志是否正确、明显。

④ 是否便于装卸搬运作业。

⑤ 车辆能否承受装载物的重量，能否保证在货物运输装卸中不致破损、保证货物的完整。

货物出库的复核查对形式可以由保管员自行复核或相互复核,还可以设专职出库货物复核员进行复核或由其他人员复核等。

如经反复核对确实不符时,应立即调换,并将原错备物品上刷的标记除掉,退回原库房;复核结余物品的数量或重量是否与保管账目、物品保管卡片结余数相符,发现不符应立即查明原因,及时更正。

（4）登账

仓库发货业务中,有先登账后付货和先付货后登账两种做法。

先登账后付货的仓库,核单和登账的环节连在一起,由账务员一次连续完成。这种登账方法,可以配合下一环节保管员的付货工作,起到预先把关的作用。因为,根据出库单登账时,除了必须认真核单之外,还可根据货账（仓储账页）,在出库单上批注账面结存数,配合保管员付货后核对余数;对于被移动货位的货物,需随即更正货位,方便保管员按位找货。

先付货后登账的仓库,在保管员付货后,还要经过复核、放行才能登账。它要求账务员必须做好出库单、出门证的全面控制和回笼销号工作,防止单证遗失。按照日账日清的原则,在登账时,逐单核对保管员批注的结存数,如与账面结存数不符,应立即通知保管员,直至查明原因。发现回笼单证中有关人员未签章的,应将原单退回补办签章手续,再做账务记载。

（5）交接清点

备齐出库货物,经过全面复核、查对无误后,即可办理清点交接手续。如果是客户自提,应将货物和单证向提货人当面点清,办理交接手续。如果是代运方式,则应办理内部交接手续,即由货物保管人员向运输人员或包装部门的人员点清交接,由接收人签章,以划清责任。

如果是专用线装车,运输人员应于装车后检查装车质量,并与车站监装人员做交接手续。

货物点交清楚,出库发运之后,该货物的仓库保管业务即告结束,仓库保管人员应做好清理工作,及时注销账目、料卡,调整货位上的吊牌,以保持货物的账、卡、物一致,及时准确地反映物资进出、存取的动态。

上述两大工作程序完成后,出库业务就告完结。

二、出库表单的填制与流转

1. 提货方式下出库单证的填制与流转

提货方式是客户自派车辆和人员,持提货单到仓库直接提货的一种出库方式。该方式下货物出库过程涉及的岗位人员有:提货人、仓库管理员、保管员、发货员、财务人员、门卫等。出库单证主要有提货单（见表4-10）、出门证（出库单的第一联,见表4-11）、货物保管明细账（见表4-4）等。不同单位其单证流转会有所不同。

表 4-10 提货单　　　　　　　　　　　　　NO._____

提货单位:　　　　　　　日期:　年　月　日　　　　　　发料日期:　年　月　日

编号	材料名称	规格	单位	提货数量	实发数量	备注

批准人:　　　　　　　　发料人:　　　　　　　　　　　提货人:

表 4-11　出库单

客户名称：　　　　　　　　　　　　　　　　　　　　　　　提货单号码：
发货仓库：　　　　　　　　　　　　　　　　　　　　　　　仓库地址：
发货日期：

货号、品名、规格、牌号	国别及产地	包装及件数	单位	数量	单价	总价	实发数
危险品标志单及备注	运费	包装押金		总金额			
	人民币（大写）						

审核：　　　　　　　　　　　　　　　　　　　　　　　　　制单：

提货方式下，提货单的流转过程如下：

① 货主单位签发提货单。仓库在收到提货单后，经审核无误码向提货人开具商品出门证，出门证上应列明每张提货单的编号。

② 出门证的一联交给提货人，管理人员根据另一联和提货单在"货物保管明细账"出库记录栏内登账并在提货单上签名，批注出仓吨数和结存吨数，将提货单交给保管员发货。

③ 提货人凭出门证向发货员领取所提商品，待货付讫，保管员应盖付讫章和签名，并将提货单交给财务人员。

④ 提货人凭出门证提货出门，将出门证交给门卫。

⑤ 门卫在每天下班前应将出门证交回财务人员，财务人员凭此与已经回笼的提货单号码和所编代号逐一核对，如果发现提货单或出门证短少，应该立即追查，不得拖延。

2. 第三方物流仓库方式下的出库单证的填制与流转

在第三方物流仓库，商品出库的凭证为"出库单"（表 4-11），一般出库单一式四份：第一联为出门证；第二联由仓库留存；第三联财务核算，第四联由提货人留存。

出库单的流转程序如下：

① 业务受理员根据发货单和作业通知单，将发货单和货物档案转给理货员，到现场备货。

② 理货员根据发货单和货物档案核对货物，并与作业班组或计量员等联系，现场备货，核对无误、手续完备后装车发货，并与提货人清点交接。按照实发数量及有关内容缮制发货单，转复核员进行实物复核。

③ 复核员根据发货单证，现场核对凭证号、实发数量、规格型号、储存货位、存货数量等，确认无误后签字，将所有单证退交理货员。

④ 理货员在复核后的发货单各联上加盖"发货专用章"，并将发货情况录入计算机。

- 已办理结算和缴费（即发货单上有费用收讫章）的，理货员将发货单第二联（出门证）、发货清单第二联（随货同行）交提货人作为出库凭证；发货单第一联、发货清单第一联及货物档案转交业务受理员存档。

- 未办理结算和缴费的，理货员将发货单第一联、第二联及货物档案等资料返交收费员，收费员结算、收费、盖章、打印发货清单第一联、第二联后，将发货单第二联（出门证）与发货清单第二联及随货资料等交提货人出库，将发货单第一联、发货清单第一

物流业务流程

联及货物档案返给业务受理员。

⑤ 受理员对理货员返回的发货单第一联和发货清单第一联审核无误后,发货单第一联归档留存;根据实发数量缮制仓单分割单,发货清单第一联经签字、盖章后返给存货人。

3. 送货方式下的单证流转

在送货方式下,一般是采用先发货后记账的程序。提货单随同送货单经内部流转送达仓库后,一般是直接送给理货员,而不会先经过财务人员。理货员接单后,经过理单、编写地区代号,分送给保管员发货,待货发讫后再交给财务人员记账。

4. 其他集中出库方式单证的流转

取样和移库对于货主单位而言并不是商品的销售和调拨,但对仓库来说却也是一笔出库业务。货主单位签发的"取样单"和"移库单"也属于仓库发货的正式凭证,它们的流转与提货单的流转基本相同。

任务实训

1. 提货方式下的出库单证的填制与流转的实训。

根据以下资料填制出库单和货物保管明细账。

某日,武汉武商仓储企业的二号仓库接到武商量贩百胜店的一份提货单,以下货物需出库:100箱康师傅西红柿牛腩面,每箱20包;50箱奥利奥巧克力味饼干,每箱15包;12提纯点120抽4盒装抽纸,规格为4盒/提。仓库收到该信息马上组织人员进行商品的出库作业。

① 模拟提货人、仓库管理员、保管员、发货员、财务人员和门卫签发填制单证并流转传递单证。

② 根据图4-39用文字描述业务流程,并填在流程图的空白处。

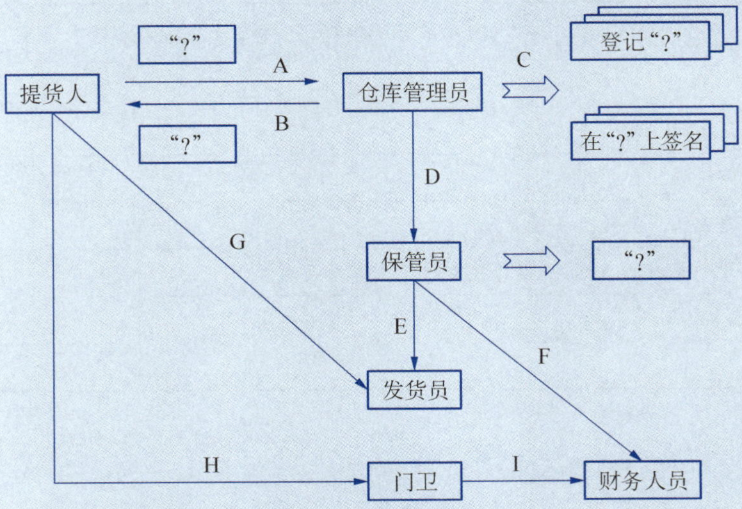

图4-39 提货单流转图

A _____

B _____
C _____
D _____
E _____
F _____
G _____
H _____
I _____

2. 第三方物流仓库方式下的出库单证的填制与流转的实训。

根据以下资料填制出库单。

武汉畅鑫仓储企业接到好邦超市的订单需求,需要以下货品:康师傅红烧牛肉面80箱,每箱20包;奥利奥巧克力味饼干100箱,每箱12包,出库方式采取仓库配送,收货地址:武汉市解放大道1086号,结算方式为月结。

① 每组内同学分别扮演业务受理员、理货员、复核员、收费员、提货人,完成出库单的有关项目的填制。

② 每位同学陈述所扮演角色的职责和仓单流转过程。

注意事项

① 模拟各方办理业务时要注意先后次序,是按照前后逻辑关系依次进行的。

② 各模拟角色要熟知各自职责。

③ 单证填写字迹工整,不得涂改。

成 绩 评 定 表

考评内容	出库单证的填制和业务流程描述能力				
	具体内容	分值	自评30%	互评30%	师评40%
考评标准	单证填制正确	30			
	业务流程描述正确	30			
	办理相关交接业务手续正确	20			
	课堂纪律表现良好,单证填制字迹工整符合要求	20			
合　计		100			

第五章 配送作业流程操作

任务一 体验配送中心环境

情景展现

沃尔玛公司是当今世界上最大的商业零售企业,多次荣登全球 500 强企业榜首。沃尔玛前任总裁大卫·格拉斯这样总结:"配送设施是成功的关键之一,如果说我们有什么比别人干得好的话,那就是配送中心。"

通常,供应商利用电子数据交换系统(EDI)会在发货前向沃尔玛公司传送预先发货清单,这样沃尔玛公司事前就可以做好进货准备工作,同时也省去了货物入库数据的输入作业。

沃尔玛的零售店很多,每个商店的需求各不相同,沃尔玛的配送中心会根据商店的需求,把商品分类放入不同的货物箱内。

在配送中心,自动分拣系统扫描货物的条码和货箱条码,每天能处理 20 万箱货物,自动输送带能把货物送到正确的卡车上,配送的准确率超过 99%。

问题:1. 大型连锁超市为什么要建立配送中心?

　　　2. 请尝试上网查找关于配送中心的运作过程。

一、走进配送中心

配送中心(distribution center)是指从事配送业务具有完善的信息网络的场所或组织。配送中心还应基本符合下列要求:①主要为特定的用户服务,②配送功能健全,③辐射范围小,④多品种、小批量、多批次、短周期,⑤主要为末端客户提供配送服务,如图 5-1 所示。

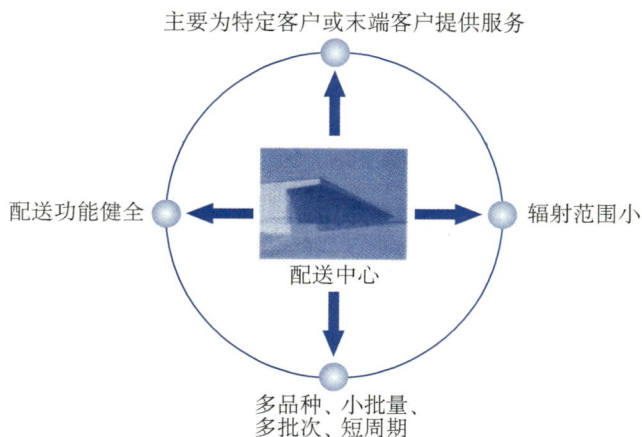

图 5-1 配送中心的特点

在最终消费者面前"盛装亮相"之前，货物要在配送中心里做最后的"衣着整理"，即根据货主的要求进行组配和加工。现在就让我们走进配送中心看个究竟。

1. 配送中心环境

配送中心环境包括整体环境和内部环境两方面。下面以东莞时捷物流配送中心为例做简单介绍。

（1）配送中心整体环境

配送中心整体环境与仓库的整体环境类似，同样可以由主要建筑物、辅助建筑物、行政生活区、绿化区、车道等组成。图 5-2 为东莞时捷物流配送中心的整体环境图。该图的左下方为配送中心大门，供车辆的进出，图 5-3 为配送中心车道。该图的左侧为办公室、职工食堂等行政生活区，整体占地面积为 33000 平方米。

图 5-2 配送中心全景

图 5-3 配送中心车道

（2）配送中心内部环境

这是配送中心环境的重要部分。图 5-4 至图 5-10 为东莞时捷物流配送中心的内容环境。时捷配送中心已投入使用的仓储面积达 20000 平方米，仓内配备各种专业运输车辆和

图 5-4 大范围的储存区（高层重量型货架）

图 5-5　拣货区

图 5-6　拆零分拣区

图 5-7　繁忙的拆零分拣区(流利货架、带式输送机)

图 5-8　流利货架

图 5-9　输送机

图 5-10　有序的进、出货区

搬运机械,拥有先进的物流信息系统,完善的仓储设备及运输能力。仓内作业人员大多来自于职业技术学校,进行搬运装卸作业的工作人员统一身着绿色工作服,象征着企业朝气蓬勃向上的精神。

物流业务流程

图 5-11　无线数据采集器

（3）先进的物流技术

　　配送中心绝不等同于仓库，在这一场所内，配备了先进物流技术，全方位的物流软件则覆盖了整个配送中心的管理。

　　① 无线射频（RF）系统。该系统可以用于货物验收、盘点、拣选、整仓等仓内作业。无线数据采集器集条形码扫描器和手持电脑于一体，具有无线通讯和数据采集的功能，如图 5-11 所示。

　　② 电子标签辅助拣货系统。电子标签主要由显示屏、信号灯和按键组成，在 WMS 仓库管理系统下，能实时、准确地接收和回传分拣数据，简化拣货作业，如图 5-12、图 5-13 所示。

图 5-12　电子标签辅助拣货系统

图 5-13　依据电子标签显示拣货

2. 配送中心的功能区域

　　① 进货月台。在此区域内完成卸货、验收、分类等作业，该区域通常设置在储存区的外围，且紧靠进货暂存区。

　　② 进货暂存区。验收完毕的货物有时不能马上进入储存区上架，可以暂时放在此区域。此外，对于直接准备出货的货物也可暂放此处。由于货物在此停留时间不长，并且始终处于流动状态，所以此区域面积不大。

　　③ 储存区。该区又名托盘货架区，在该区域内要进行的作业有整仓、补货、拣货和盘点作业。货物在此区域停留的时间最长，因此，在储存型配送中心该区域所占面积最大，约占配送中心总面积的 50％以上。

　　④ 拆零区。该区域是为了满足客户多样少量的配送需求，一般使用轻型货架和流利货架。

　　⑤ 流通加工区。在此区域内对货物进行分装、组合包装、贴标签等流通加工作业。

　　⑥ 分货区。批量拣出的货品在这个区域按照车辆类别、门店类别等不同的需求进行分货。

　　⑦ 集货区。将分好的同一门店的不同货品在此区域集中。

　　⑧ 出货暂存区。配好的货品最后在此区域集中。

　　⑨ 出货月台。在此区域完成货物的装车前的作业，无误后装车发货。

　　⑩ 返品处理区。在此区域内对返回的货品进行处理。返品可能是差异货品、退货和调换货等。返品经过处理后，其中的良品会进入储存区，因此，此区域不宜离储存区太远。

　　⑪ 办公区。处理营运事务指挥管理作业的场所，可以集中在某一区域，也可以根据职能分散设置。

二、物流动线

1. 物流动线种类介绍

在配送中心的平面布置中,动线规划是至关重要的,动线决定了卸货验收区、储存区、发货区等各个区域的设置和安排,所以,物流动线的规划是首先要考虑的问题。配送中心作业区域内物流动线的基本形式有四种。

① I 型(直线型)。进货月台、出货月台分别位于仓库的两边,如图 5-14 所示。

图 5-14 I 型动线布置

② L 型。L 型动线规划下,进货月台、出货月台位于仓库相邻两边,如图 5-15 所示。

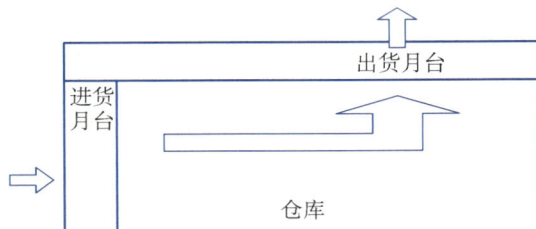

图 5-15 L 型动线布置

③ U 型。U 型动线规划下,货月台、出货月台位于仓库同一侧,如图 5-16 所示。

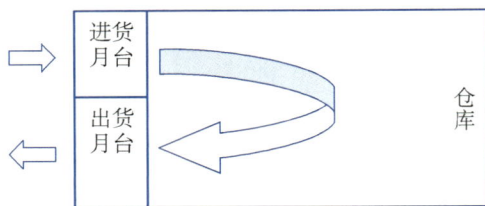

图 5-16 U 型动线布置

④ S 型(锯齿型)。S 型动线规划下,进货月台、出货月台位于仓库的两边,如图 5-17 所示。

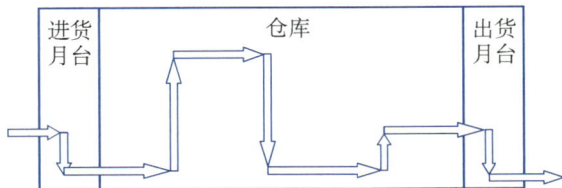

图 5-17 S 型动线布置

以上四种物流动线,在实际规划中,可能会根据实际情况采用混合的物流动线。

2. 配送中心平面布局实例

图 5-18 是武汉市某物流配送中心的库区平面布局图。该配送中心占地面积 5 万平方米，库区面积 3.5 万平方米，除满足集团下两百余家超市门店日常配送外，还可面向社会满足 6000~8000 个品种商品的配销，是华中地区单体面积最大的现代化物流配送中心。配送中心全部实行智能化管理，能够实时按客户、商品、批次分别对商品进行精确的分类、定位。由于具有两种经营模式，配送中心也同时采用了两种不同的物流动线，以便更好地利用空间，优化流程。图 5-18 中，右侧区域是专门服务社会用户的，将进货月台和出货月台设在同一位置；左侧主要是满足集团内各门店的需要，进货月台与出货月台分开设置。区域间的划分在地面上均有醒目的加粗色彩线条以示区分。在不同的区域内进行相应的仓储作业活动。

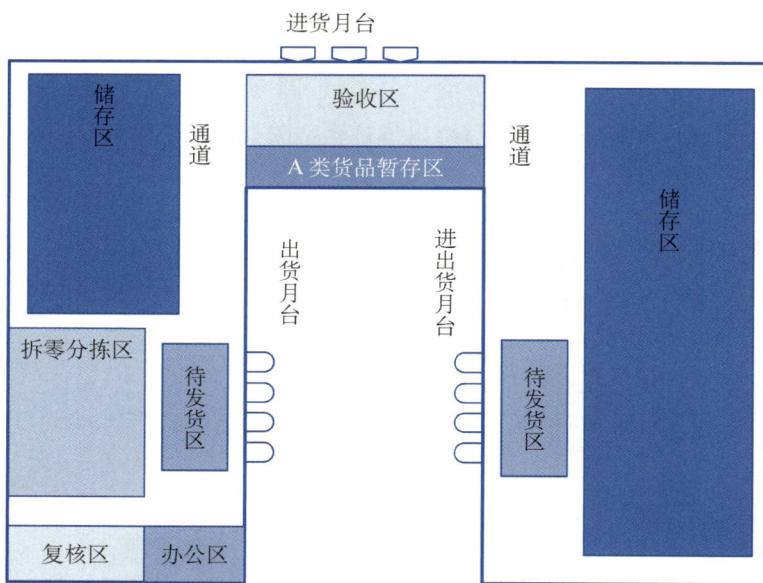

图 5-18　物流配送中心仓库平面布局图

任务实训

1. 组织联系相关企业，做好参观的前期准备。
2. 编写好配送中心调研的大纲、欲了解的主要方面及内容；
3. 到企业进行实地参观、学习，做好记录。
4. 填写如表 5-1 所示的《配送中心调研总结表》。

表 5-1　配送中心调研总结表

序号	基本调研项目	具体调研内容
1	企业名称	
2	所在地址	
3	配送中心类型	

序号	基本调研项目	具体调研内容
4	仓库内设备	
5	设置的功能区域名称	
6	配送中心物流动线类型	
7	仓库平面布局图	
8	《配送中心调研报告》	附后,单独提交

注意事项

① 到企业参观,首先要注意参观纪律,注意库内行走安全。

② 带好必备的记录工具:笔、笔记本等。

成 绩 评 定 表

考评内容	配送中心环境能力				
	具体内容	分值	自评30%	互评30%	师评40%
考评标准	能够陈述配送中心的主要功能区域	20			
	能够分析出物流动线类型	20			
	能够例举出配送中心的先进设备技术	10			
	撰写《配送中心调研报告》	25			
	全班交流,口头表达	15			
	课堂纪律、参观纪律表现良好	10			
合　计		100			

任务二　解读配送中心业务流程

情景展现

　　育新学校的教材配送中心,主要是为各班级分发教材。这天,该校物流班的40名学生,被安排来到学校图书配送中心,为全校30个一年级班级配送教材,每班学生数40人,每人有语、数、外、德育、计算机基础教材各一本,练习本20本。学生通过配送图书,体验了配送作业业务流程。

问题：1. 分发教材过程中怎样做到效率高、差错少？

2. 你所在的班级每学期教材是如何分发的？请描述其流程。

一、配送中心基本作业流程

配送中心的作业流程是以配送环节和基本工艺流程为基础。不同功能的配送中心和不同商品的配送，其作业过程和作业环节会有所区别，但都是在基本流程的基础上对相应作业环节进行调整。

配送中心的基本作业流程是配送中心在进行商品配送作业时所展现出的整体工艺流程，反映配送中心的总体运动过程。其作业项目包括：接受和处理客户订单、进货、储存、分拣配货、流通加工、理货、送货、退货处理等作业内容。详情如图5-19所示。

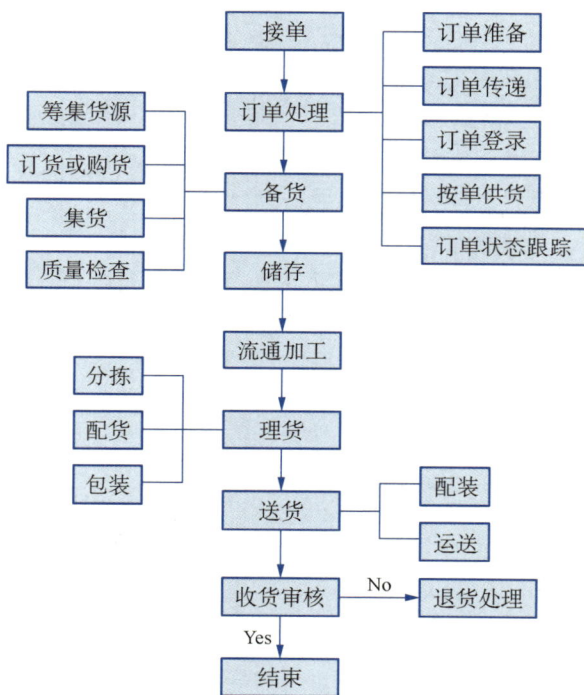

图 5-19　配送中心业务流程图

1. 接受客户订单

根据订单信息，确定所要配送货物的种类、规格、数量和配送时间等。订单处理是配送中心组织、调度的前提和依据，是其他各项作业的基础。此阶段主要是客户主动与配送中心的业务部门联系，向配送中心下达订单。

2. 订单处理

订单处理是指从接到门店订货到准备出货之间的作业阶段。包括订单确认、存货查询、库存分配和出货配送等。

（1）订单品项数量及日期确认

配送中心对门店的订单资料进行检查,发现要求送货的时间有问题或出货时间有延迟时,需要与门店再次确认订单内容或更正要求的进货时间。

（2）订货价格确认

核对送货单的价格与采购单的价格是否相符。若价格不符,通过系统加以锁定,以便主管审核。

（3）包装确认

对订购的商品,是否有特殊的包装、分装或贴标等要求,或是有关赠品的包装等资料都应详加确认记录,并将出货要求在订单上注明。

（4）订单号码

每一订单必须有唯一的订单和号码,可以根据经营合同或成本单位来确定。在计算成本、采购结算、配送等整个商品流转过程中,所有工作说明及进度报告均以此号码作为标准。

（5）建立和维护客户主档

更新客户的详细记录,包括供方名称、代号、等级,负责本企业产品供应的业务员、车辆形态、送货地点、配送要求等。

（6）存货查询及订单分配

对订购的商品,在系统中查询存货情况,并依据订单要求进行分配。

（7）分配存货不足的处理

若现有存货数量无法满足门店要求,且无替代品时,依据门店意愿与公司政策决定应对方式。

（8）订单排定出货日程及拣选顺序

对已分配存货的订单,通常根据门店要求,以拣取标准时间和内部工作负荷来确定出货时间和拣选顺序。订单经过以上处理后,可以开始打印出货单据。

3. 备货

此阶段主要是配送中心与供应商的业务联系。配送中心备货主要包括订货、接货、验收入库三个环节。

（1）订货

配送中心收到和汇总用户的订单以后,首先要确定配送商品的种类和数量,然后查询现有存货数量能否满足配送需要。如果存货数量低于某一水平,则必须向供应商发出订单订货。配送中心也可以根据需求情况提前订货,以备发货。对于物流模式的配送中心,订货工作由其客户直接向供应商下达采购订单,配送中心的进货工作从接收商品开始。

（2）接货

当供应商(生产企业)接到配送中心或用户发出订单之后,会根据订单的要求组织供货,配送中心则必须及时组织人力、物力接收货物,有时还必须到站(港)、码头接运货物。接货方式可参考项目四有关内容。

（3）验收

货物到达配送中心,即由配送中心负责对货物进行验收,验收的内容包括质量、数量、包装三个方面。验收的依据主要是合同条款要求和有关质量标准。验收合格的商品即办理有关登账、录入信息及货物入库手续,组织货物入库。

4. 储存

在配送活动的运作过程中,配送中心的储存作业是为了给配送对象提供货源保证,对配销模式的配送中心来说,一次性集中采购,储备一定数量商品,可以享受价格上的优惠。在储存阶段主要任务是保证商品在储存期间质量完好、数量准确。储存活动必会涉及到对储位的管理。为了提高储位的利用率,增加储存效率,配送中心的储位管理的重点正从静态的存储作业"保管"向配送作业"动管"转移。配送中心储存活动的内容如图5-20所示。

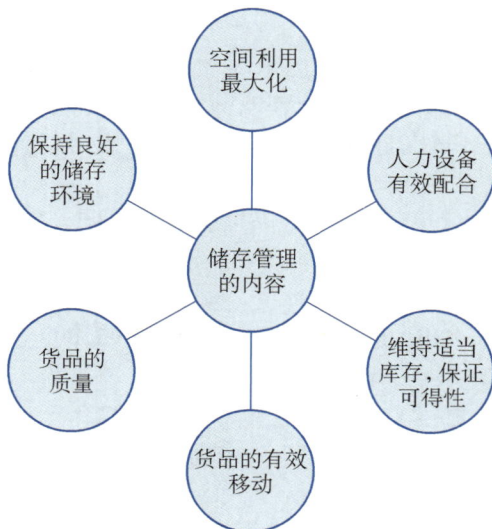

图 5-20　配送中心储存活动总内容

根据货品在配送中心储存的时间长短、对货品处理的不同程序和阶段,各种不同时长的储存会涉及到不同的工作区域。例如:长时保存的货品要进保管区域,未办理好入库手续的货品应放置在进货暂存区,还未配装的货品应放置在出货暂存区(又名待发货区)。见本项目任务一图5-18所示。

其中,暂存区域的主要工作内容有:

① 进货暂存区,在货品进入暂存区前先分类,暂存区也先标示区分,并且结合看板记录,把货品依分类或入库上架顺序,配置预先规划好的储位。

② 出货暂存区,每一区域路线或每一车的配送货品必须排放整齐并加以区分隔离,安置在事先标好的区位上,再结合看板的标示,并按出货单所列顺序点收上车。

保管区域的主要工作内容有:

① 存储货架或空间妥善规划,避免浪费。

② 整理出库的呆滞品。

③ 报废处理,指定权责单位。

④ 退货品设定退货期限,避免大量积压。

⑤ 不能使用的设备立即处理。

⑥ 定期处理过期的文件、报表、资料。

⑦ 安全保障,意外防护,进出库管制,温湿度控制,爆炸、火灾、地震等损坏的防治及安全管理。

5. 流通加工

在配送作业中,流通加工这一功能要求属于增值性活动,不具有普遍性,但它通常是具有重要作用的功能要素。有些加工作业属于初级加工活动,如:按照客户的要求,将一些原材料套裁;有些加工作业属于辅助性加工,如:对产品进行简单组装,给产品贴上标签或套上塑料袋等;有些加工作业属于深加工,食品类配送中心的加工通常是深加工,如:将蔬菜、水果洗净、切割、过磅、分份并装袋,加工成净菜,或按照不同的风味进行配菜组合,加工成原料菜等配送给超市或零售店。配送中心所进行的加工作业的内容及示例如图5-21所示。

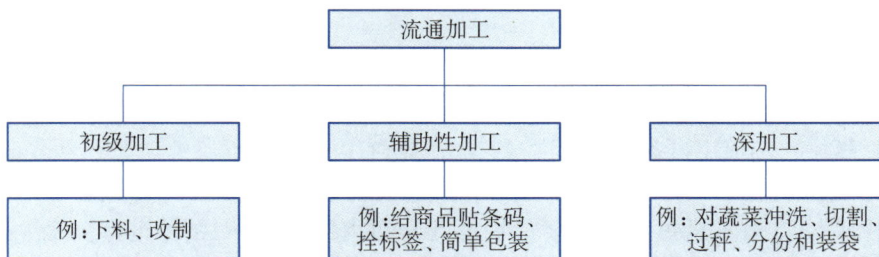

图5-21　流通加工内容图

6. 理货

理货包括分拣、配货和包装等。

(1) 分拣

分拣作业是指拣货作业人员根据客户订单要求,从储存的货物中拣出客户所需商品的一种活动。分拣配货的方式主要有摘果式拣选、播种式拣选。

① 摘果式拣选:该方式下的作业方式又可分为人工作业和自动化作业。

人工作业是由工作人员拉着集货箱在排列整齐的仓库货架间巡回走动,按照拣货单上标明的品种、数量、规格挑选出客户需要的商品放入集货箱内,再按一定方式进行分类。

自动化作业可以采用人工作业配合自动传输系统拣取,也可以采取自动分拣设备拣取商品。

该方式作业前置时间短,针对紧急需求可以快速拣选,操作容易,对机械化、自动化无严格要求,作业责任明确,分工容易、公平。但是,当订单数量、商品品项较多,拣选区域较大时,采用该拣选方式耗费时间长、效率低、搬运强度大。鉴于该方式的特点,只适合于配送中心初期阶段,通常是采用这一拣选方式作为过渡性办法。

② 播种式拣选:对大体积或大数量的商品出货,也可以采取播种式拣选。用这种方式配货,首先将各客户共同需要配货的一种货物集中搬运到配货区,然后取出每一客户配货单所需要的货物数量,分别放到每一客户的货位处。一种货物配齐后,再按同样的方法配第二种货物,直至配货完成。

(2) 配货

配货是指用各种拣选设备和传输装置,将存放的物品按客户的要求分拣出来,配备齐全,送入指定发货地点。

(3) 包装

包装即物流包装,其主要作用是保护货物并将多个零散包装的物品放入大小合适的箱子中,以实现整箱集中装卸、成组化搬运,同时减少搬运次数,降低货损,提高配送效率。另外,包装也是产品信息的载体,通过外包装上的产品名称、原料成分、重量、生产日期、生产厂家、产品条形码和储运说明等,可便于客户和配送人员识别产品,方便货物的装运。

7. 配装送货

为了充分利用运输车辆的容积和载重能力,提高运输效率,可以将不同客户的货物组合配装在同一辆载货车上,因此,在出货之前还需完成组配或配装作业。有效的混载与配装,不但能降低送货成本,而且可以减少交通流量、改变交通拥挤状况。

目前,各配送中心普遍推行的混装(或同载)送货方式,其作业过程有两个基本要求:

一是按送货点到达的先后顺序组织装车,先到的装在混载货体的上面或外面,后到的装在下边或里面。

二是要做到"轻者在上,重者在下"、"重不压轻"。配装出货是配送中心的末端作业,也是整个配送流程中的一个重要环节。

通常配送中心都使用自备的车辆进行送货作业,有时也会借助于社会上专业运输组织的力量,进行联合送货作业。此外,适应不同客户的需要,配送中心在进行送货作业时,可以采取定时间、定路线为固定客户送货,也可以不受时间、路线的限制,机动灵活地进行送货作业。

8. 退货处理

退货(包括门店退货)至配送中心称为返仓作业,配送中心退货至供应商称为返厂作业。

(1)返仓作业

返仓是指配送中心配送的货物与门店的要求不符,或因其他原因而由门店制作返仓单至配送中心仓库,并由送货人员将货物运回配送中心的过程。此过程中以配送中心处主导地位,配送中心工作人员审核无误后,在电脑系统中执行单据,此返仓单才生效,系统内库存数量同时发生转移。

(2)返厂作业

返厂是指配送中心因货物的质量、包装、保质期、破损等原因与采购部协商后对已经入库的货物进行退货的处理过程。此过程涉及单证有:返厂单(退货单)。

任务实训

上海天马职业学校教材科收到两个班级的教材订单,每个班级需求的教材种类、数量如表 5-2 和 5-3 所示。请采用摘果式和播种式分拣作业,完成上述教材的配货作业。

表 5-2　1101 物流班教材订单

序号	品名	数量	单位
1	物流业务流程	50	本
2	仓储作业实务	50	本
3	配送作业实务	50	本
4	物流实用英语	50	本
5	物流地理	50	本
6	物流法律法规	50	本
7	练习本	500	本
8	软面抄笔记本	300	本

物流业务流程

表 5-3　1102 物流班教材订单

序号	品名	数量	单位
1	物流业务流程	45	本
2	仓储作业实务	45	本
3	配送作业实务	45	本
4	物流实用英语	45	本
5	物流地理	45	本
6	物流法律法规	45	本
7	练习本	450	本
8	软面抄笔记本	225	本

讨论: 摘果式拣货和播种式拣货的拣货单有什么不同?

成 绩 评 定 表

考评内容	配送中心环境能力				
	具体内容	分值	自评 30%	互评 30%	师评 40%
考评标准	能够陈述两种拣货方式的区别	25			
	会制作两种拣货单	25			
	能快速准确拣货	25			
	良好的工作态度	25			
	合　计	100			

任务三　配送作业操作

情景展现

在北京医药股份有限公司现代医药物流配送中心里,接单员接收客户的订货信息,并通过仓库管理系统(WMS)分类处理以指令方式传达给相应的操作人员和设备,后者根据指令进行周转箱标签打印、拣选、传输、配送等操作。

在无线系统覆盖区域,用 RF 扫描枪扫描周转箱上的条码后,即获取了商品的拣选指令,拣选人员只需走到每条指令指定的存储位置拣取指定的数量商品,在扫描枪上确认之后即可开始下一个指令的拣选,直至完成该周转箱在该区域的所有拣选任务;在电子拣选区域,用激光扫描枪扫描周转箱上的条码以后,则存储货架上的电子商标就能显示出

物流业务流程

拣选位置、拣选数量,拣选人员只需走到该位置拣取指定的数量商品,确认之后就可以开始下一个货位的商品拣选,直至完成该周转箱在该区域的所有拣选任务。

周转箱沿着物流的方向走过各个区域,当所有的区域拣选任务都完成以后,会在路径控制系统的指引下走向其目标区域,即位于首层的配送巷道。物流配送中心首层共有21条配送巷道,各巷道可以同时接受从上游传输过来的货物,保证上游的快速物流不至于阻塞;到达各巷道的货物,经操作人员汇总整理后用笼车搬运到相应的配送卡车上,送往相应的客户指定地址。

整个系统的运作快速、准确、高效,使得北药股份物流配送中心商品的大批量、少数量、实时拣选处理目标得以实现。

问题:1. 配送中心一般设置哪些岗位?其工作内容有哪些?
　　　2. 描述拣货作业的操作过程。

按照业务运作流程和配送功能要素不同,配送运作人员大体可分为9类:接单员、收货员、仓库管理员、盘点员、拣货员、补货员、配货员、包装员和送货员。各自职责范围见表5-4所示。

表5-4　配送岗位职责范围

配送岗位	职 责 范 围
接单员	① 接收订单资料 ② 在规定的时间内,将客户的订单进行确认和分类,并由此判断所要配送货物的种类、规格、数量及送达时间 ③ 建立用户订单档案 ④ 对订货进行存货查询,并根据查询结果进行库存分配 ⑤ 将处理结果打印输出,如拣货单、出货单等 ⑥ 根据输出单据进行出货物流作业
收货员	① 组织人员卸货 ② 检验商品条形码、核对商品件数以及商品包装上的品名、规格等,对于件数不符的商品,查明原因,按照实际情况纠正差错 ③ 签盖回单
仓库管理员	① 熟悉物料品种、规格、型号、产地和性能,对物料做好标记分类排列 ② 按规定做好出库验收、记账、发放手续,及时搞好清仓工作,做到账账相符、账物相符 ③ 随时掌握库存动态,保持材料及时供应,充分发挥周转效率 ④ 搞好安全管理工作,检查防火、防窃、防爆设施,及时纠正不安全因素
盘点员	① 通过点数计数查明商品在库的实际数量,核对库存账面资料与实际库存数量是否一致 ② 检查在库商品质量有无变化,有无超过有效期和保质期,有无长期积压等现象,必要时还必须对商品进行技术检验 ③ 检查保管条件是否与各商品的保管要求相符合 ④ 堆码是否合理稳固。库内温湿度是否符合要求,各类计量器具是否准确等 ⑤ 检查各种安全措施和消防设备、器材是否符合安全要求,建筑物和设备是否处于安全状态
拣货员	① 根据客户的订单要求,从储存的商品中将客户所需要的商品分拣出来,放到发货场指定的位置,以备发货 ② 熟练操作拣货作业,认真完成每日的拣货作业任务 ③ 做好拣货出库实绩总结和报告 ④ 做好拣货设备的定期检查,当设备出现不良状况时及时向保养人员报告

続表

配送岗位	职责范围
补货员	根据以往的经验,或者相关的统计方法,或者在计算机系统的帮助下确定最优库存水平和最优订购量,并根据所确定的最优库存水平和最优订购量,在库存低于最优库存水平时发出存货再订购指令,以确保存货中的每一种产品都在目标服务水平下达到最优库存水平
配货员	① 分货。把拣货完毕的商品按客户要求或配送路线进行分类 ② 配货检查。根据客户信息和车次对拣送物品进行商品号码和数量的核实,以及对产品状态品质的检查
包装员	对配好的货物进行重新包装、打捆,以保护货物,提高运输效率,便于配送到达时客户易于识别各自的货物
送货员	① 根据车辆调度人员的送货指示执行送货作业 ② 根据配送计划确定最优的路线,在规定的时间及时准确地将货物运送到客户手中 ③ 在运送过程中注意加强运输车辆的考核和管理,协助收货单位将货品卸车,并与收货人员一起清点货物,做好完成确认工作 ④ 通知财务部门进行费用结算

注:在这九种配送岗位中,收货员、仓库管理员、盘点员的工作职责与第四章中相关任务的内容重复,故在此将这两个岗位操作流程略去,相关内容请参考第四章相关知识。包装员的岗位职责将在本章的任务四详细说明,故在本任务中,主要介绍接单员、拣货员、补货员、配货员和送货员这五种岗位的操作流程。

一、接单员操作流程

接单员的具体工作流程如图 5-22 所示。

1. 接收订单

通过电话、传真或电子数据传递等方式接收客户的订货资料。

2. 确认订单

接到顾客订单以后,首先对客户的信用进行确认,看其应收账款是否已经超过信用额度,以确定继续或停止输入该订单。当订单通过信用检查后,便要继续确认订单的其他基本内容,包括订货的种类、数量、配送时间、价格、包装等。

3. 订单分类

将订单按照确认以后的交易类型进行分类,以便区别处理。

4. 设计订单档案资料内容

订单分类后,建立一个完整的客户订单档案,以便于本次交易的进行和以后与该客户的长期合作。首先,根据实际要求设计订单档案资料内容,以符合后续作业所需,另外,用相关字段和关键词把订单表头文件与订单明细文件加以连接,其中表头文件用于记录订单的整体性资料,如订单单号、订单日期、客户代号;订单明细文件则记录每笔订货品种详细资料,如商品代号、商品名称、单价等。

5. 输入订单资料

将客户订单、客户电话、传真等基本订货资料输入订单处理系统。

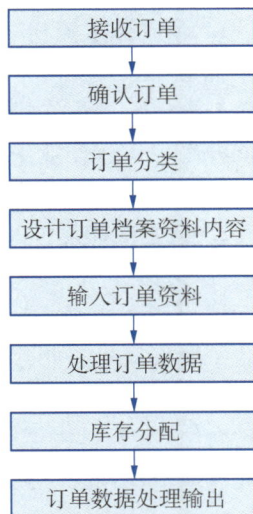

图 5-22 接单员工作流程

接收订单 → 确认订单 → 订单分类 → 设计订单档案资料内容 → 输入订单资料 → 处理订单数据 → 库存分配 → 订单数据处理输出

6. 处理订单数据

利用客户订单的基本资料，在各子系统资料（如输配系统、存货系统、补货系统的资料等）的支持下对订单数据进行处理，如打印周转箱标签等。

7. 库存分配

订单资料输入，并确认无误，在相关支持数据也准备好后，下一步便是对大量的订货资料，作最有效的汇兑、分类、调拨库存。

8. 订单数据处理输出

将处理结果打印输出，如拣货单、出货单等，然后再根据这些输出单据进行出货物流作业。

二、拣货员的操作流程

拣货员的具体工作流程如图 5-23 所示。

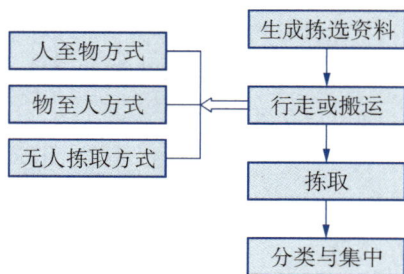

图 5-23　拣货员工作流程图

1. 生成拣选资料

拣选作业开始之前，必须先行处理完成指示拣选作业的单据或信息，将周转箱贴上拣货标签。虽然有些配送中心直接利用顾客的订单或公司的交货单作为人工拣选指示，但原始单证容易在拣选作业中受到污损导致错误发生，将原始单证转换成拣选单或电子信号，以便更有效率地进行拣选作业。

2. 行走或搬运

进行拣选时，可以通过以下方式来使要拣取的货品出现在面前。

① 人至物方式：通过步行或搭乘拣选车辆到达货品储存位置的方式。该方式的特点是货品一般采取静态储存方式，如托盘货架、轻型货架等。主要移动的一方为拣取者。

② 物至人方式：与上述方式相反，主要移动的一方为被拣取物，即货品。拣取者在固定位置内作业，无须去寻找货品的储存位置。该方式的主要特点是货品采用动态方式储存，如负载自动仓储系统、旋转自动仓储系统等。

③ 无人拣取方式：拣取的动作由自动的机械负责，电子信息输入后自动完成拣选作业，无须人力介入。这是目前在拣选设备研究上致力的方向。

3. 拣取

抓取和确认拣选单或电子信号等拣选的信息中所指的货物。

当货品出现在面前时，接下来的动作便是抓取与确认。确认的目的是为了确定抓取的物品、数量是否与指示拣选的信息相同。实际作业中都是读取品名与拣选单作对比。比较先进的方法是利用无线传输终端机读取条码由计算机进行对比，或采用货品重量检测的方式。准确的确认动作可以大幅度降低拣选的错误率,同时也比在出库验货作业时发现错误再处理来得更直接、有效。

4. 分类与集中

将拣选出的货品按订单类别进行分类和集中。

由于拣取方式的不同,拣取出来的货品可能还需按订单类别进行分类与集中,拣选作业至此告一段落。分类完成的每一批订单的类别和货品经过检验、包装等作业后出货。

三、补货员的操作流程

补货员的具体工作流程如图 5-24 所示。

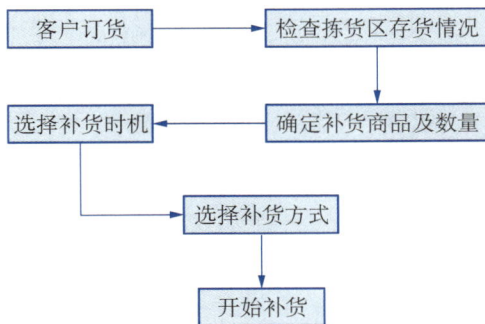

图 5-24 补货员工作流程图

1. 确定现有存货水平

现有存货水平是从某产品的现货库存总数与在途订货量之和中减去为顾客保留的存货以及内部分支机构的转移定购量。

2. 确定订购点

$$订购点存货水平 = 等待存货补充订购到达期间满足预计需求的数量 +$$
$$应付供需变化的保守存货数量$$

当现有存货水平低于订购点时,就需要补货。

3. 确定订货数量

根据以往的经验确定订货数量,或根据系统中的经济订货批量模型来确定订货数量。

4. 发出采购订单和进行补货作业

对需要补充库存的存货种类发出采购订单,进行补充库存的订货。

5. 补货作业

(1) 确定补货时机

补货时机通常有下列三种。

① 定时补货。定时补货是将每天划分为数个时段,补货人员于规定时段内检视拣货区货架上货品存量,若发现不足马上将货架补满。定时补货较适合分批拣货时间固定,且处理紧急时间也固定的情况。

② 随机补货。随机补货是指定专门的补货人员,随时巡视拣货区的货品存量,发现不足随时补货的方式。随机补货较适合每批次拣取量不大,紧急插单多,一日内作业量不易事先

掌握的情况。

③ 批次补货。批次补货是在每天或每一批次拣取前,经由电脑计算货品的总拣取量,再相对查看拣货区的货品量,在拣取前一特定时段补足货品。批次补货较适合一日内作业量变化不大,紧急插单不多,或是每批次拣取量大、要事先掌握的情况。

(2) 选择补货方式

补货的基本方式主要有以下三种。

① 整箱补货。这种补货方式是由取货员到货架保管区取货箱,再放到拣货区的方法。保管区为料架储放区,动管拣货区为两面开放式的流动拣货区。拣货员拣货之后把货物放入输送机并运到发货区,当动管区的存货低于设定标准时,则启动补货作业。这种方式较适合于体积小且少量多样出货的货品。

② 托盘补货。这种补货方式是把托盘由地板堆放保管区运到地板堆放动管区,拣货时把托盘上的货箱置于中央输送机上,送到发货区。当存货量低于设定标准时,立即补货,使用堆垛机把托盘由保管区运到拣货动管区,也可把托盘运到货架动管区进行补货。这种补货方式适合于体积大或大出货量的货品。

③ 货架上下层的补货方式。此种补货方式是将同一货架上的中下层作为动管区,上层作为保管区,而进货时则将动管区放不下的多余货箱放到上层保管区。当动管区的存货低于设定标准时,利用堆垛机将上层保管区的货物搬至下层动管区。这种补货方式适合于体积不大、存货量不高,且多为中小量出货的货物。

四、配货员的操作流程

1. 分货

分货是指把拣货完毕的商品按用户或配送路线进行分类的工作。分货方式一般有以下几种。

(1) 人工分货

人工分货是指所有分货工作过程全部由人工根据订单或其他传递来的信息指示进行,而不借助任何自动化的辅助设备。

(2) 自动分类机分货

自动分类机分货是指利用计算机和自动分辨系统完成分货工作。这种方式不仅快速省力,而且准确,尤其适用于多品种业务繁忙的配送。利用自动分类机分货的主要过程如下。

① 将有关货物及分类信息通过自动分类机的信息输入装置,输入自动控制系统。

② 当货物通过移载装置移至输送机上时,会由输送系统运送至分类系统。

③ 分类系统是自动分类机的主体,这部分的工作过程为:先由自动识别装置识别货物,再由分类道口排出装置按预先设置的分类要求将货物推出分类机。

分类排出方式有推出式、浮起送出式、倾斜滑下式、皮带送出式等,同时设置有为尽早使各货物脱离自动分类机,避免发生碰撞的缓冲装置。

(3) 旋转架分类

旋转架分类是指将旋转架的每一格位当成客户的出货框,分类时只要在计算机中输入

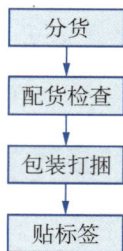

分货

↓

配货检查

↓

包装打捆

↓

贴标签

图 5-25 配货员工作流程图

物流业务流程

各客户的代号,旋转架即会自动将货架转至作业员面前。

2. 配货检查

配货检查作业是指根据客户信息和车次对拣送物品进行商品号码和数量的核实,以及对产品状态、品质的检查。

配货检查最简单的做法是人工检查,即将货品点数并逐一核对出货单,进而查验配货的品质及状态情况。目前,配货检查常用的方法如下。

(1) 商品条形码检查法

这种方法要导入条形码。条形码是随货物移动的。检查时用条形码扫描器阅读条形码内容,计算机再自动把扫描信息与发货单对比,从而检查商品数量和号码是否有误。

(2) 声音输入检查法

声音输入检查法是由作业员发声读出商品名称、代码和数量,计算机接收声音并自动辨识,转换成资料信息与发货单进行对比,从而判断是否有误。此方法的优点在于作业员只需发声读取资料,手脚可做其他工作,自由度较高。缺点是声音发音要准确,且每次可辨识的发音字数有限,易产生错误。

(3) 重量计算检查法

重量计算检查法是把货单上的货品重量自动相加,再与总重量相对比,以此来检查发货是否正确的方法。

3. 包装、打捆

包装、打捆是配货作业的最后一个环节。即对配送货物进行重新包装、打捆,以保护货物,提高运输效率,便于配送到达时客户识别各自的货物。

包装时应尽量做到包装合理化,配货作业中的包装合理化主要体现在以下三个方面。

(1) 简洁、适用

由于包装本身只起保护作用,对产品使用价值没有任何意义。因此,在强度、寿命、成本相同的条件下,应采用更轻、更薄、更短、更小的包装,这样可以提高运输、装卸搬运的效率,而且可以减少成本。

(2) 标准化

包装的规格和托盘、集装箱关系十分密切。因此,包装应考虑和运输车辆、搬运机械的匹配,从系统的角度制定包装的尺寸标准。只有标准化的包装规格、单纯化的包装形状和种类才有助于整体物流效率的优化。

(3) 机械化

为提高作业效率和包装现代化水平,各种包装机械的开发和应用十分重要。在包装过程中,应尽量运用机械操作,减少人力耗费。

(4) 包装单位大型化

包装的大型化有利于减少包装时间,提高包装效率。

(5) 节约包装材料,减少过度包装

在包装过程中,应加大包装物的再利用程度,减少过度包装,开发和推广新型包装方式,以减少对包装材料的使用。

4. 贴标签

通过在外包装上粘贴书写有产品名称、原料成分、重量、生产日期、生产厂家、产品条形代码、收货单位及地址、储运说明等的标签,可以便于客户和配送人员识别产品,进行货物的

物流业务流程

装运。通过扫描条形码还可以进行货物跟踪,配货人员可以根据包装上的装卸搬运说明对货物进行正确操作。

最后将货物送到暂存区,等待出库、发货。配货员的操作流程如图5-25所示。

五、送货员的操作流程

送货员岗位操作流程如图5-26所示。

首先接收送货指示。根据指示,选择车辆配装。然后根据配送计划确定的最优路线送货。送达后,协助收获单位将货品卸车,并与收货人员一起清点货物做好完成确认工作,通知财务部门进行费用结算。

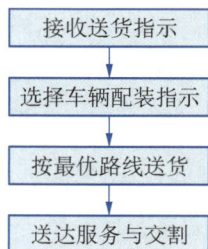

接收送货指示

选择车辆配装指示

按最优路线送货

送达服务与交割

图5-26　送货员岗位操作流程

任务实训

上海美林配送中心拣货区2011年4月20日的存货情况及拣货区存货的安全标准如表5-5所示,请为该配送中心的拣货区补货。

表5-5　上海美林配送中心拣货区存货情况及安全存货量一览表

序号	品名	商品编号	积存数量	拣货区安全存货量
1	光明牛奶	06463.1	21箱,30袋/箱	30箱,30袋/箱
2	蒙牛牛奶	06463.2	17箱,24袋/箱	24箱,24袋/箱
3	卫岗牛奶	06463.3	13箱,30袋/箱	18箱,30袋/箱
4	金龙鱼色拉油	04573.1	11箱,8桶/箱	15箱,8桶/箱
5	葵花色拉油	04573.2	9箱,8桶/箱	13箱,8桶/箱
6	喜临门色拉油	04573.3	9箱,8桶/箱	18箱,8桶/箱
7	白猫洗洁精	08935.1	7箱,10瓶/箱	15箱,10瓶/箱
8	奥妙洗洁精	08935.2	6箱,10瓶/箱	10箱,10瓶/箱
9	天元饼干	02946.1	7箱,10袋/箱	10箱,10袋/箱
10	维嘉饼干	02946.2	6箱,10袋/箱	10箱,10袋/箱
11	新隆饼干	02946.3	5箱,10袋/箱	15箱,10袋/箱
12	统一饼干	02946.4	8箱,10袋/箱	11箱,10袋/箱
13	薯片	05926.1	11箱,20袋/箱	15箱,20袋/箱
14	海苔	05926.2	9箱,20袋/箱	12箱,20袋/箱
15	奇多	05926.3	10箱,20袋/箱	13箱,20袋/箱
16	妙脆角	05926.4	8箱,20袋/箱	11箱,20袋/箱

1. 先计算补货品种和数量,后填制补货单。
2. 用各种空纸箱代替货物,用托盘搬运车或手推车从拣货区搬运货物到储存区。

物流业务流程

成绩评定表

考评内容	补货作业能力				
	具体内容	分值	自评30%	互评30%	师评40%
考评标准	能够分品种计算出补货数量	20			
	会填制补货单	20			
	会拣货、补货操作	20			
	会操作托盘搬运车到达指定地点	25			
	全班交流，口头表达	15			
合　计		100			

任务四　流通加工作业

情景展现

阿迪达斯公司在美国有一家组合式鞋店，销售的不是成品鞋，而是做鞋用的材料和半成品鞋子，款式花色多样，材质也有多种选择，顾客可以任意挑选自己所喜欢的各个部位，交给职员当场进行组合。只要 10 分钟，一双崭新的鞋便完成了。这家鞋店昼夜营业，职员技术熟练，鞋子的售价与成批制造的价格差不多，有的还稍便宜些。顾客络绎不绝，该店的销量比邻近的鞋店多出了近 10 倍。

问题：1. 阿迪达斯为何采用这种销售方式？

2. 阿迪达斯的流通加工环节有什么特点？

一、认识流通加工作业

根据《国家标准物流术语》中的解释，流通加工是指物品在从生产地到使用地的过程中，根据需要施加分割、计量、分拣、包装、刷标志、贴标签、组装等简单作业的总称。全部过程如图 5-27 所示。流通加工在物流供应链中的地位如图 5-28 所示。流通加工的内容有装袋、定量化小包装、拴牌、贴标签、配货、挑选、混装、刷标记等。流通加工的主要作用表现在：进行初级加工，方便用户；提高原材料利用率；提高加工效率及设备利用率；充分发挥各种运输手段的效率；改变品质，提高收益。

货物类型不同，配送加工的方法也不同。像对于食品的配送加工，就有冷冻加工、分选加工、精制加工和分装加工等多种方法。

冷冻加工多是为解决生肉在流通中的保鲜及搬运装卸问题，这种方式同样可用于某些液体商品和药品。分选加工是对于产品的规格、质量差异较大时，采取人工或机械分选方式的加工，它被广泛用于果类、瓜类和棉毛原料等。而对农、牧、副、渔等产品进行切分、洗净、分装等的加工过程,则被称为精制加工。精制加工不但大大方便了购买者,而且还可以对加工后的淘汰物进行综合利用,例如:蔬菜的加工剩余物可以制作饲料、肥料等。分装加工是为了便于销售,将运输包装改成销售包装,大包装改成小包装、散装改小包装等加工过程。食品的流通加工如图 5-29 所示。

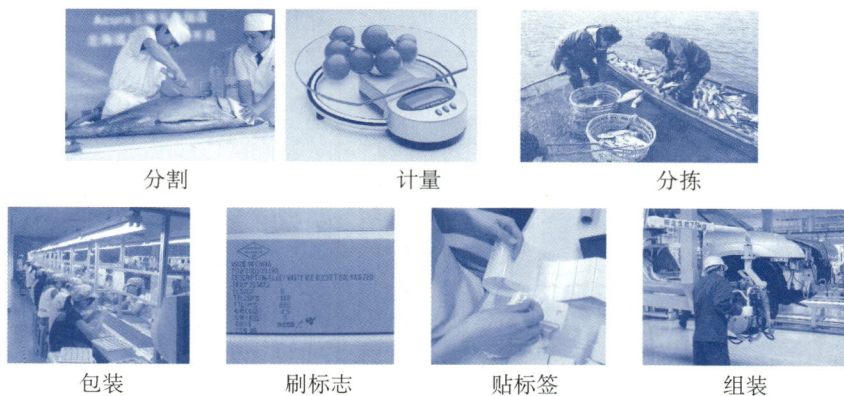

分割　　　　　　　　　计量　　　　　　　　　分拣

包装　　　　　刷标志　　　　　贴标签　　　　　组装

图 5-27　流通加工示意图

物流配送中心

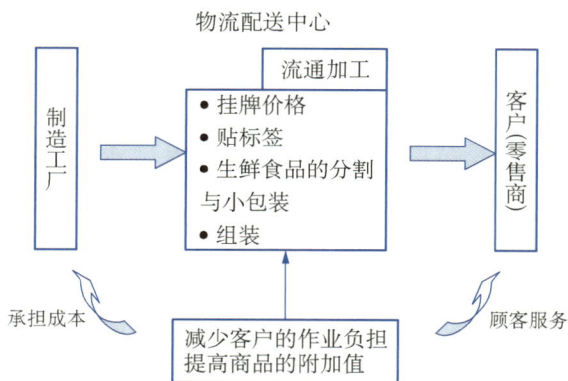

流通加工

制造工厂 →
- 挂牌价格
- 贴标签
- 生鲜食品的分割与小包装
- 组装
→ 客户(零售商)

承担成本　　　　减少客户的作业负担提高商品的附加值　　　　顾客服务

图 5-28　物流配送中心流通加工流程图

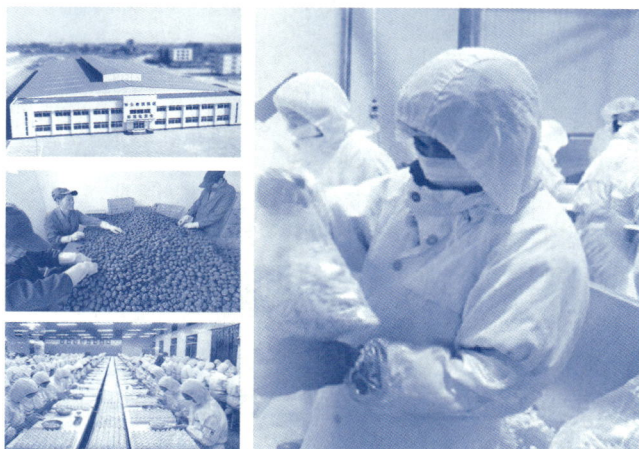

图 5-29　食品的流通加工

以下介绍的是物流配送中心内较常见的流通加工作业。

1. 贴标签

贴标签作业大致上可分为贴税条、贴中文说明标签及贴价格标签三种。前两种大部分是以进口商品为主,主要是针对贸易进口商的一种服务项目;贴价格标签则是按零售店的要求所进行的流通加工,其作业大部分在拣货完成之后进行,贴完标签后再出库。目前常用的操作方式有半自动化和自动化两种。前者需人工参与粘贴机器打印的标签;后者则不需要人工参与,打印标签和粘贴全部都由机器来完成。

贴标签作业的流程是:搬包装纸箱→切开纸箱(或 PE 热收缩袋)→贴标签→重新封箱(或装入纸箱)→放回托盘(或笼车)。

在贴标签作业时,必须特别注意的是妥善处理 PE 热收缩袋及瓦楞纸盘包装的产品。因为 PE 热收缩袋被切开时,放在瓦楞纸盘上的产品便没有了束缚,会很容易掉落或碰损,尤其是玻璃制品或玻璃包装的制品。在贴标签作业完成后,必须用纸箱或其他容器来存放商品,否则由物流中心送到门店的搬运及堆码过程中,常常会因作业的不慎而导致商品内包装的破损或变形,继而造成退货。

2. 热收缩包装

在流通加工中,热收缩包装作业也是一种比较常见的加工方式。热收缩包装主要是应超市或大卖场的需求,同时为了方便消费者选购,将某些商品设定最低的订购单位,以比较低廉的价格出售。另外一种情形是使用热收缩包装把赠品与商品组合固定在一起。在热收缩包装的作业中,以商品的数量组合的方式有:2 罐(瓶)为一组、3 罐(瓶)为一组或 6 罐(瓶)为一组等。

热收缩包装的作业流程是:打开纸箱→取出商品→套上 PE 袋→封口→热收缩处理→收入纸箱内→封箱。

在热收缩包装作业中,根据自动化的层次可分为人工操作、半自动化和全自动化三种,而自动化层次的选择主要是参考商品的数量来确定。

3. 礼盒包装

礼盒包装主要是为了满足逢年过节时顾客的购物需求,将一些商品组合成礼盒出售,如烟酒礼盒、食品礼盒、化妆品礼盒等,见图 5-30 所示。

礼盒包装大致的作业流程是:准备包装材料及商品→拿出礼盒→放入商品→封盖→贴价格标签→装箱封箱。

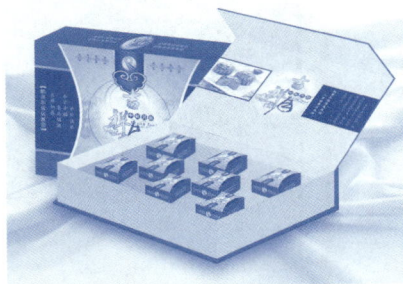

图 5-30 礼盒包装

4. 小包装分装

小包装分装作业的主要对象是采购运输时采用大包装的商品,这些商品到达物流中心后需要转换为小包装的形式出售。例如:名贵的洋酒及其包装以整箱买进,在物流中心进行小包装分装,将洋酒放到独立的包装盒内等。

小包装分装的作业流程是:准备包装材料及商品→计重→充填→封口→放入箱内→封箱。

二、认识包装材料

1. 包装材料种类

包装材料是指构成包装实体的主要物质。由于包装材料的物理性能和化学性能各不相同,所以选对包装材料对保护产品有着非常重要的作用。

① 草制包装材料。即将各种天然的草类植物经过处理,编制成的草席、蒲包、草袋等包装材料。防水、防潮能力较差,强度很低,正在逐渐被淘汰。

② 木制包装材料。一般有木箱、木桶、木笼等,见图5-31所示。具有抗压、抗震等优点,但木材资源有限,因而前景不佳。

③ 纸质包装材料。一般有各种纸品和纸板做成的内衬、纸袋、纸箱和瓦楞纸箱等,见图5-32所示。具有价格低廉、质地细腻、均匀、耐摩擦、冲击、容易黏合、不受温度影响、无毒、无味、适合包装生产的机械化等优点,因而其应用最为广泛,但防潮、防湿性能较差。

图 5-31　木制包装材料

图 5-32　纸质包装材料

④ 金属包装材料。即将金属或合金压制成薄片、薄板和型材,用于物资包装,通常有金属圆桶、白铁皮罐、饮料罐、食品罐、储气瓶、金属丝、网、箔等,见图5-33所示。具有坚固、防水、抗腐蚀、防染、易进行机械加工等优点。其中,马口铁和金属箔的用量最大。

图 5-33　金属包装材料

⑤ 纤维包装材料。纤维包装材料是指用各种纤维制作的袋状容器。自然界天然生成的纤维材料有黄麻、红麻、大麻、青麻、罗布麻、棉花等,经工业加工提供的纤维材料有合成树脂、玻璃纤维等。

⑥ 陶瓷与玻璃包装材料。具有耐风化、不变形、耐热、耐酸、耐磨、容易清洗、消毒、灭菌,能保持良好的清洁状态等优点,同时可以回收利用,有利于包装成本的降低。但在一定的冲击力作用下容易破碎。

⑦ 合成树脂包装材料。合成树脂包装材料是指用合成树脂制作的各种塑料容器、塑料瓶、塑料袋和塑料箱等。主要有聚乙烯、聚丙烯、聚氯乙烯、聚苯乙烯、酚醛树脂、氨基塑料等,可透

光,强度适中,较好的防水、防潮、防霉性能,耐药、耐油、耐热、耐寒性能较好,较好的防污染能力,密封性好等特性和优点,在现代包装中所处的地位越来越重要,见图 5-34 所示。

图 5-34　塑料包装材料

⑧ 复合包装材料。复合包装材料是指将两种以上具有不同特性的材料复合在一起形成的新包装材料,它可以改进单一包装材料的性能,发挥多种包装材料的优点。常见的是薄膜复合材料,主要包括塑料基复合材料、纸基复合材料、金属基复合材料等,见图 5-35 所示。

图 5-35　复合材料包装

2. 包装材料和容器的应用实例

(1) 应用实例一:卡板箱

卡板箱又称托盘箱,由底部托盘加上部箱体组成(见图 5-36)。

卡板箱的材料分为塑料、木料、金属材料等。结构分为:一体式样(即卡板与箱体连接为一体);组合式样(即底部为卡板,上部为可拆卸的箱壁);折叠式样(即底托和箱壁相连,空箱时可向内折叠,大大减少空箱的仓储体积)。目前大部分的卡板箱为一次注塑成型,采用耐冲击材料生产,可以存放大量的和大尺寸的货物,可以使用叉车移动,四面可进叉,易于机械化搬运。卡板箱有封闭的和网格的两种。封闭的卡板箱可

图 5-36　卡板箱

图 5-37　钢带木箱

以存放液体和粉末货物,可以安装水龙头,方便使用和清洗,配有盖子,具有很好的防尘防潮作用;网孔的卡板箱可以存放固体。卡板箱可以相互堆叠,能有效提高仓库使用效率,且使用寿命长。

(2) 应用实例二:钢带木箱

钢带木箱具有连接牢靠、外形美观、可重复使用、轻量化、便于装卸等一系列优点,在国外被广泛使用,常用于出口产品的包装。将其折叠后贮运,极大地降低了运输成本。钢带木箱较适合用于包装重量在 2 吨以下的工件(见图 5-37)。

三、商品包装标志

商品包装标志是指用来指明包装内容物的性质,为了运输、装卸、搬运和堆码等的安全要求和商品理货分运的需要,在外包装上用图形或文字标明的规定记号。其中包括包装指示标志和危险货物标志。

包装指示标志的颜色一般为黑色,但如果包装件颜色使图示标志显得不清晰,则可选用其他颜色印刷,但一般应避免采用红色和橙色。标志的位置,对于箱状包装,位于包装面或侧面的显眼处;对于袋、捆包装,位于包装显眼处;对于桶形包装,位于桶身或桶盖;对于集装箱则 4 个侧面都要粘贴。标志由生产单位在货物出厂前标打,出厂后改换包装,标志由改换包装单位标打。常见的包装指示标志如图 5-38 所示。

图 5-38　包装储运图示标志

危险货物包装标志如图 5-39 所示。

图 5-39　危险货物包装标志

任务实训

1. 收集不同类型的包装材料和尽可能多的包装标志。
2. 课堂交流学习大家收集来的包装材料和包装标志。
3. 分组展示商品包装标志,进行抢答比赛。

成绩评定表

考评内容	流通加工操作能力				
	具体内容	分值	自评30%	互评30%	师评40%
考评标准	能够区别不同的包装类型	25			
	能够区别不同的包装标志	25			
	能够说出流通加工的特点	25			
	包装标志的抢答比赛	25			
合　计		100			

物流业务流程

第六章　制造物流业务运作

任务一　认识制造物流

情景展现

华联印刷在制造物流管理方面统一订制了码放产品用的托盘。不同车间根据本部门常见产品种类和规格,订制有相应规格的可重复使用的塑料托盘,并分别用不同颜色区分其所属部门。这种方式使得不同工序的半成品与托盘相匹配,整齐美观,托盘的使用井然有序,大大提高了工作效率。

问题:统一订做的托盘对制造物流的合理化有何作用?

一、认识制造物流

企业是为社会提供产品和服务的营利性经济组织,根据企业性质不同,可将企业分为现代制造业和现代服务业,制造企业涉及生产的过程比较复杂,本任务主要介绍制造业物流的基本知识。随着市场竞争的日益激烈,制造企业面临着巨大的生存压力,客户导向成为制造企业参与市场竞争的指导思想,而企业物流系统输出的正是客户服务,所以越来越多的制造企业已将物流管理视为提高企业盈利能力和竞争力的关键所在。以最低的物流成本,提供最好的服务,为客户创造最大的价值,已成为制造企业赢得竞争优势的重要途径。

1. 企业物流含义

我国《国家标准物流术语》中将企业物流定义为在企业经营范围内由生产或服务活动所形成的"企业内部的物品实体流动"。

2. 制造物流含义

制造企业物流是对应生产经营活动的物流,它由供应物流子系统、生产物流子系统、销售物流子系统、回收物流子系统以及废弃物流子系统等五个子系统共同构成企业的物流系统。具体地说，制造物流是指在制造企业生产经营过程中，物品从原材料供应，经过生产加工，到产成品销售，以及伴随生产消费过程中所产生的废弃物回收及再利用的完整循环活动。制造物流的循环过程见图6-1所示。

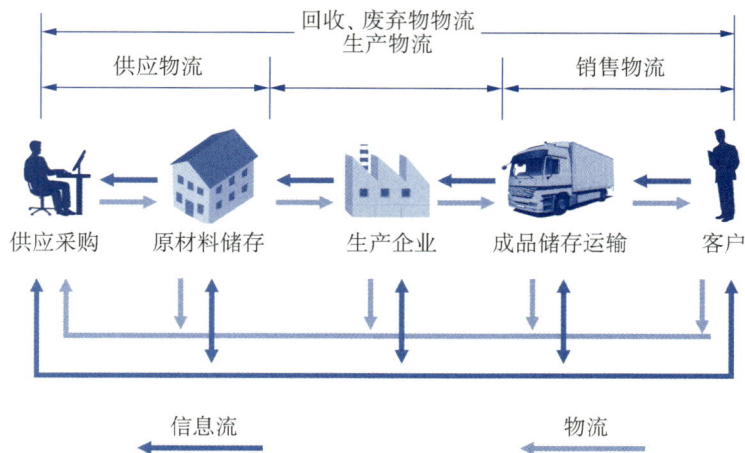

图 6-1　制造物流循环过程图

制造是指把原材料转换成具有效用(价值)产品的过程。以服装制造企业为例，服装的制造加工过程包括从布料市场采购原料到车间加工成衣再到成衣销售的全过程。不仅包括企业内部，还包括企业外部所有与制造有关的过程。可见，制造企业系统活动的基本结构是输入——转换——产出，是将原材料、燃料、人力、资本等的投入，经过制造或加工使之转换为产品或服务。在企业经营活动中，物流是渗透到各项经营活动之中的活动。

(1) 制造物流系统的输入

制造物流系统的输入是指企业生产活动所需生产资料的输入供应，即供应物流，它是企业物流过程的起始阶段。企业的生产活动要素的投入，首先是生产资料的投入。因此，能否适时、适量、齐备、成套地完成供应活动是保证企业顺利进行生产经营活动的基础。供应物流具体包括一切生产资料的采购、运输、库存管理、用料管理和供应输送等。

(2) 制造物流系统的转换

制造物流系统的转换是指企业生产物流，也称厂区物流，它是企业物流的核心部分。生产物流包括各专业厂或车间之间，以及它们与总厂之间半成品、成品的流转。工厂物流的外延部分，是指厂外运输衔接部分，它包括：原材料、部件、半成品的流转和存放；产成品的包装、存放、发运和回收。生产物流系统起于原材料、配件、设备的投入，在制造过程中转换为成品，止于从成品库再运到中转部门，或直接配送给客户，或出口。

(3) 制造物流系统的产出

销售物流是企业物流的输出系统，承担完成企业产品的输出任务，并形成对生产经营活动的反馈。销售物流是企业物流的终点，同时又是社会物流的始点。社会物流接受它所传递的企业产品、信息以及辐射的经济能量，进行社会经济范围的信息、实物流通活动，把一个个相对独立的企业系统联系起来，形成社会再生产系统。如果不能很好地组织企业的销售物流，企业生产的产品滞销或脱销，系统的功能则无法实现，经济能量辐射被破坏，产品的劳

物流业务流程

动价值将无法得到补偿和实现,产品也不能最终成为现实有用的产品。

综上所述,制造企业物流是由生产经营活动中的供应物流、生产物流、销售物流三部分及生产过程中所产生的废弃物物流所组成。这是从企业物流内部的视角来观察物流活动。若从宏观角度来看,若干个企业物流的产成品的输出,相互交织成社会物流,而社会物流也正是企业物流活动的条件和环境,这种企业物流和社会物流之间不间断地循环,形成了完整的物流过程。

3. 制造物流的特征

制造物流与社会物流、区域物流、国际物流有着很大的差别。由于制造物流是发生在企业内部的,因而其具有以下特性。

(1) 制造物流的连续性

企业制造物流活动不但充实、完善了企业生产过程中的作业活动,而且把整个生产企业所有孤立的作业点、作业区域有机地联系在一起,构成了一个连续不断的企业内部生产物流。而生产物流动态运动的方向、流量、流速等正是使企业生产有规律、有次序地连续不断运行的基础。

(2) 物料流转是制造物流的关键特征

物料流转的手段是物料搬运。在企业生产中,物料流转贯穿于生产、加工制造的全过程。无论是在车间与车间之间、工序与工序之间、机台之间,都存在着大量、频繁的原材料、零部件、半成品和成品的流转运动。生产过程物流的目标应该是提供畅通无阻的物料流转,保证生产过程顺利、高效率地进行。

二、制造物流合理化

制造物流合理化就是对整个制造物流系统进行优化,以较低的物流成本将物料送到各个指定地点,并提供优质的服务。实现物流合理化就必须使物流系统化,物流系统化就是把物流活动的各个环节联系起来作为一个物流大系统进行整体设计和管理,以最佳的结构、最好的配合,充分发挥其整体功能和效率,实现物流合理化的过程。

1. 制造物流合理化的作用

制造物流贯穿企业生产和经营的全过程,制造物流的改善可以带来预想不到的利益。物流合理化被称为是“企业脚下的金矿”、“企业的第三利润源”,是当前企业“最重要的竞争领域”。制造物流合理化的具体作用是:

① 减少物流费用,降低产品成本。物流费用在产品成本中占有相当大的比重,企业物流合理化可以提高物流作业效率,减少运输费用及仓储包装费用,从而直接达到降低成本的目的。

② 缩短生产周期,加快资金周转。通过合理制定生产计划使物流均衡化,同时减少库存和物流的中间环节,这样可以有效地缩短生产周期。

③ 压缩库存,减少流动资金的占用。库存控制是企业物流合理化的重要内容,库存控制的目的是通过各种控制策略和控制方法使企业的原材料、中间在制品和成品库存,在满足生产要求的前提下,控制在合理范围之内。

④ 通过改善物流,提高企业的管理水平。物流系统涉及企业的各个领域。在物流科学的系统观念指导下,从整体效益着眼,对物流环节的任何改善都会对企业管理水平的提高起促进作用。

2. 制造物流合理化的原则

制造物流合理化是建立在物流系统低成本、高效率、高效益的基础上的,主要原则如下:

① 近距离原则。在条件允许的情况下,应使物料流动距离最短,以减少运输与装卸搬运量。例如:国内青岛海尔工业园将一些重要的协作件生产厂家集中在一起,大大减少了物流量,为提高海尔产品的竞争力提供了保证。

② 优先原则。在进行物流系统规划和设计时,应将彼此之间物流量大的设施布置得近一些,而物流量小的设施与设备可以布置得远一些。

③ 尽量避免迂回和倒流原则。迂回和倒流现象严重影响了物流系统的效率与效益,甚至影响生产过程的顺利进行,必须使其减少到最低程度。

④ 在制品库存最小原则。在制品是企业生产过程中的必需物,同时又是一种"浪费",应通过适当的手段(如:生产计划、管理模式、设备改造、设备规划等)使其库存降到最低限度。

⑤ 集装单元和标准化搬运原则。物流过程中使用的各种托盘、料箱、料架等工位器具,要符合集装单元和标准化搬运原则,以提高装卸搬运效率、物料活性指数、装卸搬运质量、物流系统机械化和自动化水平。企业集装单元和标准化搬运的状况也反映了企业的物流管理水平。

⑥ 尽量简化搬运原则。物料装卸搬运不仅要有科学的设备、容器和工具,还要有科学的操作方法,使装卸搬运作业尽量简化,环节尽量少,提高物流系统的可靠性。

⑦ 利用重力原则。可利用高度差,采用滑板、滑道等方法,使物料进行移动。因此,在物流系统中,利用重力方式进行物料搬运是最经济的方法。但在应用时,应防止产品、零件以及设备等的损坏。

⑧ 合理提高物料活性指数原则。物料活性指数是反映物料流动难易程度的指标,在条件允许的情况下,应作合理提高。

⑨ 合理提高搬运机械化水平原则。合理使用机械化装备可以提高装卸搬运的质量和效率。应根据物流量、物流的距离以及资金条件等进行选择。物流量小且距离短,选择简单搬运设备;物流量小且距离长,选择简单运输设备;物流量大且距离短,选择复杂搬运设备;物流量大且距离长,选择复杂运输设备。

⑩ 人机工程原则。在进行物流系统的设计、规划、改造时,要运用人机工程原则,使操作省力、安全、高效。

⑪ 提高自动化与计算机水平原则。装卸搬运自动化是物流现代化的重要标志,计算机应用也是物流现代化的重要标志。因此,在条件具备的情况下,应尽早、尽量、尽快地提高自动化与计算机水平。

⑫ 系统化原则。在进行物流系统合理化时,既要重视个别环节的机械化、省力化、标准化,又要解决物流系统的整体化和系统化,而且应把系统化和整体化放在第一位,使物流系统整体性能和整体效益达到最好。

⑬ 柔性化原则。随着生产力的高速发展、产品的日益丰富以及个性化需求时代的到来,企业的生产组织将向小批量、多品种的生产方式转化。因此,物流系统应柔性化,以适应产品的不断调整和变动。

⑭ 满足生产工艺和管理要求原则。物流系统应首先满足生产工艺和生产管理的要求,并与企业其他系统相协调、相配合,使企业生产系统发挥出更大的作用。

⑮ 满足环境要求原则。物流系统的规划、设计和改造,应符合可持续发展战略思想和绿色制造的要求,并与其他系统(如自然、人文等)相互协调,决不为追求物流系统的功能与效益而损害环境。

任务实训

观看《新一代3D数字化工厂:汽车生产线仿真》视频。

分组讨论:
1. 现代制造物流采用了哪些先进技术?
2. 结合汽车制造说说制造物流流程。
3. 结合实例谈谈如何实现制造物流合理化。

成 绩 评 定 表

考评内容	认知制造物流课堂讨论				
考评标准	具体内容	分值	自评30%	互评30%	师评40%
	讨论制造物流采用哪些先进技术	40			
	结合视频针对如何实现物流合理化展开讨论	30			
	结合汽车制造说说制造物流流程	30			
合　计		100			

任务二　体验供应物流业务流程

情景展现

海尔商流本部、海外推进本部从全球营销网络获得的订单形成订单信息流,传递到产品本部、事业部和物流本部。物流本部按照订单安排采购配送,产品事业部组织安排生产,生产的产品通过物流的配送系统送到客户手中。而客户的货款也通过资金流依次传递到各部门手中。这样就形成了横向网络化的同步业务流程。

由于物流技术和计算机信息管理的支持,海尔物流通过两个JIT(Just In Time即准时化),JIT采购、JIT配送来实现同步流程。

1. JIT采购

通过海尔的BBP(B-to-B Procurement—原材料网上采购系统)采购平台,所有的供应商均在网上接收订单,使下达订单的周期从原来的7天以上缩短为1小时以内,而且准确率达100%。除下达订单外,供应商还能通过网上查询库存、配额、价格等信息,方便及时补货,实现JIT采购。

2. JIT配送

为实现"以时间消灭空间"的物流管理目的,海尔从最基本的物流容器单元化、集装化、标准化、通用化到物料搬运机械化开始实施,逐步深入到对车间工位的订单、定点、定

物流业务流程

量、定时、定人送料管理系统以及日清管理系统进行全面改革,加快库存资金的周转速度,实现 JIT 过站式物流配送管理。

问题:海尔通过 JIT 采购物流达到了哪些目标?

一、供应物流与采购物流的区别

物料的采购与供应是生产物流的前提。过去,企业划分采购物流和供应物流的依据是以厂区为界限,以其对内和对外工作流程来划分的,把从供应商采购物料、运送物料到企业仓库称之为采购物流;供应物流则是指企业完成向外采购任务后,将生产所需的物料从厂内仓库领出搬运到各车间、工段或工作地的物流活动。供应物流的目的就是满足各生产工艺阶段对原材料、零部件、燃料和辅助材料等的需求。

随着采购供应一体化和第三方物流分工专业化的发展,采购物流直接扩展到企业车间、工段。即生产所需物料可以直接从供应商仓库送到生产第一线,采购物流与供应物流合二为一。但不少企业习惯将位于生产物流前端的物流活动统称为供应物流。供应物流包括确定物料需求数量、采购、运输、流通加工、装卸搬运和存储等物流活动。

二、认识供应物流

我国《国家标准物流术语》中将供应物流定义为"为下游客户提供原材料、零部件或其他物品时所发生的物流活动。"也可以具体理解为供应物流是指包括原材料等一切生产物料的采购、进货运输、仓储、库存管理、用料管理和供应管理活动。这种活动对企业进行正常、高效率的生产发挥着保障作用。企业供应物流不仅要实现保证供应的目标,而且要在低成本、低消耗、高可靠性的限制条件下组织供应物流活动,因此难度较大。

1. 供应物流系统的构成

(1) 采购

采购是社会物流与供应物流的衔接点,它是依据工厂企业生产计划所要求的供应计划制定采购计划并进行原材料外购的作业层,需要承担市场资源、供货厂家、市场变化等信息的采集和反馈任务,可以说,采购是企业生产的开始。如图 6-2 所示。

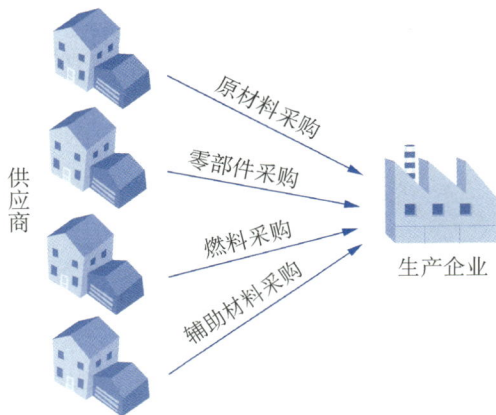

图 6-2 采购物流

(2) 生产物料供应

生产物料供应是供应物流与生产物流的衔接点，是依据生产—供应计划和物料消耗定额进行生产资料供给的作业层，并负责物料消耗的管理。厂内供应方式有两种基本形式：一种是用料单位到供应部门领料，另一种是供应部门按时按量送料（配送）。

(3) 仓储库存管理

仓储管理工作是供应物流的转换点，负责生产物料的接货和发货以及物料储存管理。库存管理工作是供应物流的重要组成部分，主要依据企业生产计划制定供应和采购计划，负责制定库存控制策略并负责计划的执行与反馈。

(4) 装卸与搬运

装卸与搬运工作是物料接货、发货和堆码时进行的操作。虽然装卸搬运是随着运输和保管而产生的作业，但却是衔接供应物流中其他活动的重要组成部分，是实现物流机械化、自动化和智能化的重点之一。

2. 供应物流业务流程

供应物流过程因企业、供应环节和供应链的不同而有所区别，这个区别就使企业的供应物流出现了许多不同种类的模式。但供应物流的基本流程是相同的，其流程有以下几个环节。

(1) 取得资源

取得资源是完成以后所有供应活动的前提条件。取得什么样的资源，这是核心生产过程提出来的，同时也要按照供应物流可以承受的技术条件和成本条件来辅助这一决策。

(2) 组织到厂物流

所取得的资源必须经过物流才能到达企业。这个物流过程是企业外部的物流过程，在这个过程中，往往要反复进行装卸、搬运、储存、运输等物流活动才能使取得的资源到达企业的"门口"。

(3) 组织厂内物流

如果企业外物流到达企业的"门"，便以"门"作为企业内外的划分界限，例如以企业的仓库为外部物流终点，便以仓库作为划分企业内、外物流的界限。这种从"门"或仓库开始继续到达车间或生产线的物流过程，称作供应物流的企业内物流。传统的企业供应物流，都是以企业仓库为调节企业内外物流的一个节点。因此，企业的供应仓库在工业化时代是一个非常重要的设施。

3. 物料供应计划的编制

物料供应计划是制造企业年度综合计划的有机部分，是企业组织订货或采购的重要依据。企业物料供应计划工作的内容主要包括计划的编制、执行与控制工作。这里就如何确定物料需要量、期初期末库存量、物料采购量做简要阐述。

(1) 物料需要量的确定

$$某种物料需要量 = 〔计划期产量 \times (1 + 不可避免的废品率)〕\times 单位产品消耗定额 - 计划回用废品数量$$

式中：计划期产量包括商品产量和期末期初在制品差额；不可避免的废品率，一般根据统计资料并考虑其他因素确定；计划回用废品数量是指能回用于同一产品或不同产品，在该种物料需用量中减掉的回用数量。

（2）期初期末库存量的确定

企业在计划期内,期初库存量与期末库存量往往是不相等的。这就是说,即使在物料需用量不变的情况下,物料的采购量也会发生相应的增减。当期初库存量大于期末库存量时,物料的采购量就可减少;反之,则要增加。

① 期初库存量。它一般根据库存的实际盘点数,并考虑编制计划时到计划期初的到货量和耗用量来计算。其计算公式如下:

计划期初库存量＝编制计划时实际库存量＋计划期初到货量－计划期初前耗用量

② 期末库存量。它一般指物料储备定额(即经常储备量加保险储备量)。在实际工作中,通常采用50％～75％的物料储备定额作为期末库存量。对于品种较多的小宗物料,可按物料"小类"或"组"计算平均物料储备定额来确定。

（3）物料采购量的确定

物料供应计划中,对于市场采购的物料,企业应编制物料采购量计划。物料采购量可用下列公式表示:

某种物料采购量＝该种物料需要量＋计划期末库存量－计划期初库存量
－企业内部可利用资源

式中:企业内部可利用资源是指企业改制、代用或调剂使用的物料。

企业在确定各种物料需用量和物料采购量之后,就可按物料的具体品种、规格编制物料平衡表。其格式如表6-1所示。

表6-1　20××年物料平衡表

材料名称	计量单位	上年实际消耗量	年初已有资源			需用量	年末储备	企业内部可利用资源	采购量	备注
			合计	年初库存	合同结转	在途与待验					
	①	②	③	④	⑤	⑥	⑦	⑧	⑨＝⑥＋⑦－②－⑧	
合　计										

物料平衡表编好后,即可按物料类别加以汇总,编出物料供应计划。

（4）物料申请计划表和物料采购计划表

它们是在企业对物料资源与需要进行计算平衡之后,确定各项经济指标而编制的。主要内容有:需用量、期末储备量(或库存量)、物料资源量(包括年初预计库存量等)和申请量或采购量。物料申请计划表和物料采购计划表的格式分别见表6-2和表6-3所示。

物流业务流程

表 6-2　物料申请计划

物料类别：　　　　　　20××年度

物料名称	规格型号	计量单位	上年预计消耗量	年度计划										备注
				年初预计库存量	需用量	年末储备量	其他资源	申请分配量						
								全年	一季	二季	三季	四季		

表 6-3　物料采购计划

物料类别：　　　　　　20××年度

编号	物料名称	规格	计量单位	单价(元)	采购数量	金额(元)	要求进货日期	备 注

4. 供应物流领域新的服务方式

(1) 准时供应方式

在买方市场环境下，供应物流活动的主导者是买方。购买者（客户）有极强的主动性，客户企业可以按照最理想方式选择供应物流；而供应物流的承担者，作为提供服务的一方，必须以最优的服务才能够被客户所接受。从客户企业一方来看，准时供应方式是一种比较理想的方式。准时供应方式是指按照客户的要求，在计划的时间内或者在客户随时提出的时间内，实现客户所要求的供应。准时供应方式大多是双方事先约定供应的时间，互相确认时间计划，因而有利于双方开展供应物流和接货的组织准备工作。采用准时供应方式，可以派生出零库存方式、即时供应方式、到线供应方式等多种新的服务方式。

(2) 即时供应方式

即时供应方式是准时供应方式的一个特例，是完全不依靠计划时间而按照客户偶尔提出的时间要求，进行准时供应方式。这种方式一般作为应急的方式采用。在网络经济时代，由于电子商务的广泛开展，在电子商务运行中，最基本消费者所提出的服务要求，大多缺乏计划性，而又有严格的时间要求，所以，在新经济环境下，这种供应方式有被广泛采用的趋势。需要说明的是，这种供应方式由于很难实现预先计划和共同配送，所以一般成本较高。

(3) 供应商管理库存

即 VMI，全称 Vendor Managed Inventory。它是一种在供应链环境下的库存运作模式，VMI 的核心思想在于零售商放弃商品库存控制权，而由供应商掌握供应链上的商品库存动向，即由供应商依据零售商提供的每日商品销售资料和库存情况来集中管理库存，替零售商下订单或连续补货，从而实现对客户需求变化的快速反应。

零库存是一种特殊的库存概念,它的含义并不是让仓库储存的某种物料存储量真正为零,而是通过特定的库存控制措施,实现库存量的最小化。零库存可以使仓库建设、维护管理、装卸搬运等费用,以及存货占用流动资金和库存货物的老化变质等最大限度地减少。

任务实训

红叶服装公司本年接受订单生产男士西装 100,000 套,期末期初西服在制品差额为 100 套,面料每套西服需要全毛华达呢 3 米,废品率预计为 3%,计划回用废品数量为 200 米面料。编制计划时全毛华达呢实际库存量为 1500 米,计划期初到货量为 2000 米,计划期初前耗用量为 1800 米。计划期末库存量为 2200 米,企业无内部可利用的资源。请你依据以上资料编制全毛华达呢 2011 年物料平衡表、物料申请计划和物料采购计划。

成 绩 评 定 表

考评内容	编制物料供应计划表的能力				
	具体内容	分值	自评30%	互评30%	师评40%
考评标准	编制物料平衡表	40			
	编制物料申请计划表	30			
	编制物料采购计划表	30			
合　计		100			

任务三　体验生产物流业务流程

情景展现

华联印刷的生产车间和库房布局是"以装订车间为中心",这一点是在最早设计时就进行了充分考虑和论证的。印刷的主要承印物纸张,及其经过印刷、加工后的半成品和成品是生产物流管理的主要对象,其在生产过程中种类繁多、流动总量巨大,如何使这些原材料、半成品和成品流动的距离最短,使生产流程中的主要物流距离和位置最为合理,

一、认识生产物流

1. 生产物流的概念

《国家标准物流术语》中对生产物流的定义是：制造企业在生产过程中，原材料、在制品、半成品、产成品等在企业内部的实体流动。企业生产物流过程需要物流信息提供支持，通常信息的收集、传递、储存、加工和使用，控制着各项物流活动的实施，使其协调一致，保证生产的顺利进行。生产物流管理的核心是对物流和信息流进行科学的规划、管理与控制。图6-3所示为生产物流中物流和信息流的流转。

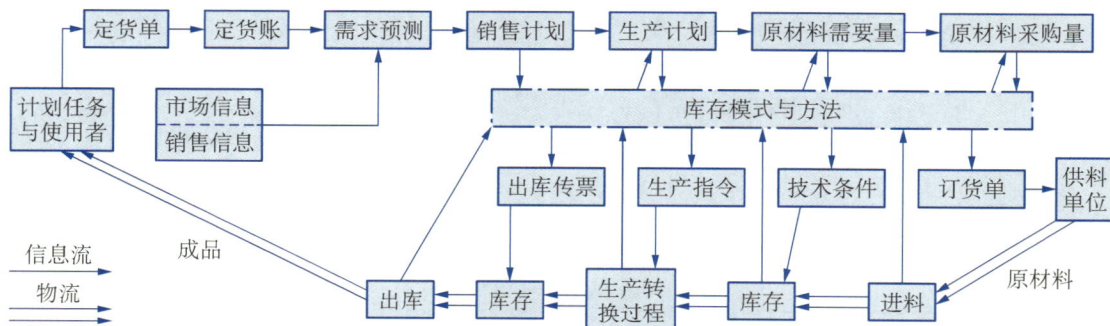

图6-3　生产物流中的物流与信息流

2. 影响生产物流的主要因素

不同的生产过程形成了不同的生产物流系统，生产物流的构成与下列因素有关：

(1) 生产工艺

不同的生产工艺，加工设备不同，对生产物流有不同的要求和限制，是影响生产物流构成的最基本因素。

(2) 生产类型

不同的生产类型，产品品种、结构的复杂程度、加工设备也不尽相同，将影响生产物流的构成与比例关系。

(3) 生产规模

生产规模是指单位时间内的产品产量。规模大，物流量就大；规模小，物流量就小。相应的物流设施、设备就不同，组织管理也不同。

(4) 专业化与协作化水平

社会生产力的高速发展与全球经济一体化，使企业的专业化与协作化水平不断提高。与此相适应，企业内部的生产趋于简化、物料流程缩短。例如，过去由企业生产的毛坯、零件、部件等，就可以由企业的合作伙伴来提供。这些变化必然影响生产物流的构成与管理。

3. 合理组织生产物流的基本要求

(1) 物流过程的连续性

生产是一个工序一个工序往下进行的，因此要求物料能够顺畅、最快、最省的走完各个工序,直至成为半成品。任何工序的不正常停工,工序间的物料混乱等都会造成物流的阻塞,影响整个企业生产的进行。图6-4表示企业生产物流的连续性。

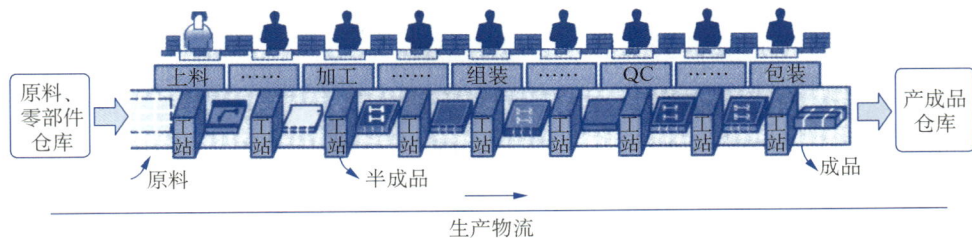

图 6-4　生产物流的连续性

(2) 物流过程的平行性

一般企业通常生产多种产品,每种产品又包含着多种零部件。在组织生产时,将这些零部件安排在各个车间的各个工序上生产,因此要求各个支流平行流动,如果任何一个支流发生延迟或停顿,整个物流都会受到影响。

(3) 物流过程的节奏性

物流过程的节奏性是指产品在生产过程各个阶段,都能有节奏、均衡的进行,即在相同的时间内完成大致相同的工作量。时紧时慢必然造成设备或人员的浪费。

(4) 物流过程的比例性

产品的零部件组成是固定的,考虑到各个工序内的质量合格率,以及装卸搬运过程中可能造成的损失,零部件数量必然在各个工序间有一定的比例关系,形成了物流过程的比例性。当然这种比例关系,随着生产工艺的变化、设备水平和操作水平的提高会发生变化。

(5) 物流过程的适应性

企业的生产组织正向多品种、少批量的管理模式发展,要求生产过程具有较强的应变能力。即生产过程具备在较短的时间内,由生产一种产品迅速变化为生产另一种产品。因此物流过程应同时具备相应的应变能力。

课堂讨论

问题一:通过参观或观看介绍生产物流的录像,说说该企业的生产物流实体流动过程。

问题二:绘制该企业生产物流流程图并说明生产物流与信息流的关系。

问题三:结合实例说说合理组织生产物流的基本要求。

二、生产物流的计划与控制

1. 生产物流计划的内容和意义

(1) 生产物流计划的内容

① 确定企业计划期的生产物料需用量。

② 确定生产物料的消耗定额。

③ 清查企业的库存资源,经过综合平衡,编制出物料需求计划,并组织实现。

(2)生产物流计划的意义

一个科学合理的生产物流计划,对提高生产物流管理的工作效率具有以下几点意义:

① 生产物流计划是订货和采购的依据。企业生产经营所需的生产物流种类繁多,数量不一,规格复杂,只有事先做好周密计划,才能尽可能避免错订、错购、漏订、漏购等情况的发生。有了生产物流计划,可以对生产物料市场的价格波动进行合理的预测,并作出及时的反应。对价格预期上扬较大的生产物料可有计划地提前作好准备,避免提价损失;反之,如果预期生产物料价格下降,则应控制进货,防止造成资金浪费。

② 生产物流计划可以作为监督生产物流合理使用的标准。生产物流计划设置了一些考核指标,以衡量供应部门、生产车间、仓库管理、运输等部门的工作质量和效率。几个重要的考核指标是:计划准确率、订货合同完成率、库存生产物流周转率、库存生产物流削价或报废的损失率等。工作中需经常对照检查这些指标,考核企业生产物料使用的有效性,从而使企业能更充分利用资源,发挥生产物流的最大效能,有效降低成本。

③ 生产物流计划有助于存货控制和生产物流配送。生产物流计划包括生产物料的分配和配送计划。通过运用相应的控制工具和管理方法(如:分销需求计划),可以更好地协调生产与市场之间的关系,即从客户需求出发,控制从材料到产成品之间的计划和综合。

2. 生产物流计划的任务

(1)保证生产计划的顺利完成

为了保证按计划规定的时间和数量生产各种产品,要研究物料在生产过程中的运动规律,以及在各个工艺阶段的生产周期,以此来安排经过各个工艺阶段的时间和数量,并使系统内各个生产环节内的在制品结构、数量和时间相协调。

(2)为均衡生产创造条件

均衡生产是指企业及企业内的车间、工段、工作地等各个生产环节,在相等的时间阶段内,完成等量或数量均增的产品。

(3)加强在制品管理,缩短生产周期

保持在制品、半成品的合理储备,是保证生产物流连续进行的必要条件。在制品过少,会使物流中断,影响生产的顺利进行;反之,又会造成物流不畅,延长生产周期。因此,对在制品的合理控制,既可减少在制品占用量,又能使各个生产环节实现正常衔接、协调,按物流作业计划有节奏、均衡地组织物流活动。

3. 期量标准

期量标准是生产物流计划工作的重要依据,因此也称为作业计划标准。它是根据加工对象在生产过程中的运动,经过科学分析和计算,所确定的时间和数量标准。期表示时间,如生产周期、提前期等;量表示数量,如一次同时生产的在制品数量(生产批量)、仓库最大存储量等。

期和量是构成生产作业计划的两个方面,为了合理组织生产活动,有必要科学地规定生产过程中各个生产环节之间在生产时间和生产数量上的内在联系。合理的期量标准,为编制生产计划和生产作业计划提供了科学的依据,从而提高计划的编制质量,使它真正起到指导生产的作用。同时,按期量标准组织生产,有利于建立正常的生产秩序,实现均衡生产。

4. 生产物流控制的内容和程序

(1)控制内容

生产物流控制的具体内容有:

① 进度控制。物流控制的核心是进度控制，即物流在生产过程中的流入、流出控制以及物流量的控制。

② 在制品管理。即在生产过程中对在制品进行动态、静态以及占有量的控制。在制品控制包括实物控制和信息控制。有效控制在制品，对及时完成作业计划和减少在制品积压有重要的意义。

③ 偏差的测定及处理。在生产过程中按预定时间及顺序检查计划执行的结果，掌握计划量与实际量的差距，根据发生的原因、差距的内容及严重程度，采取不同的处理方法。首先要根据预测差距的发生，事先规划消除差距的措施，如动用库存、组织外协等；为了及时调整产生差距后的生产计划，要及时将差距向生产计划部门反馈；另外为了使本期计划不作或少作修改，也将差距向生产计划部门反馈，作为下一计划的依据。

(2) 控制要素

完成上述控制内容的系统可以采取不同的结构和形式，但都具有一些共同的要素。这些共同的要素包括以下几个方面：

① 强制控制和弹性控制的程度。即通过有关期量标准、严密监控等手段所进行的强制或自觉控制。

② 目标控制和程序控制。即控制系统是核查生产实际结果还是对生产程序、生产方式进行核查。图 6-5 是对企业的生产程序控制，包括设计控制、进料控制、过程控制、成品控制，最后得到品质保证。

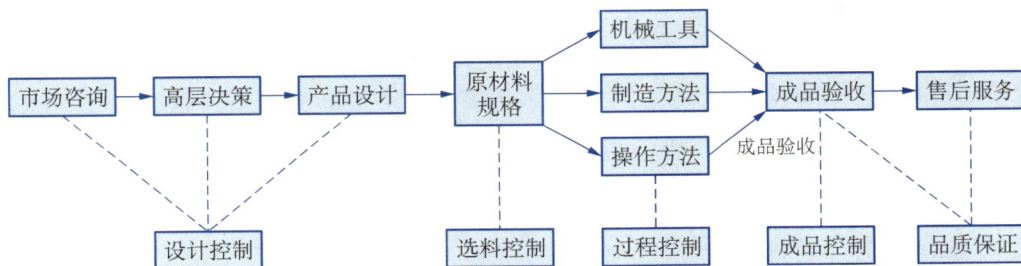

图 6-5　生产程序控制图

③ 管理控制和作业控制。管理控制的对象是全局，是指为使系统整体达到最佳效益而按照总体计划来调节各个环节、各个部门的生产活动。作业控制的对象是对某项作业进行控制，是局部的，其目的是保证具体任务或目标的实现。有时不同作业控制的具体目标之间可能会出现脱节或矛盾的情况，需要管理控制对此进行协调，以达到整体最优的效果。

(3) 控制程序

物流控制的程序对不同类型的生产方式来说，基本上是一样的。与控制的内容相适应，物流控制程序一般包括以下几个步骤：

① 制定期量标准。期量标准要合理、先进，并能随着生产条件的变化不断修正。

② 制定计划。依据生产计划制定相应的物流计划。

③ 物流信息的收集、传送、处理。

④ 短期调整。为了保证生产正常进行，要及时调整偏差，以确保计划的顺利完成。

⑤ 长期调整。这是为了保证生产及其有效性的评估。

物流业务流程

(4) 控制原理

在生产物流系统中,物流协调和减小各个环节生产和库存水平的变化幅度是很重要的。在这样的系统中,系统的稳定与所采用的控制原理有关。下面介绍两种典型的控制原理。

① 物流推进型控制原理。根据最终产品的需求结构,计算出各生产工序的物流需求量,在考虑各生产工序的生产提前期之后,向各工序发出物流指令(生产计划指令)。

推进型控制的特点是集中控制,每个阶段物流活动都要服从集中控制指令。但各阶段没有考虑影响本阶段的局部库存因素,因此这种控制原理不能使各阶段的库存水平都保持在期望的水平。广泛应用的 MRP 控制实质上就是推进型控制。如图 6-6 所示。

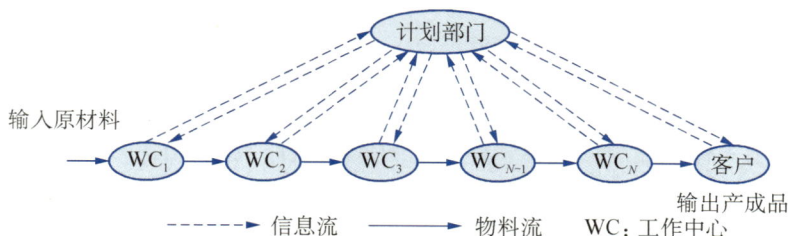

图 6-6 推进型模式下信息与物料流

② 物流拉动型控制原理。根据最终产品的需求结构,计算出最后工序的物流需求量,根据最后工序的物流需求量,向前一工序提出物流供应要求。以此类推,各生产工序都接受后道工序的物流需求。从指令方式上不难看出,由于各个工序独立发出指令,所以实质上是单一阶段的重复。

拉动型控制的特点是分散控制,每个阶段的物流控制目标都是满足局部需求,通过这种控制,使局部生产达到最优的要求。但各阶段的物流控制目标难以考虑系统总的控制目标,因此这种控制原理不能使总费用水平和库存水平保持在期望水平。广泛应用的"看板管理"系统控制实质上就是拉动型控制。如图 6-7 所示。

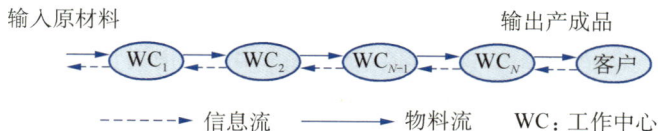

图 6-7 拉动型模式下信息与物料流向

课堂讨论

问题一:结合实例讨论企业生产物流计划主要包括哪些内容。

问题二:举例说明生产物流控制的内容和程序。

问题三:推进型模式和拉动型模式下信息流与物流有什么区别?

物流业务流程

三、新型生产物流方式

1. 准时生产(JIT)方式与看板系统

(1) 原理

准时生产简称 JIT,是应用拉动型生产物流控制原理的方法。在生产系统中任何两个相邻的工序(即上下工序)之间都是供需关系,如何处理这种关系,就是生产物流所要研究的问题。JIT 的方法改变了传统的思路,由需方起主导作用,需方决定供应物料的品种、数量、到达时间和地点。供方只能按需方的指令(一般用看板)供应物料,送到的物料必须保证质量,无残次品。这种思想就是以需定供,可以大大提高工作效率与经济效益。

(2) 准时生产的目标

JIT 的中心思想是消除一切无效劳动和浪费,它的具体目标有以下几点:

① 最大限度降低库存,最终实现零库存。JIT 认为任何库存都是浪费,必须予以消除。在生产现场,生产线需要多少就供应多少,生产活动结束时现场应没有任何多余的库存品。

② 最大限度地消除废品,追求零废品。JIT 的目标是消除各种引起不合格的因素,在加工过程中,每一道工序都力求达到最好水平。要最大限度限制废品流动造成的损失,每一个需方都拒绝接收废品,让废品只能停留在供应方,不让其继续流动而影响下一道工序。

③ 最大的节约。JIT 认为,多余生产的物料或产品不但不是财富,反而是一种浪费,因为要消耗材料和劳务,还要花费装卸搬运和仓储等物流费用。它的生产指令是由生产线终端开始,根据订单依次向前一道工序发出的。

④ JIT 要求进行全面质量管理,不能只靠检验来发现缺陷,必须建立质量保证体系,从根本上保证产品质量。在生产准备方面,要求大大加快速度,否则由于没有库存,很难满足不断变化的市场需求。此外,还要求职工具有全员参与意识,在每一道工序上都是管理者同时也是被管理者。上级只是提出目标和处理问题的原则,各级员工可以在自己的权限内处理工作范围中的问题。

(3) 看板系统

JIT 的实施方法有多种多样,其中最著名的就是日本丰田公司率先使用的看板系统方式。看板系统实际上是一种信息系统,看板就是一种卡片,用它来传递信息,协调所有的生产过程以及各生产过程中的每个环节,使生产过程同步。看板系统可以在一条生产线内实现,也可以在一个公司范围内或者在协作厂之间实现。看板的主要种类有:

① 拿取看板:用于向前一道工序取货,标明了拿取的产品的种类和数量。

② 生产订货看板:是作为生产加工的指令,标明了前一道工序应生产的产品的种类和数量。

③ 外协看板:用于向供应厂商取货用的看板。

2. 精益生产(Lean Production)

精益生产(简称 LP)的概念是由美国麻省理工学院在研究丰田生产方式的基础上提出的,可以说是准时生产的进一步提高。精益生产的原则是:

① 实行团队作业方式,强调集体协作精神。

② 各部门、各生产环节之间必须有良好的交流。

③ 更有效地利用资源和更大程度地消除浪费。

④ 永不满足现状,不断对生产过程进行改进或改善。

精益生产所奉行的目标原则是尽善尽美，力图以最小的投入获得最大的产值，以最快的速度进行设计和生产，无休止地追求降低成本，追求消灭残次品，追求零库存，全面、高效、灵活、优质的服务等。精益生产的特点是对消灭物流浪费的无限追求。虽然在现实中几乎不可能达到这种理想的完美境界，但是不间断的追求而产生的效果是惊人的。

和大批量生产相比，精益生产可以节省二分之一的劳动力、二分之一的占地面积、二分之一的投资、二分之一的工程时间和二分之一的新产品开发时间。

任务实训

服装生产基本工艺流程包括布料物料进厂检验、排料、裁剪、缝制、锁眼钉扣、整烫、成衣检验、包装入库等八个工序。其中包括生产物流和信息流。根据服装生产基本工艺流程绘制服装企业生产物流流程图。

1. 材料的检验与测试：包括色差（同块布料颜色的差别）的检验，维斜（布料的方正程度）和疵点（布料表面的瑕疵点）的检验。物料检验包括松紧带缩水率，粘合衬粘合牢度，拉链顺滑程度等。对不能符合要求的物料不予投产使用。

2. 技术准备：技术准备是确保批量生产顺利进行以及最终成品符合客户要求的重要手段。在批量生产前，首先要由技术人员做好生产前的技术准备工作。技术准备包括工艺单、样板的制定和样衣的制作三个内容。

3. 排料：先进行1∶10的预缩排料（按1∶10比例把服装样板在面料上排版），根据样板绘制出排料图，"完整、合理、节约"是排料的基本原则。

4. 裁剪：每辅料与裁剪一次称之为一床或一刀，裁床可以提高生产效率，相对地节约原材料，比手工裁剪更能确保质量，一般裁剪的层数越少成本越高。

5. 缝制：缝迹和缝型（俗称缝脚）是缝合的基本要素，服装的缝制根据款式、工艺风格等可分为机器缝制和手工缝制两种。在缝制加工过程中实行流水作业。缝制时有制程分析图表。

6. 锁眼钉扣：服装中的锁眼和钉扣通常由机器加工而成，扣眼根据其形状分为平型和眼型孔两种，俗称睡孔（一字型扣眼）和鸽眼孔。

7. 服装整烫：整烫的作用是用喷雾熨烫使服装得到预缩，使衣服外形美观，改变材料的伸缩度，进行塑型。

8. 服装检验：质量检验是指用某种方法对产品或服务的一种或多种特性进行测量、检查、试验、度量，并将这些测定结果与评定标准加以比较，以确定每个产品或服务的优劣，以及整批产品或服务的批量合格与否。

9. 成品包装：服装的包装可分挂装和箱装两种。箱装一般又有内包装和外包装之分。

成 绩 评 定 表

考评内容	体验生产物流流程				
	具体内容	分值	自评 30%	互评 30%	师评 40%
考评标准	绘制服装企业生产物流流程图	40			
	认识生产物流讨论	30			
	结合实例讨论生产物流计划与控制	30			
合　计		100			

任务四　体验销售物流业务流程

情景展现

　　华联印刷将销售物流外包给专业物流公司,每年以招标的形式决定选择合格的物流服务供应商。由于专业化分工越来越细,在快速发展过程中,企业不可能各项工作都亲历亲为,选择专业化的物流公司,公司只对物流公司进行管理,可以更好地达到管理销售物流的目的,公司可以集中精力做好自己的核心业务。

　　问题:华联印刷采用了哪一种销售物流模式? 有何优势?

一、认识销售物流

1. 销售物流的定义

　　《国家标准物流术语》中对销售物流的定义是指生产企业、流通企业在出售商品过程中所发生的物流活动。具体地说,销售物流是企业在销售过程中,将产品的所有权转给客户的物流活动,是产品从生产地到客户的时间和空间的转移,是以实现企业销售利润为目的,销售物流是包装、运输、储存等诸环节的统一。企业销售物流如图6-8所示。

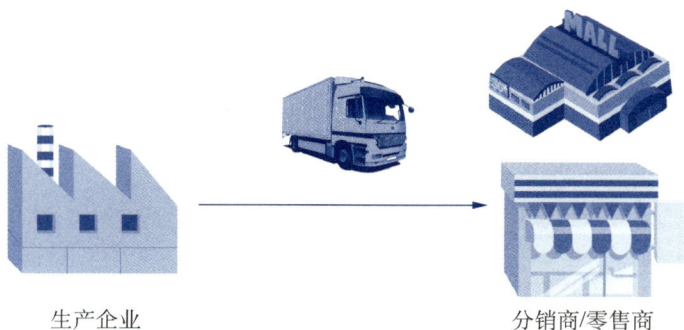

生产企业　　　　　　　　　　分销商/零售商

图 6-8　企业销售物流

物流业务流程

2. 销售物流渠道的概念

销售物流渠道是指产品从生产企业运送至客户或消费者手中所经过的路线及经营机构。研究销售物流渠道的目的是为了在企业生产出产品之后,能及时将产品安全和经济地送到消费者和客户手里,以提高企业经济效益和满足客户的需求。

3. 销售物流的主要模式

(1) 生产企业自己组织销售物流

这是在买方市场环境下主要销售物流模式之一,也是我国当前绝大部分企业采用的物流形式。

生产企业自己组织销售物流的好处在于,可以将自己的生产经营和客户直接联系起来,信息的反馈速度快、准确程度高,对于生产经营的指导作用和目的性强。企业往往把销售物流环节看成是开拓市场和市场竞争中的一个重要环节,尤其是在买方市场前提下。

在生产企业规模可以达到销售物流的规模效益前提下,采取生产企业自己组织销售物流的办法是可行的,但不一定是最好的选择。主要原因,一是生产企业的核心竞争力的培育和发展问题,如果生产企业的核心竞争能力在于产品的开发,销售物流可能占用过多的资源和管理力量,对核心竞争能力造成影响;二是生产企业销售物流专业化程度有限,自己组织销售物流缺乏优势;三是一个生产企业的规模有限,即便是分销物流的规模达到经济规模,延伸到配送物流之后,就很难再达到经济规模,因此可能反过来影响市场更广泛、更深入的开拓。

(2) 第三方物流企业组织销售物流

由专门的物流服务企业组织企业的销售物流,实际上是生产企业将销售物流外包,将销售物流社会化。

由第三方物流企业承担生产企业的销售物流,其最大优点在于,第三方物流企业是社会化的物流企业,它向很多生产企业提供物流服务,因此可以将企业的销售物流和企业的供应物流一体化,可以将很多企业的物流需求一体化,采取统一解决的方案。这样可以做到专业化和规模化,这两者可以从技术方面和组织方面强化成本的降低和服务水平的提高。在网络经济时代,这种模式是一个发展趋势。

二、销售物流业务流程

1. 销售物流业务流程

销售物流的起点一般情况下是生产企业的产成品仓库,经过分销物流,完成长距离、干线的物流活动,再经过配送完成市内和区域范围的物流活动,到达企业、商业客户或最终消费者。销售物流是一个逐渐发散的物流过程,这和供应物流形成了一定程度的镜像对称,通过这种发散的物流,使资源得以广泛的配置。其流程见图6-9所示。

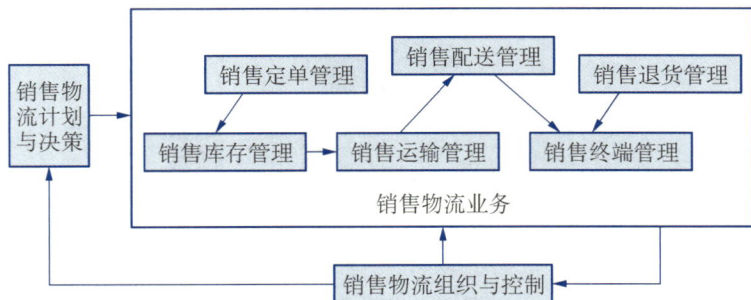

图6-9　销售物流流程

(1) 订单处理

销售物流的第一个环节是订单处理。在客户接受报价后就开始处理销售订单。订单记录了客户的需求、订货的价格，处理时需检查客户信用度和可用的物料。

(2) 查询库存

若有库存，则生成"产品提货通知单"。若没有库存，生成"产品需求单"（包括采购单），再把信息传递给生产物流管理系统或供应物流管理系统。

(3) 安排运输和配送

物流配送部门根据"产品提货通知单"生成"物流配送单"，进行销售运输，组织配送等。

(4) 退货管理

对于由于损坏或其他原因退回的货物，还应该实施退货处理。由于销售退还的商品也需要登记和管理，也会有费用发生，因此退货作业与企业经济效益紧密相关。另外，还应考虑在库商品的退换问题，可以在数据上分为退换商品与正常品，但是实际的物理存放空间不变。

(5) 销售终端管理

以上全部过程，都由销售终端控制、协调和记录。

整个销售物流业务都受制于高层销售物流计划与决策，接受中层销售组织的协调与控制。

2. 销售物流现代化

(1) 信息化、网络化是现代销售物流的基础

销售物流的信息化包括物流信息的商品化，物流信息收集数据化和代码化，物流信息的电子化和计算机化，物流信息传递的标准化和实时化，物流信息贮存与交换的数字化。诸如条形码技术、数据库技术、电子订货（EOS）系统、电子数据交换（EDI）及快速反应、有效的顾客反应等技术与观念。

(2) 自动化能提高销售物流的效率

自动化的核心是机电一体化，从而达到省时、省力，扩大物流作业能力，提高劳动生产率，减少物流作业的差错事故率。

(3) 准时制（JIT）生产方式成为销售物流发展的源动力

准时制应用到现代物流领域，就是要将正确的商品以正确的数量在正确的时间送到正确的地点，这种生产方式的运用是推动销售物流发展的源动力。

(4) 供应链管理促进了销售物流的发展

供应链管理是以最终客户为中心的现代营销观念取代了传统的以生产和产品为中心的观念而产生的。供应链是以最终客户到初始供应商逆向而上的市场需求信息的传导过程，又是从初始供应商向最终客户顺流向下的产品和服务的传递过程。它将供应链管理中所涉及的众多供应商，包括供应商的供应商，以及众多的客户，包括客户的客户直至终端客户，组成了一个"供应网络"，通过这个网络中各有关方面的协作配合，以最低成本为客户提供销售和物流服务。

(5) 共同配送中心是销售物流的崭新模式

配送是现代物流系统的终端，它直接面对服务对象，配送的水平和质量可以直观而具体地反映销售物流的功能发挥程度。共同配送中心更可以发挥资源共享、管理共用的优势，使销售物流达到物尽其用和货畅其流的效果。

(6) 第三方物流

第三方物流(Third Party Logistics 即 TPL)以代理形式为客户制定物流服务,这种全新的物流代理模式是销售物流中专业化物流中间人,它依靠电子信息和物流网络信息,对商品进行分拣整理、制定配送方案、装车送货,可以承接多家企业的销售物流业务、配送业务,乃至代客户办理报关、接运、质检、分析、选货、配货、集成、结算、制单、信息传递、储存运输、装卸等多项作业,提供一揽子、全过程的物流服务。

3. 销售物流合理化的形式

销售物流合理化应该做到:在适当的交货期,准确地向顾客发送商品;对于顾客的订单,尽量减少商品缺货或者脱销;合理设置仓库和配送中心,保持合理的商品库存;使运输、装卸、保管和包装等操作省力化;维持合理的物流费用;使订单到发货的情报传递畅通无阻,将销售额等订货信息,迅速提供给采购部门、生产部门和销售部门。

① 大量化。通过控制客户的订货,增加运输量,使发货大量化。一般通过延长备货时间得以实现,如家用电器企业一般规定三天之内送货,这样做能够掌握配送货物量,大幅度提高配送的装载效率。现在已被所有的行业广泛采用。

② 计划化。对客户的订货按照某种规律制订发货计划,并对其实施管理。例如:按路线配送、按时间表配送、混装发货、返程配载等各种措施,已被用于运输活动之中。

③ 商、物分离化。商、物分离的具体做法,是将订单活动与配送活动相互分离。利用委托运输可以压缩固定费用开支,提高了运输效率,从而大幅度节省了运输费用。商、物分离把批发和零售从大量的物流活动中解放出来,可以把这部分力量集中到销售活动上,企业的整个流通渠道得以更加通畅,物流效率得以提高,成本得到降低。

④ 差别化。根据商品周转的快慢和销售对象规模的大小,把仓储地点和配送方式区别开来,是利用差别化方法实现物流合理化的策略。即实行周转较快的商品群分散保管,周转较慢的商品群尽量集中保管,以做到压缩流通阶段的库存,有效利用保管面积,使库存管理简单化。此外,也可以根据销售对象决定物流方法。例如:供货量大的销售对象从工厂直接送货,供货量分散的销售对象通过流通中心供货,使运输和配送方式区别开来;对于供货量大的销售对象每天送货,供货量小的销售对象集中配送,把配送的次数灵活掌握起来。

⑤ 标准化。销售批量规定订单的最低数量,会明显提高配送效率和库存管理效率。比如成套或者成包装数量出售。例如:某一级烟草批发商进货就必须以至少一箱(50 条)为一个进货单位。

任务实训

1. 根据以下文字描述,绘制销售物流业务流程图。

① 货源充足的情况下:客户下单→销售部拿到合同(可能收部分货款)→仓库配货→物流部发货→通知销售部及财务部收余款并开具发票。

② 货源不充足的情况下:客户下单→销售部拿到合同(可能收部分货款)→通知仓库(此时存货不足)→通知生产部进行生产(如果是原料不足则通知采购部进行采购)→产成品入库→仓库配货→物流部发货→通知销售部及财务部收余款并开具发票。

2. 根据常熟 NSK 进口轴承销售公司的销售作业流程如图 6-10 所示,用文字描述其销售物流流程。

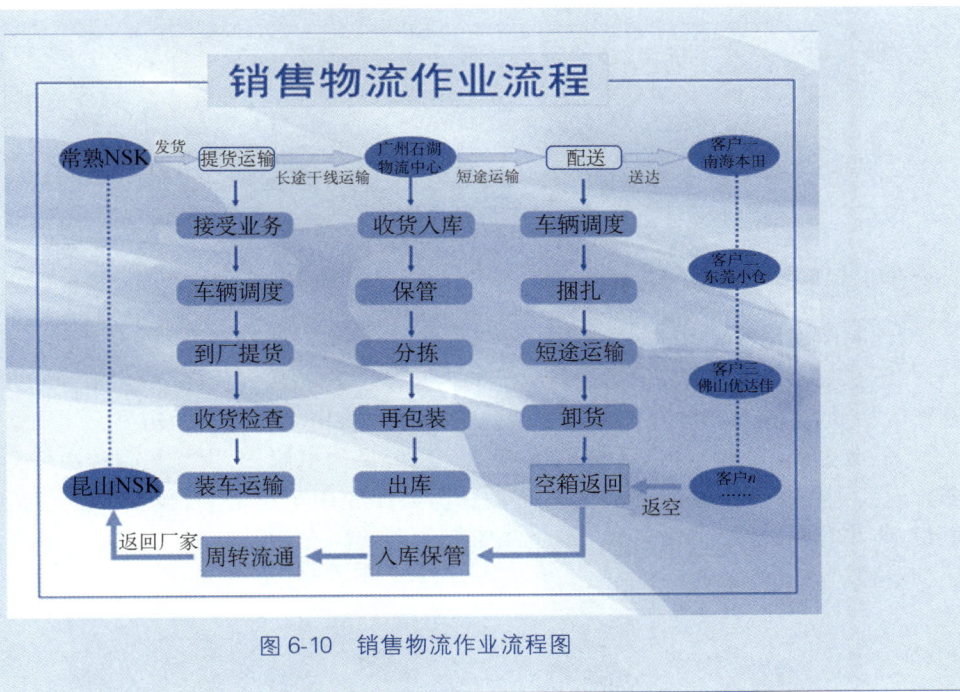

图 6-10　销售物流作业流程图

成 绩 评 定 表

考评内容	体验销售物流流程				
	具体内容	分值	自评30%	互评30%	师评40%
考评标准	绘制销售物流流程图	40			
	依据销售物流作业流程图描述其业务流程	30			
	结合实例讨论销售物流合理化的措施	30			
	合　计	100			

任务五　体验企业逆向物流流程

情景展现

　　德斯库马西公司是一家美国的办公家具生产厂家,该公司采用了一种与众不同的方法来处理返回品。当他们为顾客安置新的家具时,也同时参与旧家具的处理。当一个顾客重新装修他的办公室时,也常常会升级地板和电子设备。因此公司开始扩展其服务,如从事电子设备的拆除,许多顾客都愿意为此付钱。另外,公司还让顾客确认,其坏损的

物流业务流程

硬盘是捐献给非盈利机构,还是进行销毁。现在公司已将返品管理看作是一个可以利用的新商业机会,通过电子设备的再营销、再循环或者处理,提高了公司的收入,并创立了一项新的盈利业务。

问题:德斯库马西公司新的商业机会来自何处? 它是如何盈利的?

一、认识逆向物流

1. 逆向物流的定义

《国家标准物流术语》中对逆向物流的定义是:"物品从供应链下游向上游的运动所引发的物流活动,也称反向物流。"逆向物流一般包括回收物流和废弃物物流。

"回收物流(returned logistics)是指不合格物品的返修、退货以及周转使用的包装容器从需方返回到供方所形成的物品实体流动。比如回收用于运输的托盘和集装箱、接受客户的退货、收集容器、原材料边角料、零部件加工中的缺陷在制品等的销售方面物品实体的反向流动过程。"如图 6-11 所示。

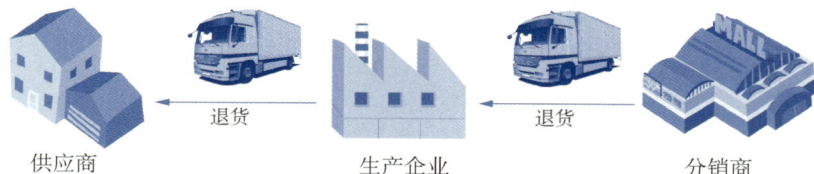

图 6-11　回收退货物流

"废弃物物流(waste material logistics)是指将经济活动中失去原有使用价值的物品,根据实际需要进行收集、分类、加工、包装、搬运、储存等,并分送到专门处理场所时形成的物品实体流动。"

逆向物流有广义和狭义之分。狭义的逆向物流是指对那些由于环境问题或产品已过时的原因而产品、零部件或物料回收的过程。它是将废弃物中有再利用价值的部分加以分拣、加工、分解,使其成为有用的资源重新进入生产和消费领域。广义的逆向物流除了包含狭义的逆向物流的定义之外,还包括废弃物物流的内容,其最终目标是减少资源使用,并通过减少使用资源达到废弃物减少的目标,同时使正向以及回收的物流更有效率。

逆向物流简单来说就是从客户手中回收用过的、过时的或者损坏的产品和包装开始,直至最终处理环节的过程。逆向物流是在整个产品生命周期中对产品和物料完整、有效和高效利用的过程的协调。

2. 逆向物流的成因

(1) 主要驱动因素

主要驱动因素有:政府立法、新型的分销渠道、供应链中的力量转换、产品生命周期的缩短。

(2) 主要动机

对于企业而言,逆向物流往往出于以下动机:环境管制,经济利益(体现在废弃物处理费用的减少、产品寿命的延长、原材料零部件的节省等方面)和商业考虑。因而,管理者首先应认识到逆向物流的重要性和价值,其次要在实际运作中如何给予逆向物流以资源和支援,才是发挥竞争优势的关键。

3. 逆向物流的分类

(1) 按照回收物品的渠道分

按照回收物品的特点可分为退货逆向物流和回收逆向物流两部分。退货逆向物流是指下游顾客将不符合订单要求的产品退回给上游供应商,其流程与常规产品流向正好相反。回收逆向物流是指将最终顾客所持有的废旧物品回收到供应链上各节点企业。

(2) 按照逆向物流材料的物理属性分

按照逆向物流材料的物理属性可分为钢铁和有色金属制品逆向物流、橡胶制品逆向物流、木制品逆向物流、玻璃制品逆向物流等。

(3) 按成因、途径和处置方式及产业形态分

按成因、途径和处置方式的不同,逆向物流被区分为投诉退货、终端使用退回、商业退回、维修退回、生产报废与副品,以及包装等六大类别。

4. 逆向物流的特点

逆向物流作为企业价值链中特殊的一环,与正向物流相比,既有共同点,也有各自不同的特点。两者的共同点在于都具有包装、装卸、运输、储存、加工等物流功能。但是,逆向物流与正向物流相比又具有其鲜明的特殊性。

(1) 分散性

逆向物流产生的地点、时间、质量和数量是难以预见的。废旧物料流可能产生于生产领域、流通领域或生活消费领域,涉及任何领域、任何部门、任何个人,在社会的每个角落都在日夜不停地发生。正是这种多元性使其具有分散性。而正向物流则不然,按量、准时和指定发货点是其基本要求。

(2) 缓慢性

逆向物流开始的时候通常数量少、种类多,只有在不断汇集的情况下才能形成较大的流动规模。废旧物料的产生也往往不能立即满足人们的某些需要,它需要经过加工、改制等环节,甚至只能作为原料回收使用,这一系列过程的时间是较长的。同时,废旧物料的收集和整理也是一个较复杂的过程。这一切都决定了废旧物料缓慢性这一特点。

(3) 混杂性

回收的产品在进入逆向物流系统时往往难以划分为产品,因为不同种类、不同状况的废旧物料常常是混杂在一起的。

(4) 多变性

由于逆向物流的分散性及消费者对退货、产品召回等回收政策的滥用,有的企业很难控制产品的回收时间与空间,这就导致了多变性。主要表现在以下四个方面:逆向物流具有极大的不确定性,处理系统与方式复杂多样,逆向物流技术具有一定的特殊性,以及相对高昂的成本。

5. 逆向物流的原则

(1) "事前防范重于事后处理"原则

逆向物流实施过程中的基本原则是"事前防范重于事后处理"即"预防为主、防治结合"的原则。因为对回收的各种物料进行处理往往给企业带来许多额外的经济损失,这势必增加供应链的总物流成本,与物流管理的总目标相违背。因而,对生产企业来说要做好逆向物

物流业务流程

流一定要注意遵循"事前防范重于事后处理"的基本原则。循环经济、清洁生产都是实践这一原则的生动例证。

（2）绿色原则

绿色原则是指将环境保护的思想观念融入企业物流管理过程中。

（3）效益原则

现代物流涉及到经济与生态环境两大系统，架起了经济效益与生态环境效益之间彼此联系的桥梁。经济效益涉及目前和局部的更密切相关的利益，而环境效益则关系更宏观和更长远的利益。经济效益与环境效益是对立统一的。后者是前者的自然基础和物质源泉，而前者是后者的经济表现形式。

（4）信息化原则

尽管逆向物流具有极大的不确定性，但是通过信息技术的应用（例如：使用条形码技术、GPS 技术、EDI 技术等）可以帮助企业大大提高逆向物流系统的效率和效益。如：使用条形码可以储存更多的商品信息，这样有关商品的结构、生产时间、材料组成、销售状况、处理建议等信息就可以通过条形码加注在商品上，也便于对进入回收流通的商品进行有效及时的追踪。

（5）法制化原则

市场自发产生的逆向物流活动难免带有盲目性和无序化的特点。如近年来我国废旧家电业异常火爆，据分析调查往往是通过对旧家电"穿"新衣来牟取利润的，这是以侵犯广大消费群体的合法权益为基础的，亟须政府制定相应的法律法规来引导和约束。而具有暴利的"礼品回收"则会助长腐败，是违法的逆向物流，应坚决予以取缔。

（6）社会化原则

企业回收物流的有效实施离不开社会物流的发展，更离不开公众的积极参与。在国外企业与公众参与回收物流的积极性较高，在许多民间环保组织（如绿色和平组织）的巨大影响力下，已有不少企业参与了绿色联盟。

二、企业回收物流技术

1. 企业回收物流技术的特点

企业回收物流同样是由运输、储存、装卸搬运、包装、流通加工和物流信息等环节组成，其物流技术也是围绕这些环节发展的，但因系统性质不同，所以技术特点也有差异。

（1）小型化、专用化的装运设备

回收物流的第一阶段任务是收集，回收物来源于每一个工矿、企业和家庭，由于分布广泛，因此采用多阶段收集、逐步集中的方式，广泛使用各种小型的机动车和非机动车。因其任务的专一性，在车辆构造方面也可以针对作业特点进行专门设计。

（2）简易的储存、包装要求

这些物料是以回收物的形态出现的，一般只要求有露天堆放场所，但也有一部分回收物料（如：废纸等）在堆放时需要有防雨措施，或放置在简易库房中。回收物一般也不需要包装，但是为了装卸搬运方便，可以捆扎或打包。在需要防止回收物污染环境的特殊情况下，也应有必要的包装。

（3）多样化的流通加工

由于回收物种类繁多、性质各异，故流通加工的方式也很多，但此种加工的目的是为流通服务的，如利用回收物料作为原材料制造某种产品则应归为生产加工。流通加工的类别有：

① 分拣、分解、分类。在初期收集阶段,各种回收物往往是混杂在一起的,但是它们按照本身可使用的价值,其去向是各不相同的。如:城市垃圾中有无机物质和有机物质,其中玻璃、纤维物质(含废纸)分别是玻璃厂和造纸厂的回收对象,一部分有机物质可以作为肥料厂的原料,而另一部分则送往指定地点掩埋或焚烧。为了适应物流流向的需要,必须进行分拣分类。

② 压块和捆扎。压块和捆扎的目的是提高对象物的密度,减小体积并形成作业单元便于装卸和运输。

③ 切断和破碎。切断的目的也是为了装卸搬运作业的方便,而破碎则往往是为了分拣。例如:废汽车含有钢铁、有色金属、橡胶、玻璃等材料,经破碎以后这些材料可以进行拣选、分类收集。

(4) 低成本的要求

回收物流中由于所处理的对象物价值不高,因此物流费用必须保持在低水平。回收物处理费用过高,将加大企业的开支,或增加社会福利基金开支。回收物料成本过高,将导致以回收物料为原材料的生产企业陷入困境,甚至转而寻求其他途径解决原材料问题。

2. 回收物流技术流程

(1) 原厂复用技术流程

原厂产生废旧物品→原厂回收→原厂分类→原厂复用。例如钢铁厂的废钢铁回收再利用。

(2) 通用回收复用技术流程

通用化、标准化的同类废旧物品→统一回收→按品种、规格、型号分类→复用标准达到后进行通用。

(3) 外厂代用复用技术流程

本厂过时性的、生产转户的及规格不符的废旧物品→外厂统一回收→按降低规格、型号、等级分类或按代用品分类→外厂验收→外厂复用。

(4) 加工改制复用技术流程

需改制的废旧物品→统一回收→按规格、尺寸、品种分类→拼接→验收→复用。

(5) 综合利用技术流程

工业生产的边角余料、废旧纸、木制包装容器→统一回收→综合利用技术→验收→复用。

(6) 回炉复用技术流程

需回炉加工的废旧物品→统一回收→由各专业生产厂进行再生产性的工艺加工→重新制造原物品→验收→复用。例如废玻璃、废布、废锡箔纸等属于这一类。

三、企业废弃物物流

1. 企业废弃物的概念

企业废弃物是指企业在生产过程中不断产生的基本上或完全失去使用价值,无法再重新利用的最终排放物。企业废弃物这一概念不是绝对的,只是在现有技术和经济水平条件下,暂时无法利用的。目前,许多发达国家的最终废弃物为原垃圾的50%以下。我国也在加强这方面的研究,如我国许多地区将生活垃圾用于堆肥、制肥,尽可能使之资源化。

2. 企业废弃物的种类及物流特点

(1) 固体废弃物

固体废弃物也被称为垃圾,其形态是各种固体物的混合杂体。这种废弃物物流一般采

物流业务流程

用专用垃圾处理设备处理。

(2) 液体废弃物

液体废弃物也称为废液,其形态是各种成分的液体混合物。这种废弃物物流常采用管道方式排放。

(3) 气体废弃物

气体废弃物也称为废气,主要是工业企业,尤其是化工类型工业企业的排放物。多种情况下是通过管道系统直接向空气排放。

(4) 产业废弃物

产业废弃物也称为产业垃圾。产业废弃物通常是指那些被再生利用之后不能再使用的最终废弃物。产业废弃物来源于不同行业,如第一产业最终废弃物为农田杂屑,大多不再收集,而自行处理,很少有物流问题;第二产业最终废弃物则因行业不同而异,其物流方式也各不相同,多数采取向外界排放或堆积场堆放、填埋等;第三产业废弃物主要是生活垃圾和基本建设产生的垃圾,这类废弃物种类多、数量大,物流难度大,大多采用就近填埋的办法处理。

(5) 生活废弃物

生活废弃物也称生活垃圾。生活废弃物排放点分散,所以需用专用的防止散漏的半密封物流器具储存和运输。

(6) 环境废弃物

企业环境废弃物一般有固定的产出来源,主要来自企业综合环境中。环境废弃物产生的面积大,来源广泛,对环境危害大。其物流特点是收集掩埋,要完成收集并输送到处理掩埋场的物流。另外,环境废弃物的流通加工也是废弃物物流的特点。不过这种流通加工的目的不同于一般产品的流通加工,主要不是为了增加价值,而是为了减少危害。

3. 废弃物的几种处理方式

(1) 废弃物掩埋

大多数企业对其产生的最终废弃物,是在政府规定的规划地区,利用原有的废弃坑塘或用人工挖掘出的深坑进行掩埋。用好土掩埋后的垃圾场,还可以作为农田进行农业种植,也可以用于绿化或做建筑、市政用地。这种物流方式适用于对地下水无毒害的固体垃圾。其优点是不形成堆场、不占地、不露天污染环境、可防止异味对空气污染;缺点是挖坑、填埋要有一定投资,在未填埋期间仍有污染。

(2) 垃圾焚烧

垃圾焚烧是在一定地区用高温焚毁垃圾。这种方式只适用于有机物含量高的垃圾或经过分类处理将有机物集中的垃圾。有机物在垃圾中容易发生生物化学作用,是造成空气、水及环境污染的主要原因,因其本身又有可燃性,因此,采取焚烧的办法是很有效的。

(3) 垃圾堆放

在远离城市地区的沟、坑、塘、山谷中,选择合适位置直接倾倒垃圾,也是一种物流方式。这种方式物流距离较远,但垃圾无需再处理,通过自然净化作用使垃圾逐渐沉降风化,是低成本的处置方式。

(4) 净化处理加工

对垃圾(废水、废物)进行净化处理,以减少对环境危害的物流方式。尤其是废水的净化处理是这种物流方式中具有代表性的流通加工方式。在废弃物物流领域,这种流通加工是为了实现废弃物无害排放的流通加工。

4. 企业废弃物的物流合理化

企业废弃物的物流合理化必须从能源、资源及生态环境保护三个战略高度综合考虑，形成一个将废弃物的所有发生源包括在内的广泛的物流系统。

这一物流系统实际包括三个方面，一是尽可能减少废弃物的排放量；二是对废弃物排放前的预处理，以减少对环境的污染；三是废弃物的最终排放处理。

(1) 生产过程中产生的废弃物的物流合理化

为了做到对企业废弃物的合理处理，实现废弃物物流合理化，企业通常可以采取以下做法：

① 建立一个对废弃物收集、处理的管理体系，对产生的废弃物进行系统管理，把废弃物的最终排放量控制到最小。

② 在设计研制开发产品时，要考虑到废弃物的收集及无害化处理的问题。

③ 加强每个生产工序变废为宝的利用，并鼓励职工群策群力。

④ 尽可能将企业产生的废弃物在厂内合理化处理。暂时做不到厂内处理的要经过无害化处理后，再考虑向厂外排放。

(2) 进入流通、消费领域产生的废弃物的物流合理化

为了建立一个良好的企业形象，加强对社会环境的保护意识，企业还应关注产品进入流通、消费领域产生的废弃物的物流合理化。

① 遵守政府有关规章制度，鼓励商业企业和消费者支持产品废弃物的收集和处理工作，如可以采取以旧换新购物等。

② 要求消费者将产品包装废弃物返回到企业废弃物的回收系统，不再作为城市垃圾而废弃。如购买产品对回收部分收取押金或送货上门时顺便带回废弃物。

③ 增强职工环保意识，改变价值观念，注意本企业产品在流通、消费中产生的废弃物的流向，积极参与物流合理化的活动。

(3) 企业排放废弃物的物流合理化

为了使企业最终排放废弃物的物流合理化，主要应做到以下几点：

① 建立一个能被居民和职工接受，并符合当地商品流通环境的收集系统。

② 通过对废弃物进行有效的收集和搬运，努力做到节约运输量。

③ 在焚烧废弃物的处理中，尽可能防止二次污染。

④ 对于最终填埋的废弃物，要尽可能减少它的数量和体积，使之无害化，保护处理场地周围的环境。

⑤ 在处理最终废弃物的过程中，尽可能采取变换处理，把不能回收的部分转换成其他用途。如：用焚烧废弃物转化的热能来制取蒸汽，以供暖、供热水等。

任务实训

课堂讨论
要求分组开展讨论，并将讨论结果写在题板上。
1. 一节废电池对环境破坏有多大？
2. 处理废电池方式有哪些？

3. 你平时会选择哪种方式处理废电池？

深入讨论

1. 废电池是不是完全就是垃圾？
2. 废电池哪些部分能变废为宝？

活动设计

材料一：70亿只废电池年利润可达6亿多元；100多吨的电子垃圾中，可以提炼出30公斤黄金，价值人民币300多万元。

材料二：中国移动、摩托罗拉、诺基亚联合发起"绿箱子环保计划——废弃手机及配件回收联合行动"。

材料三：广药集团在全国率先建立"家庭过期药品，免费回收"服务机制，开创安全用药的先河。

1. 结合课堂分析，就废电池设计一份回收与废弃物物流方案。
2. 调研学校回收与废弃物物流的情况，并设计一个可行方案。
3. 结合所学知识，回答这些问题：绿色物流是什么？它对物流发展有何影响？针对电池生产企业招标废电池回收方案，各小组模拟企业参与竞标，提出回收方案，进行实战演练，最后由师生共同评价方案。

成 绩 评 定 表

考评内容	"变废为宝"方案设计				
	具体内容	分值	自评30%	互评30%	师评40%
考评标准	废电池回收方案	30			
	废电池回收课堂讨论	30			
	调研学校回收与废弃物物流的情况，并设计一个可行方案	40			
	合　计	100			

第七章　第三方物流运作

学习目标

(1) 认识第三方物流。
(2) 熟悉第三方物流企业运作模式。
(3) 熟悉第三方物流的服务项目。
(4) 会操作第三方物流管理软件。

任务一　认识第三方物流

情景展现

　　美国福特汽车公司的创始人——亨利·福特曾一直有一个梦想,就是要成为一个完全自给自足的行业巨头。福特公司除了拥有规模庞大的汽车制造产业外,还在底特律建造了内陆港口和错综复杂的铁路、公路网络。为确保原材料的供应,福特还投资了煤矿、铁矿、森林和玻璃厂。但天长日久,福特发现社会上专业公司有些工作比自己的子公司做得更好。随着政治经济环境的变化,福特公司回归到专心维持自己的核心能力——汽车的制造和销售,把制造以外的工作都交给独立的专业化公司去做。

　　问题:分析福特的梦想为什么不能实现?

一、第三方物流概念与特征

1. 第三方物流概念

　　《国家标准物流术语》中把第三方物流定义为"接受客户委托为其提供专项或全面的物流系统设计以及系统运营的物流服务模式。"可见第三方物流实际上就是指由物流劳务的供方、需方之外的第三方去完成物流服务的物流运作方式。其实就是工商企业把不属于自己核心业务交给更专业的物流公司来做。这样工商企业和物流公司自身都能发挥自己最大的能量,把最擅长的核心业务做得更好。

2. 第三方物流的特征

(1) 第三方物流是建立在现代信息技术基础上的现代物流运作方式

　　信息技术的发展是第三方物流出现的必要条件,信息技术实现了数据的快速、准确传递,提高了库存管理、装卸运输、采购、订货、配送发送、订单处理的自动化水平,使订货、包装、保管、运输、流通加工实现一体化;企业可以更方便地使用信息技术与物流企业进行交流和协作,企业间的协调和合作可以在短时间内迅速完成;同时,计算机技术的飞速发展,使混杂在其他业务中的物流活动的成本能被精确计算出来,还能有效管理物流渠道中的商流,这就使企业有可能把原来在内部完成的物流作业交由物流公司运作。所以随着现代信息技术的发展,第三方物流得以迅速发展,并成为现代物流的重要运作方式。

(2) 第三方物流是合同导向的一系列服务

第三方物流有别于传统的外协,外协只限于一项或一系列分散的物流功能,如:运输公司提供运输服务,仓储公司提供仓储服务。第三方物流则根据合同条款规定的要求,提供多功能、甚至全方位的物流服务,而不是临时需求。

(3) 第三方物流是个性化物流服务

第三方物流服务的对象一般都较少,只有一家或数家,服务时间却较长,往往长达几年。这是因为需求方的业务流程各不相同,而物流、信息流是随资金流流动的,因而要求第三方物流服务应按照顾客的业务流程来制订。

(4) 第三方物流与客户企业之间是一种联盟合作伙伴关系

依靠现代电子信息技术的支撑,第三方物流与客户企业之间充分共享信息,这就要求双方相互信任、合作双赢,以达到比单独从事物流活动所能取得的更好效果。而且,从物流服务提供者的收费原则来看,他们之间是共担风险、共享收益的关系;再者,第三方物流与客户企业之间所发生的关联并非只有一两次的市场交易。在行为上,各自既非采用追求自身利益最大化行为,也非完全采取追求共同利益最大化行为,而是通过契约结成优势互补、风险共担的中间组织,因此,第三方物流与客户企业之间是物流联盟合作伙伴关系。

二、第三方物流企业的分类与作用

1. 按照所提供服务的种类划分

(1) 以资产为基础的第三方物流企业

一般拥有自己的车队、船舶、仓库等资产,主要通过运用自己的资产来提供专业化的服务,如 TNT、FedEx、UPS、DHL 等企业。

(2) 以管理为基础的第三方物流企业

一般通过系统数据库和咨询服务来提供物流管理服务,他们与发货人合作,自身并不拥有运输和仓储设施,而提供人力资源。

(3) 综合的第三方物流企业

一般拥有一定的资产,如卡车、仓库等,但他们提供的服务又不只限于使用自己的资产。

2. 按照完成物流业务范围的大小和所承担的物流功能划分

(1) 功能性物流企业

功能性物流企业也叫做单一物流企业,即它仅仅承担和完成某一项或几项物流功能,可将其进一步分为运输企业、仓储企业等。

(2) 综合性物流企业

综合性物流企业能够承担多项甚至所有的物流功能,即所谓的综合物流。综合性物流企业一般规模大、资金雄厚,并且有着良好的物流服务信誉。

3. 第三方物流的作用

(1) 提升企业核心竞争力

企业利用第三方物流,可使企业专注于提高核心竞争力。生产企业的核心能力是生产、

物流业务流程

制造产品,销售企业的核心能力是销售产品。企业采用第三方物流后,原来直接面对多个客户的一对多的关系变成了直接面对第三方物流的一对一关系,企业在物流作业处理上避免了直接与众多客户打交道而带来的复杂性,简化了关系网,便于将更多的精力投入自身的生产经营中,从而提升核心竞争力。

(2) 降低经营成本

物流成本通常被认为是企业经营中较高的成本之一,所以降低物流成本成为企业的"第三利润源"。企业可以不再保有仓库、车辆等物流设施,对物流信息系统的投资可以转嫁给第三方物流企业来承担,从而可以减少投资和运营物流的成本;还可以减少直接从事物流的人员,从而减少工资支出;提高单证处理效率,从而减少单证处理费用;库存管理控制的加强,可以降低存货水平,削减存储成本等。

(3) 提高服务质量

第三方物流企业利用信息网络和节点网络,能够加快对客户订货的反应能力,加快订单处理,缩短从订货到交货的时间,进行门到门运输,实现货物的快速交付,提高客户满意度;通过其先进的信息和通讯技术,可加强对在途货物的监控,及时发现、处理配送过程中的意外事故,保证订货及时、安全送达目的地,尽可能实现对客户的承诺。产品的售后服务、送货上门、退货处理、废品回收等也可由第三方物流企业来完成,保证为客户提供稳定、可靠的高水平服务。

(4) 分散企业风险

企业如果自己运作物流,要面临两大风险:一是投资风险,二是存货风险。一方面,通过第三方物流,企业可以规避投资风险(如:建立仓库、购买车辆等)风险;另一方面通过第三方物流进行专业化配送,由于配送能力的提高,存货流动速度加快,企业可以减少内部的安全库存量,从而减少企业的资金风险。

(5) 增强市场应变能力

当需求变化和技术进步时,第三方物流企业能不断更新他们的设施、信息和管理技术,根据环境变化进行其他调整,增强其灵活性,而非物流企业往往是无法相比的。

(6) 加速产品和服务投放市场的进程

产品和服务为了在时间上获得竞争力,必须要快速推向市场,第三方物流可以利用其强大的物流网络帮助客户在速度上实现竞争优势。它通过加强信息交流,提高仓储、运送等物流活动的速度,加快交货、发送和响应时间,减少产品生产和交货的提前期,迅速将产品送到各个生产基地或市场需求地,从而获得时间竞争的优势。

(7) 增加社会效益

第三方物流可将社会上众多的闲散的物流资源有效的整合、利用起来。通过第三方物流企业的专业管理控制能力和先进的信息系统,对企业原有的仓库、车队等物流资源进行统一管理运营,组织共同运输、共同配送,将企业物流系统社会化,实现信息、资源共享,极大的促进社会物流资源的整合优化,提高全社会整体物流的效率。

4. 第三方物流的服务项目

第三方物流企业常见的服务项目分为运输、仓储/配送、信息服务、增值服务四大类。

① 运输类业务包括运输网络设计和规划、"一站式"全方位运输服务、外包运输力量、帮助客户管理运输力量、动态运输计划、配送、报关等其他配套服务。

② 仓储/配送类业务包括配送网络设计、订单处理、库存管理、仓储管理、代管仓库及包装等。

物流业务流程

③ 信息服务类业务包括信息平台服务,建立物流业务处理系统、运输过程跟踪等。

④ 增值服务类业务包括延后服务、零件成套、供应商管理、货运付费、支持 JIT 制造、咨询服务和售后服务等。

任务实训

1. 教师组织联系当地某第三方物流企业,编写好企业参观、调研的大纲,向学生讲述本实训任务需了解的主要内容和注意事项;

2. 带领学生前去企业参观、调研,同时督促学生在参观、调研任务中多学、多问、勤记录;

3. 以小组为单位填写以下《第三方物流企业基本情况登记表》(见表 7-1),并运用所学的相关理论和知识完成《第三方物流企业调研报告》的第一部分的正文内容。

表 7-1　第三方物流企业基本情况登记表

序号	基本调研项目	具体调研内容			
1	企业名称				
2	所在区域地址				
3	企业的经营范围				
4	企业的规模	建设规模: 人员规模: 管理规模: 运输规模: 仓储规模: 经营规模: 服务规模:				
5	企业的经营理念				
6	企业的文化理念				
7	企业组织构架				
实训任务一:认识第三方物流					
实训专业		实训时间		指导教师	
实训班级		技能评分		综合评分	
实训小组		组长		成员	

注意事项

① 到企业参观、调研，首先要遵守参观纪律，展示良好的精神风貌，注意安全；

② 带好必备的记录工具：如笔、记录本，允许携带的手机、照相机等；

③ 认真听取企业引导人员的介绍，记录相关的企业基本情况。

成 绩 评 定 表

考评内容	认识第三方物流企业				
	具体内容	分值	自评30%	互评30%	师评40%
考评标准	能够陈述第三方物流的基本概念及特征	15			
	填写《第三方物流企业基本情况登记表》	30			
	第三方物流企业服务项目	15			
	撰写《第三方物流企业调研报告》的第一部分内容	20			
	班级口头交流	20			
合　计		100			

任务二　体验第三方物流操作流程

情景展现

大连盛川物流有限公司（以下简称盛川物流）秉承国际先进的现代化物流管理经验，是一汽大柴（简称大柴）的第三方物流企业，为大柴等一百多家供应商提供物流服务，同时是大柴密切的合作伙伴。

盛川物流不仅为大柴带来了降低作业成本、改进服务水平、集中核心业务、减少呆滞资产等多种益处，而且为大柴企业提供了过去传统的储运公司根本不可能提供的订单处理、需求预测、存货管理等多方面的服务内容。

首先，业务外包将储备风险库存转移到第三方物流，减少了企业在库房、机械设备、人力、运力方面的再投资；把除生产以外的企业附属工作委托给第三方物流去做，有效利用物流企业资金，加快企业资金周转速度，减少不必要的投资也使得物流中心真正成为大柴的第三利润源。

其次，面对日趋激烈的市场竞争，企业必须设法增强其核心竞争能力，降低企业生产成本。大柴将核心能力定位在柴油机的新产品开发、设计和组装生产及市场开拓上。简化产前准备，加快生产速度。业务外包有利于大柴将主要资源与注意力集中在其主要业务上。

物流业务流程

最后,物流中心的建立使得供应链管理对企业基本实现零库存,并简化生产准备业务,有利于实现JIT。供应链管理对企业的管理水平也提出了更高的要求,企业必须采用科学的方法,合理地组织生产。

问题:1. 利用第三方物流给一汽大柴带来哪些好处?

2. 第三方物流企业可以提供哪些物流服务?

一、第三方物流运作模式

第三方物流的运作模式,按运作功能可简单概括为"四个中心一个市场",即管理中心、调度中心、运输中心、仓储中心和物流市场的运作模式。

如图 7-1 所示。

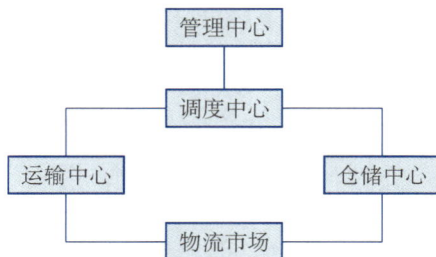

图 7-1   第三方物流企业运作流程图

1. 管理中心运作

第三方物流企业运作的最高管理机构,对企业在物流市场运作起着至关重要的作用,决定着企业在物流市场的运作方向和成败,是对整个公司进行资源管理(包括人力、信息、运输、仓储等资源的管理)、合同订单管理、财务管理、意外事故处理、广告发布等一系列工作流程的管理。通过向调度中心下发管理指令和接受调度中心的反馈信息,宏观控制和指挥整个物流流程的运作。

2. 调度中心运作

根据管理中心下达的管理指令,对公司所承接的物流订单(长期、短期、外包)进行统一调度和配送。通过对物流订单的起点、终点、时序等信息进行有效的整合,充分发挥信息的可利用效益,使物流企业在整个物流运作中获取最大的效益。对那些有运输需求的订单直接下达指令给运输中心;对那些需进仓的订单下达指令给仓储中心。通过接受运输中心和仓储中心的反馈信息及时调整配送计划和指令,并反馈给管理中心调整管理指令。它是整个物流运作的直接指挥者。

3. 运输中心运作

根据调度中心的指令,对提交的物流运输计划进行处理,选择合适的配送方式,如空运、水运、路运、集中配送还是点对点配送等等,充分考虑配送过程中的装卸、运输风险,最大限度地降低运输成本,及时向调度中心反馈运输中的各种信息。

4. 仓储中心运作

根据调度中心的指令,对仓储物流进行科学、合理的进出库操作,通过对仓储的整理、盘点、库存查询以及仓储资源的管理,最有效、最有可能地达到"零库存"效益,及时向调度中心反馈仓储的各种信息。

5. 物流市场

物流市场是第三方物流操作流程的最后环节,是整个物流运作的支柱,其信息流反向主导着整个物流运作。物流企业一般是通过运输中心和仓储中心的市场配送来完成客户的订单,最终完成整个操作流程。

二、《第三方物流管理模拟系统》操作指导

1. 软件介绍

第三方物流 TPL(Third Party Logistics,又称物流代理),是指由物流劳务的供方、需方之外的第三方去完成物流服务的物流运作方式。第三方提供物流交易双方的部分或全部物流功能的外部服务,把物流(商品实体的转移)以电子传递的形式通过网络来完成的模式。《3PL 教学模拟平台》是适应于高校、大中专学校的物流课程的课后实践的教学模拟软件。它模拟了整个物流的过程,前台包括:管理中心(公司一些资源管理、订单的管理等)、调度中心(对订单进行调度配送)、运输中心(选择车辆运输配送的方案)、仓储中心(仓库的进、出库操作),物流市场(资源的购买)。后台包括班级、教师、学生管理、系统参数设置等。通过模拟与操作可以将理论知识加以巩固,有效地理解物流流程。

本实训包括:实训目的、实训内容、心得体会等。

2. 实训目的

通过实训,大家可以掌握物流系统各个环节的运行。同时,通过自己成立第三方物流公司,并在虚拟市场上接受订单,进行操作掌握第三方物流公司的运作流程。

① 掌握第三方物流运作的基本流程;

② 掌握物流系统中各子系统的基本运作;

③ 灵活运用所学知识完成第三方物流的各项操作;

④ 培养自己协同商务的能力。同时,通过实践教学活动,拓宽自己的知识领域,锻炼自己的实践技能,培养科学严谨、求真务实的工作作风;

⑤ 通过实验培养自己的动手能力、把所学理论知识应用于实践中,运用理论知识解决实际操作中的问题的能力。

3. 实验的基本操作模块和流程

① 首先是注册一个物流公司,注册后可以给该物流公司分配角色。有四种扮演角色:管理中心、调度中心、运输中心、仓储中心。实验要求由实验者扮演四个角色。假定模拟实验中注册公司名称为"迅达物流公司",公司将以"最好的服务、最低的成本"为业务原则,竭诚为广大客户服务。

② 扮演管理中心角色:新注册的迅达物流公司首先要去物流市场上购买一些资源,然后进行报价,申请长期合作伙伴,也可以在市场上接一些散单。在管理中心中还可以进行公司的资源管理、合同订单管理、财务管理、意外事故处理、广告发布等。

③ 扮演调度中心:在该模块中可以对所接收的订单(分为:长期、短期、外包)进行调度、配送。可以根据订单的起点、终点、时间进行合并,一些有效的合并可以带来更多的利润。合并完的方案可以选择合适的车辆进行配送,自动提交运输计划和进出仓计划。

④ 扮演运输中心:在运输中心的模块中,可以对提交的公路运输计划进行处理:选择车

辆开往仓库进行装货、配送、卸货。装卸、运输过程中有风险事故的事件。

⑤ 扮演仓储中心：在仓储中心可以进行一些仓库的进、出库操作，仓库的整理、盘点、库存查询以及仓库资源的管理。

4. 各模块的操作流程

(1) 物流管理中心

物流管理中心主要是接受一些零散的订单，同时还可以进行报价，申请成为长期合作伙伴。以及对公司的资源管理、合同订单管理、财务管理、意外事故处理、广告发布等。

① 接受订单。进入物流管理中心，通过查看市场信息市场，可以知道当前物流市场上的一些散单（即短期订单和外包订单），然后就可以根据自己的运输计划接收一些订单。在接受散单时，需要看清订单上承运商品的各项数据，主要包括物品重量、体积、运输工具、运输时间、目的地和运输报价等。

② 物流报价。报价可以提高竞争力，物流报价要包含一定的资源信息（如：车辆、仓库、人员等）。

具体报价流程如下：

公路运输报价：填入折旧年数→填入风险费用→预估每月运输吨数和车辆的平均耗用，并计算每月的变动成本→根据自己的基础底价填写零担报价、整车报价。

海运、铁路、航空代理报价：填入人力比例、风险金额、月运输体积→根据基础底价填写每立方米报价、每个集装箱报价。

仓库租用报价：填入按折旧年数计算出折旧费用→计算每月固定成本费用→填入按风险费用、每月租仓立方米数和仓库的平均耗用计算出每月的变动成本→根据基础底价填写租仓报价。

装卸费用报价：填入人力比例、风险金额、月装卸吨数→根据基础底价填写装卸费用报价。

(2) 物流运输中心

在物流运输中心可以购买或租借车辆，然后选定车辆执行公路运输的配送计划。

① 车辆购买和租借。公司根据自己在市场上接受到的订单可以选择购买或是租借车辆。在车辆租借系统中，有许多型号的货车，不同类型的车辆，其所能承载的重量各不相同。如果订单的运输时间比较仓促，还需要考虑车辆的运输速度，在实际操作中应根据已接到订单物品的特性选择合适的车辆，这样才能够节省运输成本，增加利润。在选择车辆时还要注意车辆租借的地点，否则车辆将无法执行公路运输的配送计划。

② 车辆管理。对所购买或租借的车辆管理主要包括配备或取消司机，空车派车，车辆返还。车辆购买或租借后必须配备相应的司机，不同类型的车辆所需的司机级别各不相同，选择最适合的司机可以避免大材小用。

③ 车辆运输业务。订单和车辆都准备完整后公司就可以处理计划的运输业务了。物流调度中心提交公路运输计划后会生成一条配送方案处理记录，根据该记录就可以安排车辆执行该方案。在选择车辆时，有时会出现没有可使用车辆，此时应确定在起运地点有该配送方案要求的车辆类型，且该车辆必须配有司机才可使用。

(3) 物流调度中心

物流调度中心将对所接收的订单进行分拣并制定合适的配送。对所接收的订单进行分拣，即把一些可以符合相同条件的订单合并在一起，包括起点合并和终点合并。

完成订单合并后就可以对订单进行相应的调度,制定运输计划,填写具体的配送方案,在制定运输计划时应选择合适的运输工具来执行该订单的运输。确定方案后,接下去就是等待发车了。

(4) 物流仓储中心

该模块的操作主要是对货物的出、入库操作,同时对仓库进行整理、盘点和查询等。

① 出库操作的步骤:出仓通知→备货→签发运输单→出库装货→出库登记→费用结算。

备货出库时,如果库存没有当前要的货物,应按补货数量从厂商立即补货入库(仓库有足够体积);如果货物是在多个仓库中存储,备货时应尽量将货物整理到一个仓库。如果没有办法整理,就需要重新选择备货计划操作。当发现备货计划制订有误,可以先删除原来的备货计划,再重新制定。备货完后就是签发运输单,只要车队一到达就可以签发运输单。出库装货中可能会发生不同程度的意外,事后需对事故进行处理。货物在出库前还需要进行出库登记以及费用核算。

② 入库操作的步骤:进仓通知→接收计划→签收运输单→入库卸货→入库登记→费用结算。

5. 实训中应注意几个问题

① 在接受订单时,如果没看清货物具体的数据便草率接单,例如:选择运输方式不合适,后因系统无法正常进行该类订单的运输操作,会导致死单的增加。

② 订单分拣中,若将过多的订单合并,容易造成在货物出库时因备货与实际货物不符而没法完成出库备货,货物也无法运送出库。

③ 在租借和购买车辆时,若没有考虑清楚所接订单货物的具体重量,会造成在装货时出现车辆载重大而承载货物过小的现象,导致大材小用,既增加了运输成本,也减少了企业利润。

④ 车辆在返程时,若大部分都是空车返回,这就造成了资源的极大浪费。导致这个问题的主要原因就是没有计算好时间,没有顾及到返程的运输。

⑤ 物流报价相对来说是个比较复杂的一项操作,报价的时候既要参考货物自身的数据,而且还要顾及公司利益的最大化,这样才能实现盈利。

⑥ 在公司的营运期间,若只想增加利润、多完成订单,没有好好利用外包和起点、终点合并等运输方式来最大限度地节约公司整体运输成本,结果就会适得其反。

⑦ 在实训中要注意与其他环节处理的同学沟通,否则可能造成了部分环节上的死单。在出货时,也应按着顺序下去,期间如果没有注意系统的信息提示,可能会遇到一位学生在签订运输单时才发现另一位学生的车辆没有到达,导致出货的延迟,而另一位学生把车派出去时,也没通知用车方,使得最后订单一直处于装货中。这类问题都是实训期间交流不足造成的。

任务实训

1. 利用模拟实训室进行模拟第三方物流操作流程的实训,指导学生进行并完成实训的具体操作。

2. 以小组为单位填写以下《第三方物流企业运作基本操作流程表》(如表7-2所示),并运用所学的相关理论和知识完成《第三方物流企业调研报告》的内容。

物流业务流程

表 7-2　第三方物流企业运作基本操作流程表

序号	基本调研项目	具体调研内容		
1	企业名称			
2	所在区域地址			
3	企业的运作操作主要流程环节	1.	3.	5.
		2.	4.	6.
4	企业物流运作主操作流程（简述）	企业物流运作主要操作流程 环节 1： 环节 2： 环节 3： 环节 4：		
5*	企业物流运作子系统操作流程（简述某单一子系统的运作流程）	子系统的操作流程		
实训任务二：第三方物流的操作流程				
实训专业		实训时间	指导教师	
实训班级		技能评分	综合评分	
实训小组		组长	成员	

* 注：各组内容填写尽量不要重复。

成 绩 评 定 表

考评内容	体验第三方物流操作流程				
考评标准	具体内容	分值	自评30%	互评30%	师评40%
	简述第三方物流运作操作流程	30			
	填写《第三方物流模拟操作实验报告》	50			
	撰写《第三方物流企业调研报告》的第二部分内容	10			
	全班交流，口头表达	10			
	合　计	100			

第八章　货运代理业务运作

学习目标

(1) 了解国际货运代理的基本知识；

(2) 能解释常用的国际贸易术语的含义；

(3) 熟悉国际货运代理业务流程，能按照国际货运代理业务流程操作；

(4) 能按国际集装箱运输流程操作；

(5) 会填制国际货运代理主要单证。

任务一　认识国际货运代理

情景展现

　　某货代公司接受货主委托，安排一批茶叶通过海运出口。货代公司在提取了船公司提供的集装箱并装箱后，将整箱货交给船公司。同时，货主自行办理了货物运输保险。收货人在目的港拆箱提货时发现集装箱内异味浓重，经调查，该集装箱前一航次所载货物为精萘，致使茶叶被精萘污染。

　　问题：1. 收货人可以向谁索赔？为什么？

　　　　　2. 最终应由谁对茶叶受污染事故承担赔偿责任？

一、国际货代基本知识

1. 国际货运代理的基本概念

　　国际货运代理的英文是"freight forwarder"，是指接受进出口货物收货人、发货人和承运人的委托，以委托人的名义或者自己的名义，为委托人办理国际货物运输及相关业务并收取服务报酬的企业。

　　随着国际贸易、运输方式的发展，国际货运代理已渗透到国际贸易的每一领域，成为国际贸易中不可缺少的重要组成部分。市场经济的迅速发展，使社会分工越加趋于明确，单一的贸易经营者或者单一的运输经营者都没有足够的能力亲自经营处理每项具体业务，他们需要委托代理人为其办理一系列商务手续，从而实现各自的目的。于是，国际货运代理行业也就应运而生了。

2. 国际货运代理的服务对象

　　从国际货运代理的基本性质来看，货代主要是接受委托方的委托，办理有关货物运输、转运、仓储、装卸等事宜。它一方面与货物托运人订立运输合同,另一方面同时又与运输部门签订合同。国际货代所从事的业务主要有:

(1) 为发货人服务

国际货运代理代替发货人承担在不同货物运输中的任何一项手续。其内容包括:

① 以最快最省的运输方式,安排合适的货物包装,选择货物的运输路线。

② 向客户建议仓储与分拨方式。

③ 选择可靠、效率高的承运人,并负责缔结签订运输合同。

④ 安排货物的计重和计量。

⑤ 办理货物保险。

⑥ 货物的拼装。

⑦ 装运前或在目的地分拨货物之前把货物存入仓库。

⑧ 安排货物到港口的运输,办理海关和有关单证的手续,并把货物交给承运人。

⑨ 代表托运人或进口商承付运费、关税税收。

⑩ 办理有关货物运输的任何外汇交易。

⑪ 从承运人那里取得各种签署的提单,并交给发货人。

⑫ 通过与承运人和货运代理在国外的代理联系,监督货物运输进程,并使托运人知道货物的去向。

(2) 为收货人服务

国际货运代理为收货人提供的服务内容包括有:

① 报告货物动态。

② 接收和审核所有与运输有关的单据。

③ 提货和支付运费;

④ 安排报关和付税及其他费用;

⑤ 安排运输过程中的存仓;

⑥ 向收货人交付已结关的货物;

⑦ 协助收货人储存或分拨货物。

(3) 为承运人服务

国际货运代理向承运人及时定舱,议定对发货人、承运人都公平合理的费用,安排适当时间交货,以及以发货人的名义解决和承运人的运费账目等问题。

3. 国际货运代理的责任

(1) 基本责任

根据与委托方订立的协议或合同规定,或根据委托方的指示进行业务活动时,货代应以通常的责任完成委托,尤其是在授权范围之内。

如实汇报一切重要事项。在委托办理业务中向委托方提供的情况、资料必须真实,如有因任何隐瞒或提供的资料不实造成的损失,委托方有权向货运代理人追索并撤销代理合同或协议。

负有保密义务。货运代理过程中所得到的资料不得向第三者泄漏。同时,也不得将代理权转让与他人。

(2) 责任期限

从接收货物开始至到达目的地将货物交给收货人为止,或根据指示将货物置于收货人指定的地点作为完成并履行合同中规定的交货义务。

（3）对合同的责任

国际货运代理人应对自己没有执行合同所造成的货物损失负有赔偿责任。

（4）对仓储的责任

货代在接收货物准备仓储时，应在收到货物后给委托方收据或仓库证明，并在货物仓储期间尽其职责，根据货物的特性和包装，选择不同的储存方式。

（5）权利

货运代理人有权向委托方收取因货物的运送、保管、投保、报关、签证、办理单据以及为其提供其他服务而引起的一切费用，同时还有权收取由于货运代理人不能控制的原因致使合同无法履行而产生的其他费用。

（6）除外责任

① 由于委托方的疏忽或过失。

② 由于委托方或其他代理人在装卸、仓储或其他作业过程中的过失。

③ 由于货物的自然特性或潜在缺陷。

④ 由于货物的包装不牢固、标志不清。

⑤ 由于货物送达地址不清、不完整、不准确。

⑥ 由于对货物内容的申述不清楚、不完整。

⑦ 由于不可抗力、自然灾害、意外原因。

但如能证明货物的灭失或损害是由于货运代理人的过失或疏忽所致，或带有对该货物的灭失、损害应付的赔偿责任。

4. 国际货运代理协会联合会（FIATA）的简介

国际货运代理协会联合会是世界国际货运代理的行业组织。该会于 1926 年 5 月 31 日在奥地利的维也纳成立，总部设在瑞士苏黎世。其目的是保障和提高国际货运代理在全球的利益。该组织是一个在世界范围内运输领域最大的非政府和非盈利性组织，具有广泛的国际影响，其成员包括世界各国的国际货运代理行业。该会是联合国经济与社会组织及联合国贸易发展大会的咨询者，并被确认为国际货运代理业的代表。

二、国际贸易术语与国际贸易惯例

1. 国际贸易术语的含义及作用

（1）国际贸易术语的含义

贸易术语是进出口商品价格的重要组成部分，是用几个英文字母的缩写来说明买卖双方有关费用、风险和责任的划分，确定卖方交货和买方接货方面的权利和义务。

（2）贸易术语的作用

贸易术语促进了国际贸易的发展，对于简化交易手续、缩短商洽时间和节约费用开支，有着重要的作用。它着重解决以下五个问题：

一是卖方在什么地方、以什么方式办理交货；二是货物发生损坏或灭失的风险何时由卖方转移给买方；三是由谁负责办理货物运输、保险以及通关过境手续；四是由谁承担办理上述事项时所需的各种费用；五是买卖双方需要交接哪些有关的单据。

可见，掌握贸易术语的运用，可以在实际业务操作中简化双方交易手续、缩短交易过程、明确双方风险、责任、义务、费用划分及交易价格构成等。

2. 国际贸易惯例的性质

交货地点不同,卖方承担的风险、责任和费用也不相同。如果双方约定,在出口国内的商品产地交货,卖方只需按约定时间和地点将货物备妥,买方则应自行安排运输工具将货物从交货地点运往最终目的地,并承担期间的一切风险、责任和费用。按这样的条件成交,货价自然很低。反过来,如果采取在进口国内的约定地点交货的贸易术语成交,卖方要承担在指定目的地将货物实际交给买方之前的一切风险。并且要负责办理货物从产地到目的地的运输、保险以及通关过境的手续,提交规定的单据,同时还要承担与之相关的费用。相较前者,货价自然也要高得多。可见,贸易术语首先直接关系到商品的价格构成、也关系到双方风险、责任、义务划分,这也是贸易术语多被称为"价格术语"的原因。

国际商会、国际法协会等国际组织以及美国一些著名商业团体经过长期努力,分别制定了用以解释国际贸易术语的规则。这些规则在国际上被广泛采用,因而形成为一般的国际贸易惯例。习惯做法与贸易惯例是有区别的。国际贸易业务中反复实践的习惯做法只有经国际组织加以编撰与解释才成为国际贸易惯例。

国际贸易惯例具有以下性质:

① 惯例本身不是法律,它对贸易双方不具有强制性,故买卖双方有权在合同中做出与某项惯例不符的规定。

② 国际贸易惯例对贸易实践仍具有重要的指导作用。一方面,如果双方都同意采用某种惯例来约束该项交易,并在合同中做出明确规定时,那么这项约定的惯例就具有了强制性。另一方面,如果双方对某一问题没有做出明确规定,也未注明该合同适用某项惯例,在合同执行中发生争议时,受理该争议案的司法和仲裁机构也往往会引用某一国际贸易惯例进行判决或裁决。

3. 与贸易术语有关的国际贸易惯例

(1)《1932 年华沙—牛津规则》

它是国际法协会专门为解释 CIF 合同而制定的。国际法协会于 1928 年在波兰首都华沙开会,制定了关于 CIF 买卖合同的统一规则,称之为《1928 年华沙规则》,最早共包括有 22 条规则。后来,在 1932 年的牛津会议上,此规则被最终修订为 21 条,并更名为《1932 年华沙—牛津规则》沿用至今。

(2)《1941 年美国对外贸易定义修订本》

它是由美国 9 个商业团体最早于 1919 年在纽约制定,原名为《美国出口报价及其缩写条例》,后来于 1941 年在美国第 27 届全国对外贸易会议上重新作了修订,并改名为《1941 年美国对外贸易定义修订本》。

(3)《2010 年国际贸易术语解释通则》

《国际贸易术语解释通则》的缩写形式为 INCOTERMS,它是国际商会为了统一对各种贸易术语的解释而制定的。最早的《通则》产生于 1936 年,后来为适应国际贸易业务发展的需要,国际商会对其先后进行过多次修改和补充。现行的《2010 年国际贸易术语解释通则》(以下简称《2010 通则》)是国际商会根据国际贸易的发展,考虑到了免税贸易区的不断增加,电子沟通在商务中的不断增多,以及更多重视货物运输中的安全和变化等问题,对《2000 年国际贸易术语解释通则》(以下简称《2000 通则》)进行了修订,于 2010 年 9 月 27 日颁布,从 2011 年 1 月 1 日起实施。

《2010 通则》与《2000 通则》比较,主要有以下四个变化:

① 在新通则中,国际贸易术语的数量由原来的 13 个减少到现在的 11 个。

《2010 通则》用两个可以不顾及已经议定运输模式的新术语——DAT(目的地交货)和 DAP(指定地点交货)代替了《2000 通则》中的 DAF、DES、DEQ 和 DDU 术语,在原来的 D 组术语中只保留了 DDP 术语。

② 在新通则中,11 种贸易术语将原来的 E、F、C、D 四组按照运输方式的不同分为两大类,第一类:适用于任何运输方式的术语(any mode)和适用于海上和内陆运输的术语(sea or inland waterway)。

③ 在《2000 通则》中,大家熟知的 FOB、CFR 和 CIF 三个术语中的风险划分点,由原来的以越过船舷为界改成将货物装运上船,这一改变更准确地反映了现代商业现实,避免了以往风险围绕船舷这条虚拟界线来回摇摆而发生货物的损失或纠纷。

④ 传统的 INCOTERMS 规则只在国际销售合同中适用,此种交易货物运输需跨越国界,在《2010 通则》中,国际商会正式认可所有的贸易规则既可适用于国际贸易也可适用于国内贸易。

此外,在《2010 通则》中,规定使电子通信方式具备和纸质通信方式相同的效力、保险范围,以及连环贸易新说明,使之更适合当今国际贸易的新变化、新特点。

11 种贸易术语的具体解释如表 8-1 所示。

表 8-1 11 种贸易术语解释

组别	术语	全　称	交货地点及含义
E 组	EXW	EX Works	工厂交货
F 组	FCA FAS FOB	Free Carrier Free Alongside Ship Free on Board	货交承运人 装运港船边交货 装运港船上交货
C 组	CFR CIF CPT CIP	Cost and Freight Cost insurance and Freight Carriage Paid to Carriage insurance Paid to	成本加运费 成本加运费、保险费 运费付至 运费、保险费付至
D 组	DAT DAP DDP	Delivered At Terminal Delivered At Place Delivered Duty Paid	目的地交货 指定地点交货 完税后交货

课堂讨论

四组贸易术语为什么按此顺序排列?

4. 常见的三种国际贸易术语

(1) FOB 术语

1) FOB 术语的含义:

FOB 的全文是 Free On Board,即船上交货,习惯称为装运港船上交货。该术语下的风险转移界限为将货物装运上船,适用于水上运输,交货地点为装运港口。

物流业务流程

2) 卖方义务：

① 在合同规定的时间和装运港口，将合同规定的货物交到买方指派的船上，并及时通知买方。（交货）

② 承担货物交至装运港船上之前的一切费用和风险。（费用和风险）

③ 自负风险和费用，取得出口许可证或其他官方批准证件，并且办理货物出口所需的一切海关手续。（证件、手续）

④ 提交商业发票和证明卖方已按规定交货的清洁单据，或具有同等作用的电子信息。（单据）

3) 买方义务：

① 订立从指定装运港口运输货物的合同、支付运费，并将船名、装货地点和要求交货的时间及时通知卖方。（运输）

② 根据买卖合同的规定受领货物并支付货款。（受货、付款）

③ 承担受领货物之后所发生的一切费用和风险。（费用、风险）

④ 自负风险和费用，取得进口许可证或其他官方证件，并办理货物进口所需的海关手续。（证件、手续）

课堂讨论

某出口公司向外商出售一级大米 300 吨，成交价格条件为 FOB 上海。装船时货物经检验符合合同要求，货物出运后，卖方及时向买方发出装船通知。但在航运途中，因海浪过大，大米大半被海水浸泡，品质受到影响。货物到达目的港后，只能按三级大米价格出售，于是买方要求卖方赔偿差价损失。请讨论应如何处理这一纠纷？

（2）CFR 术语

1) CFR 术语的含义：

CFR 的全文是 Cost And Freight，即成本加运费。该术语适用于水上运输，风险转移界限为将货物装运上船，交货地点为装运港口。

2) 卖方义务：

① 签订从指定装运港将货物运往约定目的港的合同；在买卖合同规定的时间和港口，将合同要求的货物装上船并支付至目的港的运费；装船后及时通知买方。（运输）

② 承担货物在装运港被装运上船之前的一切费用和风险。（费用和风险）

③ 自负风险和费用，取得出口许可证后其他官方证件，且办理货物出口所需的一切海关手续。（证件、手续）

④ 提交商业发票，及自费向买方提供为买方在目的港提货所用的通常的运输单据，或具有同等作用的电子信息。（单据）

3) 买方义务：

① 接受卖方提供的有关单据，受领货物，并按合同规定支付货款。（收货、付款）

② 承担货物在装运港被装运上船以后的一切风险。（风险）

③ 自负风险和费用，取得进口许可证或其他官方证件，并且办理货物进口所需的海关手续，支付关税及其他有关费用。（证件、手续）

在 CFR 术语下装船通知的重要性

CFR 条件下,根据国际贸易惯例的解释和有些国家的法律规定,卖方在货物装船后必须及时向买方发出装船通知,以便买方及时办理保险手续,防止漏保。对此,买卖双方往往还要在合同中做出明确规定,如果卖方不及时发出装船通知,致使买方未能投保,卖方要求承担货物在运输途中的风险。英国《1893 年货物买卖法》(1979 年修订本)中规定:"如果卖方未向买方发出装船通知,以便买方对货物办理保险,那么,货物在海运途中的风险被视为由卖方负担。"就是说,如果货物在运输途中遭到损坏或灭失,由于卖方未发出装船通知使买方漏保,那么卖方就不能以风险在船舷转移为由免除责任。

(3) CIF 术语

1) CIF 术语的含义:

CIF 的全文是 Cost Insurance And Freight,即成本加保险费、运费。该术语适用于水上运输方式,风险转移界限为装运港货物装运上船时,交货地点为装运港口。

2) 卖方的义务:

① 签订从指定装运港承运货物的合同;在合同规定的时间和港口,将合同要求的货物装上船并支付至目的港的运费;装船后须及时通知买方。(运输)

② 承担货物在装运港被装运上船之前的一切费用和风险。(费用和风险)

③ 按照买卖合同的约定,自负费用办理水上运输保险。(保险)

④ 自负风险和费用,取得出口许可证或其他官方批准证件,并办理货物出口所需的一切海关手续。(证件、手续)

⑤ 提交商业发票和在目的港提货所用的通常的运输单据或具有同等作用的电子信息,并且自费向买方提供保险单据。(单据)

3) 买方义务:

① 接受卖方提供的有关单据,受领货物,并按合同规定支付货款。(受货、付款)

② 承担货物在装运港被装运上船之后的一切风险。(风险)

③ 自负风险和费用,取得进口许可证或其他官方证件,并且办理货物进口所需的海关手续。(证件、手续)

课堂讨论

2000 年 8 月,某公司从巴基斯坦购买棉纱。其中三马牌 40 支棉纱 300 包,金鱼牌 20 支棉纱 200 包,合计金额 9.35 万美元,价格条件 CIF 香港。货物装船后,卖方向买方提交全套有效单据。同年 12 月,进口商提货时,发现部分棉纱已受到污损,经检验公正,共计损失 2932.68 美元。于是买方要求卖方如数赔偿。在协商不能解决纠纷的情况下,买方向法院起诉。

问题:1. 部分棉纱已受到污损如何确认,如何赔偿?

2. 如果是运输途中部分棉纱受到污损,那么责任应由哪方承担?

（4）三种常见价格术语的异同（见表 8-2）

表 8-2　三种常见价格术语的主要异同点表

价格术语	交货地点	风险划分	出口报关	进口报关	租船订舱	运费支付	保险办理	运输方式
FOB	装运港口	货物装运上船	卖方	买方	买方	买方	买方	水上运输
CIF	装运港口	货物装运上船	卖方	买方	卖方	卖方	卖方	水上运输
CFR	装运港口	货物装运上船	卖方	买方	卖方	卖方	买方	水上运输

任务实训

　　案例分析 1：美国出口商与韩国进口商签定了一份 FOB 合同，合同规定由卖方出售 2000 公吨小麦给买方。小麦在装运港装船时是混装的，共装运了 5000 公吨，准备在目的地由船公司负责分拨 2000 公吨给买方。但载货船只在途中遇高温天气货物发生变质，共损失 2500 公吨。卖方声称其出售给买方的 2000 公吨小麦在运输途中全部损失，并认为根据 FOB 合同，风险在装运港越过船舷时已经转移给买方，故卖方对损失不负责任。买方则要求卖方履行合同。双方发生争议，后将争议提交仲裁解决。试分析仲裁机构将如何裁决？

　　案例分析 2：某出口公司按 CIF 伦敦向英商出售一批核桃仁，由于该商品季节性较强，双方在合同中规定，买方须于 9 月底前将信用证开到，卖方保证货运船只不迟于 12 月 2 日驶抵目的港。如货轮迟于 12 月 2 日抵达目的港，买方有权取消合同；如货款已收，卖方必须将货款退还买方。试分析合同中有关条款存在的问题。

　　案例分析 3：我某公司按 CFR 术语与英国 A 客户签约成交，合同规定保险由买方自理。我方于 9 月 1 日凌晨 2 点装船完毕，受载货轮于当日下午起航。因 9 月 1 日和 2 日是双休日，我方未及时向买方发出装船通知。3 日上班收到买方急电称：货轮于 2 日下午 4 时遇难沉没，货物灭失，要求我方赔偿全部损失。试分析此案例中货物灭失的责任应由何方承担。

成绩评定表

考评内容	国际货代案例分析能力				
	具体内容	分值	自评 30%	互评 30%	师评 40%
考评标准	案例分析 1 回答正确	30			
	案例分析 2 回答正确	30			
	案例分析 3 回答正确	30			
	回答问题积极	10			
	合　计	100			

物流业务流程

任务二　解读国际货代业务流程

情景展现

　　发货人将500包书委托伦敦一经营联运业务的货运代理,将货物自伦敦运抵曼谷。该批货物被装入一集装箱,且由货运代理自行装箱,然后委托某船公司承运。承运人接管货物后签发了清洁提单。货物运抵曼谷目的港时,铅封完好,但箱内100包书却不见了,发货人向货运代理发起诉讼,诉其短交货物,要求索赔。

　　问题:1. 此种索赔是否属于货运代理责任险范围?

　　　　　2. 货运代理对短交货物是否应负赔偿责任?

一、国际货运代理基本业务流程

国际货运代理基本业务流程如图8-1所示。

1. 货主询价

(1) 海运询价

① 需掌握发货港至各大洲、各大航线常用的以及货主常需服务的港口价格。

② 主要船公司的船期信息。

③ 需要时应向询价货主问明一些类别信息,如货名、危险级别等。

(2) 陆运询价

① 需掌握与各大主要城市之间的公里数和拖箱价格。

② 各港区装箱价格。

③ 报关费、商检、动植检收费标准。

对于不能及时提供回复的询价,需请客户留下电话、姓氏等联系要素,以便在尽可能短的时间内作出回复。

2. 接单(接受货主委托)

接受货主委托后(一般为传真件)需明确如下重点信息:

① 船期、件数。

② 箱型、箱量。

③ 毛重。

④ 体积。

⑤ 付费条款、货主的联系方法。

⑥ 做箱情况。

3. 订舱

① 填制委托书(十联单)。制单时应最大程度保证原始托运单的数据正确、相符,以减少后续过程的频繁更改。

② 加盖公司订舱章订舱。需提供订舱附件的(如:船公司价格确认件)也应一并备齐方

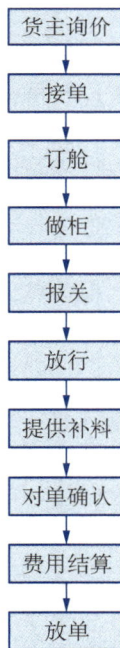

图 8-1　国际货代基本业务流程

货主询价

接单

订舱

做柜

报关

放行

提供补料

对单确认

费用结算

放单

物流业务流程

能订舱。

③ 取得配舱回单,摘录船名、航次、提单号信息。

4. 做箱

做箱又称为装箱。集装箱运输中有整箱货和拼箱货之分,整箱货为一个货主,可以实现门到门服务,即卖方仓库门内自己装箱,到买方仓库门内拆箱。拼箱货可以有多个卖方和多个买方,在卖方货运站拼装箱和买方货运站拆分箱。

① 门到门。填妥装箱计划中的做箱时间、船名、航次、关单号、中转港、目的港、毛重、件数、体积、门点、联系人、电话等内容,并先于截关日(船期前两天)1~2 天排好车班。

② 内装。填妥装箱计划中的船期、船名、航次、关单号、中转港、目的港、毛重、件数、体积、进舱编号等内容,先于截关日(船期前两天)1~2 天排好车班。

③ 取得装箱单(CLP)。

5. 报关

(1) 接受报关委托

如需要货代公司代理报关,货代公司应要求货主出具《报关委托书》,以明确双方的责任和权利。

(2) 准备报关单证

需要的单证主要有进出口货物报关单、货物发票、陆运单、空运单和海运进口的提货单以及海运出口的装货单、货物装箱单、贸易合同、货物产地证书等。

(3) 报关单预录入

根据《中华人民共和国海关对报关单位和报关员的管理规定》中第 19 条的规定:在实行计算机报关的口岸,代理报关单位、自理报关单位或者报关员应当负责将报关单上的数据录入电子计算机,并将数据、内容传到海关自动化报关系统,海关方予接受申报。

(4) 递单

报关单位在完成了报关单的预录入后,还应将报关附随的单据以及按规定填制好的进出口货物报关单正式向海关递交。

(5) 配合查验

海关查验是指海关根据《海关法》确定进出境货物的性质、价格、数量、原产地、货物状况等是否与报关单上已申报的内容相符,对货物进行实际检查。海关查验时需要进出口货物的收、发货人或其报关代理人到场配合查验。

(6) 缴纳税费

根据《海关法》的有关规定,进出口的货物除国家另有规定外,均应征收关税。关税由海关依照海关进出口税则征收。

6. 放行

报关完成,货物可以放行,由进出口货物的收发货人或其代理人装运货物。

7. 提供补充材料

因为订舱时所提供的材料只包含一些大概的内容,所以要确认最后提单上的详细内容,就需要提供补充材料。

8. 对单

即三方对单,是指货代和货主核对、船公司和货代核对,主要核查在整个进出口货代流程中三方当事人的相关单据的一致性,如出现差异要找出原因,明确责任。

9. 费用结算

一般由货代公司为客户先垫付运费、港杂费等各项费用。当货物运输完成后,货代公司按双方约定的费用及实际操作中发生的费用,为客户开具发票,客户收到发票后,按发票金额付款。

10. 放单

费用结算完成后,货代把相关单据移交给进出口货物收发货人,完成整个货代流程。单据移交的方式主要有以下两种:

一是货主自来取件的,需签收后再移交;二是通过 EMS 和快递送达的,应在"名址单"上标明诸如:"提单号"、"发票号"、"核销单号"、"许可证号"、"配额号"等要素以备日后查证。

二、集装箱场站收据的使用

1. 场站收据的性质和作用

场站收据(样例见表 8-4)是指由承运人发出的证明已收到托运货物并开始对货物负责的凭证。与传统件杂货运输中使用的托运单证相比,场站收据是一份综合性单证,它把货物托运单(订舱单)、装货单(关单)、大副收据、理货单、配舱回单、运费通知等单证汇总成为一份票据。这对于提高集装箱货物托运效率具有很大意义。

场站收据一般是由托运人口头或书面订舱,与船公司或船代达成货物运输的协议。船代确认订舱后由船代交托运人或货代填制,在承运人委托码头堆场、集装箱货运站或内陆货站收到整箱货或拼箱货后签发生效。托运人或其代理人可凭场站收据向船代换取已装船或待装船提单。船公司或船代确认订舱并在场站收据上加盖有报关资格的单证章后将场站收据交给托运人或其代理人,同时也意味着运输合同开始执行。

场站收据是出口货物报关的凭证之一,也是承运人已收到托运货物并开始对货物负责的证明,是换取航运提单或联运提单的凭证,还是船公司、港口组织装卸、理货、配载的资料和运费结算的依据。此外,如信用证中有规定,场站收据还可作为向银行结汇的单证。

2. 场站收据的组成

场站收据是集装箱运输专用的出口单证,其因不同的港、站使用的情况不同,其格式也有所不同,总联数有十联、十二联、七联不等。这里以十联的格式为例说明场站收据的组成情况,详见表 8-3。

表 8-3　场站收据的组成

第一联	货方留底		
第二联	集装箱货物托运单(船代留底)	白色	(一)
第三、四联	运费通知(1)、(2)	白色	
第五联	装货单——场站收据副本(关单)	白色	(二)
第六联	场站收据副本——大副联	粉红色	(三)
第七联	场站收据正本	淡黄色	(四)
第八联	货代留底	白色	(六)
第九、十联	配舱回单(1)、(2)	白色	(七)

物流业务流程

表 8-4 集装箱场站收据

▽

Shipper （发货人）		D/R No.（编号）

Consignee （收货人）

场站收据
DOCK RECEIPT

第六联

Notify Party （通知人）

Received by the Carrier the Total number of containers or other packages or units stated below to be transported subject to the terms and conditions of the Carrier's regular form of Bill of Lading （for Combined Transport or Port to Port Shipment）which shall be deemed to be incorporated herein.
Date （日期）：

Pre-carriage by （前程运输） Place of Receipt （收货地点）

Ocean Vessel （船名） Voy. No.（航次） Port of Loading（装货港）

场站章

Port of Discharge（卸货港） Place of Delivery（交货地点） Final Destination for Merchant's Reference（目的地）

Container No.（集装箱号）	Seal No.（封志号）Marks & Nos.（标记与号码）	No. of containers or Pkgs.（箱数或件数）	Kind of Packages：Description of Goods（包装种类与货名）	Gross Weight 毛重（公斤）	Measurement 尺码（立方米）
TOTAL NUMBER OF CONTAINERS OR PACKAGES (IN WORDS) 集装箱数或件数合计（大写）					

Particulars Furnished by Merchants

Container No. （箱号） Seal No. （封志号） Pkgs. （件数） Container No. （箱号） Seal No. （封志号） Pkgs. （件数）

	Received（实收）	By Terminal Clerk （场站员签字）

FREIGHT & CHARGES	Prepaid at （预付地点）	Payable at （到付地点）	Place of Issue （签发地点）
	Total Prepaid （预付总额）	No. of Original B (s)/L （正本提单份数）	BOOKING （订舱确认） APPROVED BY

Service Type on Receiving □ - CY, □ - CFS, □ - DOOR		Service Type on Delivery □ - CY, □ - CFS, □ - DOOR		Reefer Temperature Required.（冷藏温度）		℉ ℃
TYPE OF GOODS （种类）	□ Ordinary,（普通） □ Reefer,（冷藏） □ Dangerous,（危险品） □ Auto.（裸装车辆）			危险品	Glass: Property: IMDG Code Page: UN NO.	
	□ Liquid,（液体） □ Live Animal,（活动物） □ Bulk（散货） □ _____					

3. 场站收据的填制

① 场站收据各栏目由托运人填制,要求各项填写清晰。在托运过程中,任何项目的更改,都应由提出更改的责任方编制更正通知单,并及时送达有关单位主管部门。

② 场站收据的收货方式和交货方式应根据运输条款如实填写,同一单不得出现两种收货方式或交货方式。

③ 冷藏货出运,应正确填报冷藏温度。

④ 危险品出运应正确填报类别、性能、危规页数和联合国危险品编号(UN No.)。如除国际危规规定主标以外还有副标,在性能项目栏内用"(主标)/(副标)"方式填报。

⑤ 第2、3、4联和第8、9联右下角空白栏供托运人备注用。

4. 场站收据流转过程

在集装箱货物出口托运过程中,场站收据要在多个机构和部门之间流转。在流转过程中涉及的有托运人、货代、船代、海关、堆场、理货公司、船长或大副等。场站收据流转过程及程序为:

① 托运人(或货代)填制后,留下第一联货方留底联,将第二～十联送船代(签单)编号。

② 船代编号后,留下第二～四联,并在第五联上加盖确认订舱及报关章后将第五～十联退给货代,货代留下第八联,并把第九、十联送给托运人做配舱回单。

③ 第五～七联报关使用。

④ 海关审核认可后,在第五联装货单上加盖放行章并把这些联退给报办人、货代或托运人。

⑤ 货代负责将箱号、封志号件数等填入第五～七联,并将集装箱货物与这些联在堆场规定时间一并送堆场。

⑥ 场站业务员在集装箱货物进场、验收完毕后,在第五～七联上填入实收箱数、进场完毕日期并签收和加盖场站公章。第五联由场站留底,第六联送理货员。理货员在装船时将第六联交大副,并将经双方签字的第七联即场站收据正本返回货代。

任务实训

1. 看懂空白场站收据及填制要求。

2. 据以下资料填制场站收据。

上海广电公司出口1000台29寸彩电,确定成交条件CIF,CY-D运输条款,L/C受益人是上海广电公司;L/C开证人是美国家用电器公司;收货人代理是环宇物流公司,发货人是上海广电公司,一程船"海虹"轮,二程船"金山"轮,第48航次,装船港是上海,中转港神户;卸船港西雅图;交货地底特律,箱号是7687629、4863562,关封号为5674813、5674814,提单号0022,件数1000台电视机,纸箱,尺码60 m³,运费费率FAK,附加费率THC\DDC\BAF\CAF,提单签发日期2010年8月11日,正本提单3份;货名29寸彩电,唛头1/1000—1000/1000,装载2×20'GP,毛重28000 KG,由发货人装载并计数,货物申报20000美元,运费支付地与提单签发地一致;装箱日期2010年8月2日,海关验收和场站收货日期2010年8月8日,大副收据日期2010年8月10日。空白场站收据见表8-3。

3. 每组学生模拟发货人、船代、海关、堆场、外理和船公司签发单证并流转传递单证。

4. 根据流程图 8-2，用文字描述业务流程。

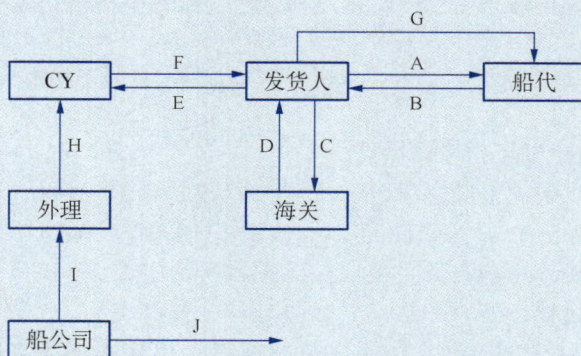

图 8-2　场站收据操作流程图

A＿＿＿＿＿＿＿＿＿＿＿＿＿＿＿＿＿＿＿＿＿＿＿＿＿＿＿
B＿＿＿＿＿＿＿＿＿＿＿＿＿＿＿＿＿＿＿＿＿＿＿＿＿＿＿
C＿＿＿＿＿＿＿＿＿＿＿＿＿＿＿＿＿＿＿＿＿＿＿＿＿＿＿
D＿＿＿＿＿＿＿＿＿＿＿＿＿＿＿＿＿＿＿＿＿＿＿＿＿＿＿
E＿＿＿＿＿＿＿＿＿＿＿＿＿＿＿＿＿＿＿＿＿＿＿＿＿＿＿
F＿＿＿＿＿＿＿＿＿＿＿＿＿＿＿＿＿＿＿＿＿＿＿＿＿＿＿
G＿＿＿＿＿＿＿＿＿＿＿＿＿＿＿＿＿＿＿＿＿＿＿＿＿＿＿
H＿＿＿＿＿＿＿＿＿＿＿＿＿＿＿＿＿＿＿＿＿＿＿＿＿＿＿
I＿＿＿＿＿＿＿＿＿＿＿＿＿＿＿＿＿＿＿＿＿＿＿＿＿＿＿
J＿＿＿＿＿＿＿＿＿＿＿＿＿＿＿＿＿＿＿＿＿＿＿＿＿＿＿

注意事项

① 各组学生模拟各方办理业务时，要注意先后次序，是按照前后逻辑关系依次进行的。

② 各模拟方要熟知各自职责。

③ 单证填写字迹工整，不得涂改。

成 绩 评 定 表

考评内容	货代业务基本流程描述能力				
考评标准	具体内容	分值	自评30%	互评30%	师评40%
	单证填制正确	25			
	业务流程描述正确	25			
	十联单各单用途说明正确	20			
	办理相关交接业务手续正确	20			
	课堂纪律表现良好，单证填制字迹工整符合要求	10			
	合　计	100			

任务三　报关业务的操作

　　某企业进口一台机器,用了4个集装箱分装,舱单和提单上注有货主箱,某货代公司在代理报关时,由于制单人的疏忽,报关单和工作单上未注明货主箱,并按拆箱运输方式下达工作指令,拆箱后货物用汽车运走,而遗留的4个空的集装箱则被货代公司当成船公司箱运回日本,几经追查无法找到,箱内还遗留过滤网等零件,企业因缺少零件无法调试,遂向法院起诉。要求货代公司赔付15000元人民币和4个集装箱。经法院调解,要求货代公司赔付2个集装箱和5000元人民币,货代不服,上诉至高级法院,高级法院认为一审无错,准备维持原判,在此情况下,货代公司让步,达成调解协议,赔付了45000元人民币。

　　问题:你认为货代公司有哪些过失? 应该承担的责任有哪些?

一、报关基本知识

1. 报关单位

　　海关对进出口货物报关管理的主要制度实际是报关注册登记制度。凡是在中华人民共和国进出境口岸办理进出口货物报关手续的企业必须向海关办理报关注册登记。

　　要履行进出口货物的报关手续,必须先经海关批准成为报关单位。能够向海关注册登记的单位分为两类,一类是办理报关注册登记单位;另一类是办理代理报关注册登记单位。办理报关和代理报关登记,均应在企业所在地海关办理。报关业务,应由报关企业和代理报关企业指派专人即报关员办理。报关员必须经海关培训、考核合格并获得由海关颁发的《报关员资格证书》才可以从事报关工作。

2. 报关期限

　　进出口货物的报关期限在《海关法》中有明确的规定,而且出口货物与进口货物的报关期限是不同的。

　　出口货物的发货人或其代理人除海关特许外,应当在装货的24小时以前向海关申报。这样规定是为了在装货前给海关有充足的查验货物的时间,以保证海关工作的正常进行。

　　如果在这一规定的期限之前没有向海关申报,海关可以拒绝接受通关申报。这样,出口货物就得不到海关的检验、征税和放行,无法装货运输,从而影响运输单据的取得,甚至造成延迟装运、违反合同。因此,应该及早向海关办理申报手续,做到准时装运。

　　进口货物的收货人或其代理人应当自载运该货的运输工具申报入境之日起14天内向海关办理进口货物的通关申报手续。做出这样的规定是为了加快口岸疏运,促使进口货物早日投入使用,减少差错,防止舞弊。

二、报关业务流程

1. 申报

申报是指进出口货物的收发货人或其代理人在进出口货物时,在海关规定的期限内,以书面或电子数据交换方式向海关报告其进出口货物的情况,并随附有关货运和商业单据,申请海关审查放行,即通常所说的"报关"。

2. 配合查验

海关查验货物时,进出口货物收发货人或其代理人应到场,配合海关查验,并负责搬移货物,开拆和重封货物的包装。

3. 缴纳税费

进出口货物收发货人或其代理人,应在海关填发税款缴纳证次日起7个工作日内,向指定银行缴纳税款。

4. 放行

进出口货物收发货人或其代理人在依法办理了进口货物的申报、陪同查验和缴纳税费等手续,获得海关放行后,就可以向海关领取签盖有海关"放行章"的进出口货物提货单或运单或特制的放行条。进出口货物收发货人或其代理人凭上述海关签章的单证之一,到货物进境地的港区、机场、车站或其他地点的海关监管仓库或监管区提取进口货物。

三、进出口货物报关单的填制

1. 预录入编号

这是指申报单位或预录入单位对该单位填制录入的报关单的编号,用于该单位与海关之间引用其申报后尚未批准放行的报关单。报关单录入凭单的编号规则由申报单位自行决定。预录入报关单及EDI报关单的预录入编号由接受申报的海关决定编号规则,通过计算机自动打印。

2. 海关编号

这是指海关接受申报时给予报关单的编号。

3. 进口口岸/出口口岸

这是指货物实际进(出)我国关境口岸海关的名称。本栏目应根据货物实际进(出)口的口岸海关选择填报《关区代码表》中相应的口岸海关名称及代码。

4. 备案号

这是指进出口企业在海关办理加工贸易合同备案或征减、免、税审批备案等手续时,海关给予《进料加工登记手册》、《来料加工及中小型补偿贸易登记手册》、《外商投资企业履行产品出口合同进口料件及加工出口成品登记手册》(以下均简称《登记手册》)、《进出口货物征免税证明》(以下简称《征免税证明》)或其他有关备案审批文件的编号。

5. 进口日期/出口日期

进口日期是指运载所申报货物的运输工具申报入境的日期。本栏目填报的日期必须与相应的运输工具入境日期一致。

出口日期是指运载所申报货物的运输工具办结出境手续的日期。本栏目供海关打印报关单证明联用。预录入报关单及EDI报关单均免于填报。无实际进出境的报关单填报办理申报手续的日期。本栏目为6位数,顺序为年、月、日各2位。

6. 申报日期

这是指海关接受进（出）口货物的收、发货人或其代理人申请办理货物进（出）口手续的日期。预录入及 EDI 报关单填报向海关申报的日期，与实际情况不符时，由审单员按实际日期修改批注。本栏目为 6 位数字，顺序为年、月、日各 2 位。

7. 经营单位

经营单位是指对外签订并执行进出口贸易合同的中国境内企业或单位。

本栏目应填报经营单位名称及经营单位编码。经营单位编码为 10 位数字，指进出口企业在所在地主管海关办理注册登记手续时，海关给企业设置的注册登记编码。

8. 运输方式

这是指载运货物进出关境所使用的运输工具的分类。本栏目应根据实际运输方式按海关规定的《运输方式代码表》选择填报相应的运输方式。

9. 运输工具名称

这是指载运货物进出境的运输工具的名称或运输工具编号。本栏目填制内容应与运输部门向海关申报的载货清单所列相应内容一致。一份报关单只允许填报一个运输工具名称。

10. 提运单号

这是指进出口货物提单或运单的编号。本栏目填报的内容应与运输部门向海关申报的载货清单所列相应内容一致。一份报关单只允许填报一个提运单号，当一票货物对应多个提运单时，应分单填报。

11. 收货单位/发货单位

本栏目应填报收、发货单位的中文名称或其海关注册编码。加工贸易报关单的收、发货单位应与《登记手册》上的"货主单位"一致。

12. 贸易方式（监管方式）

本栏目应根据实际情况，并按海关规定的《贸易方式代码表》选择填报相应的贸易方式简称或代码。

13. 征免性质

这是指海关对进出口货物实施征、减、免税管理的性质类别。本栏目应按照海关核发的《征免税证明》中批注的征免性质填报，或根据实际情况按海关规定的《征免性质代码表》选择填报相应的征免性质简称或代码。

14. 征免比例/结汇方式

征免比例仅用于"非对口合同进料加工"贸易方式下（代码"0715"）进口料、件的进口报关单，填报海关规定的实际应征税比率，例如：5％填报"5"，15％填报"15"。

出口报关单应填报结汇方式，即出口货物的发货人或其代理人收结外汇的方式。本栏目应按海关规定的《结汇方式代码表》选择填报相应的结汇方式名称或代码。

15. 许可证号

应申领进（出）口许可证的货物，必须在此栏目填报外经贸部及其授权发证机关签发的进（出）口货物许可证的编号，不得留空。

16. 起运国（地区）/运抵国（地区）

起运国（地区）指进口货物起始发出的国家（地区）。运抵国（地区）指出口货物直接运抵的国家（地区）。

本栏目应按海关规定的《国别(地区)代码表》选择填报相应的起运国(地区)或运抵国(地区)中文名称或代码。

17. 装货港/指运港

装货港是指进出口货物在运抵我国关境前的最后一个境外装运港。指运港是指出口货物运往境外的最终目的港;最终目的港不可预知的,按尽可能预知的目的港填报。

本栏目应根据实际情况按海关规定的《港口航线代码表》选择填报相应的港口中文名称或代码。

18. 境内目的地/境内货源地

境内目的地是指已知的进口货物在国内的消费、使用地或最终运抵地。

境内货源地是指出口货物在国内的产地或原始发货地。

本栏目应根据进口货物的收货单位、出口货物生产厂家或发货单位所属国内地区,并按海关规定的《国内地区代码表》选择填报相应的国内地区名称或代码。

19. 批准文号

进口报关单本栏目用于填报《进口付汇核销单》编号。

出口报关单本栏目用于填报《出口收汇核销单》编号。

20. 成交方式

本栏目应根据实际成交价格条款,按海关规定的《成交方式代码表》选择填报相应的成交方式代码。

21. 运费

本栏目用于成交价格中不包含运费的进口货物或成交价格中含有运费的出口货物填报,填写的是该份报关单所含全部货物的国际运输费用。可按运费单价、总价或运费率三种方式之一填报,同时注明运费标记,并按海关规定的《货币代码表》选择填报相应的币种代码。

运保费合并计算的,运保费也应填报在本栏目。运费标记"1"表示运费率,"2"表示每吨货物的运费单价,"3"表示运费总价。例如:5%的运费率填报为5;24美元的运费单价填报"502/24/2";7000美元的运费总价填报"502/7000/3"。

22. 保费

本栏目用于成交价格中不包含保险费的进口货物或成交价格中含有保险费的出口货物填报,填写的是该份报关单所含全部货物国际运输的保险费用。可按保险费总价或保险费率两种方式之一填报,同时注明保险费标记,并按海关规定的《货币代码表》选择填报相应的币种代码。

运保费合并计算的,运保费填报在运费栏目中。保险费标记"1"表示保险费率,"3"表示保险费总价。例如:3‰的保险费率填报"0.3";10000港元保险费总价填报"110/10000/3"。

23. 杂费

该项是指成交价格以外的、应计入完税价格或应从完税价格中扣除的费用,如:手续费、佣金、回扣等,可按杂费总价或杂费率两种方式之一填报,同时注明杂费标记,并按海关规定的《货币代码表》选择填报相应的币种代码。

应计入完税价格的杂费填报为正值或正率,应从完税价格中扣除的杂费填报为负值或负率。

杂费标记"1"表示杂费率，"3"表示杂费总价。例如：应计入完税价格的 1.5% 的杂费率填报为 1.5；应从完税价格中扣除的 1% 的回扣率填报为 −1；应计入完税价格的 500 英镑杂费总价填报"303/500/3"。

24. 合同协议号

本栏目应填报进（出）口货物合同（协议）的全部字头和号码。

25. 件数

本栏目应填报有外包装的进（出）口货物的实际件数。特殊情况下填报要求如下：①舱单件数为集装箱（TEU）的，填报集装箱个数。②舱单件数为托盘的，填报托盘数。

26. 包装种类

本栏目应根据进（出）口货物的实际外包装种类，按海关规定的《包装种类代码表》选择填报相应的包装种类代码。

27. 毛重（公斤）

毛重是指货物及其包装材料的重量之和。

本栏目填报进（出）货物实际毛重，计量单位为公斤，不足一公斤的填报"1"。

28. 净重（公斤）

净重是指货物的毛重减去外包装材料后的重量，即商品本身的实际重量。

本栏目填报进（出）口货物的实际净重，计量单位为公斤，不足一公斤的填报"1"。

29. 集装箱号

集装箱号是在每个集装箱箱体两侧标示的全球唯一的编号。

本栏目用于填报和打印集装箱编号及数量。集装箱数量四舍五入填报整数，非集装箱货物填报"0"。

例如：TBXU3605231 ∗ 1（1）表示 1 个标准集装箱；TBXU3605231 ∗ 2（3）表示 2 个集装箱，折合为 3 个标准集装箱，其中一个箱号为 TBXU3605231。

在多于一个集装箱的情况下，其余集装箱编号打印在备注栏或随附清单上。

30. 随附单据

随附单据是指随进（出）口货物报关单一并向海关递交的单证或文件，合同、发票、装箱单、许可证等必备的随附单证不在本栏目填报。

本栏目应按海关规定的《监管证件名称代码表》选择填报相应证件的代码。

31. 用途/生产厂家

进口货物填报用途，应根据进口货物的实际用途按海关规定的《用途代码表》选择填报相应的用途代码，如："以产顶进"填报"13"。

生产厂家是指出口货物的境内生产企业，本栏目必要时需手工填写。

32. 标记唛码及备注

按照发票唛头中除图形以外的文字和数字填制。

33. 项号

第一行打印报关单中的商品排列序号。

第二行专用于加工贸易等已备案的货物，填报和打印该项货物在《登记手册》中的项号。

34. 商品编号

这是指按海关规定的商品分类编码规则确定的进（出）口货物的商品编号。

35. 商品名称、规格型号

第一行打印进（出）口货物规范的中文商品名称，第二行打印规格型号，必要时可加注原文。

36. 数量及单位

这是指进(出)口商品的实际数量及计量单位。

37. 原产国(地区)/最终目的国(地区)

原产国(地区)是指进出口货物的生产、开采或加工制造国家(地区)。

最终目的国(地区)是指已知的出口货物的最终实际消费、使用或进一步加工制造国家(地区)。本栏目应按海关规定的《国别(地区)代码表》选择填报相应的国家(地区)名称或代码。

38. 单价

本栏目应填报同一项号下进(出)口货物实际成交的商品单位价格。

无实际成交价格的,本栏目填报货值。

39. 总价

本栏目应填报同一项号下进(出)口货物实际成交的商品总价。

无实际成交价格的,本栏目填报货值。

40. 币制

币制是指进(出)口货物实际成交价格的币种。

本栏目应根据实际成交情况按海关规定的《货币代码表》选择填报相应的货币名称或代码,如果《货币代码表》中无实际成交币种,需转换后填报。

41. 征免

这是指海关对进(出)口货物进行征税、减税、免税或特案处理的实际操作方式。

本栏目应按照海关核发的《征免税证明》或有关政策规定,对报关单所列每项商品选择填报海关规定的《征减免税方式代码表》中相应的征减免税方式。

42. 税费征收情况

本栏目供海关批注进(出)口货物税费征收及减免情况。

43. 录入员

本栏目用于预录入和 EDI 报关单,打印录入人员的姓名。

44. 录入单位

本栏目用于预录入和 EDI 报关单,打印录入单位名称。

45. 申报单位

申报单位是指对申报内容的真实性直接向海关负责的企业或单位。自理报关的,应填报进(出)口货物的经营单位名称及代码;委托代理报关的,应填报经海关批准的专业或代理报关企业名称及代码。

本栏目还包括报关单位地址、邮编和电话等分项目,由申报单位的报关员填报。

46. 填制日期

即报关单的填制日期。预录入和 EDI 报关单由计算机自动打印本栏目为 6 位数,顺序为年、月、日各 2 位。

47. 海关审单批注栏

本栏目指供海关内部作业时签注的总栏目,由海关关员手工填写在预录入报关单上。其中"放行"栏填写的是海关对接受申报的进出口货物做出放行决定的日期。

出口报关单样式见表 8-6 所示。

表 8-6　中华人民共和国海关出口货物报关单

预录入编号：　　　　　　　　　　　　　　　　　　　　　海关编号：

出口口岸	备案号	出口日期	申报日期	
经营单位	运输方式	运输工具名称	提运单号	
收货单位	贸易方式	征免性质	征税比例	
许可证号	起运国(地区)	装货港	境内目的地	
批准文号	成交方式	运费	保费	杂费
合同协议号	件数	包装种类	毛重(公斤)	净重(公斤)
集装箱号	随附单据			用途

标记唛码及备注

项号	商品编码	商品名称	规格型号	数量及单位	原产国(地区)	单价	总价	币制	征免

税费征税情况

录入员　录入单位	海关审单批注及放行日期(签章)
	审单　　审价
报关员	
申报单位(签章)	征税　　　统计
单位地址	
邮编　　　　电话　　　　　　　填制日期	查验　　放行

物
流
业
务
流
程

1. 看懂空白出口报关单及其填制要求。
2. 根据下列资料填制出口报关单。

经营单位：浙江奋进公司(0577123456)　　货名：V-BELT B1275（三角带）
发货单位：浙江奋进公司　　　　　　　　集装箱号：EASU9608490
贸易方式：一般贸易　　　　　　　　　　船名航次：XIN YAN TIAN V.0058W
征免性质：一般征税　　　　　　　　　　提运单号：HJSH1456
结汇方式：信用证　　　　　　　　　　　数量：V-BELT B1275 100000PCS
合同编号：20100380　　　　　　　　　　包装：100PCS IN EACH CARTON,
许可证号码：123456789　　　　　　　　1000CTNS TOTALLY（每100件装一箱，共
装运港：SHANGHAI（上海）　　　　　　1000箱）
目的港：RIYADH（利雅得）　　　　　　唛头：N/M
　　　　　　　　　　　　　　　　　　　毛重：60000 KGS

成 绩 评 定 表

考评内容	报关单的填制				
	具体内容	分值	自评30%	互评30%	师评40%
考评标准	单证填制正确	50			
	填制结果解释正确	40			
	课堂纪律表现良好,单证填制字迹工整符合要求	10			
合　计		100			

任务四　国际海运代理业务操作

　　青岛海利贸易公司委托同城的海迅货代公司办理运送一批从我国青岛港运至韩国釜山港的危险品货物。海利贸易公司向海迅货代公司提供了正确的货物名称和危险品货物的性质,海迅货代公司签发了危险品货物的B/L给海利公司。随后,海迅货代公司以托运人的身份向船公司办理该批货物的订舱和出运手续。为了节省运费,同时也因为海迅货代公司已投保责任险,货代公司向船公司谎报货物的名称,亦未告知船公司该批货

物为危险品货物。船公司按通常货物处理并装载于船舱内,结果在海上运输中,因为货物的危险性质导致火灾,造成船舶受损,该批货物全部灭失,同时也给其他货主造成巨大损失。

问题:1. 海利贸易公司、海迅货代公司、船公司在这次事故中的责任应如何划分?

2. 承运人是否应对其他货主的损失承担赔偿责任,为什么?

3. 责任保险人是否承担责任,为什么?

一、国际海运出口代理业务流程

国际海运出口代理业务流程如图 8-3 所示。

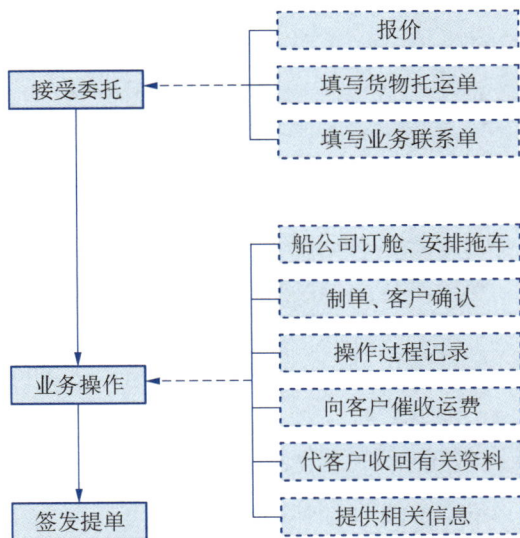

图 8-3　国际海运出口代理业务流程

1. 接受委托

① 揽货人员在对客户报价时,必须核实相关运价、运输条款、船期,在确定有能力接受委托的情况下,如实告知客户完成此次委托所需的时间和船期,并按公司对外报价表向客户报价。

② 当客户接受报价并下达委托时,揽货人员或客户服务人员有责任向客户提供该公司的空白集装箱货物托运单,也可接收客户自己的托运单;但此类托运单应包括该公司托运单的主要条款,如托运单上无运价,则需将有关书面报价附于其后。同时要求客户在托运单上签字、盖章(境外客户、托运私人物品的非贸易订舱者签字即可),如客户不能及时提供内容详细的托运单,则必须在装船前补齐,否则由此产生的费用应由客户负责。

③ 接受客户的委托后,揽货人员应详细填写业务联系单的有关内容(直接向市场部客户服务人员订舱的委托不用填写)。揽货人员在通知客户服务人员订舱的同时,把业务联系单和上述客户订舱资料交给客户服务人员。

2. 业务操作

① 一旦接受客户订舱,应尽快安排向船公司订舱及安排拖车、报关事宜(客户自拖、自报

的除外），并从拖车公司那里获取箱号、封条号。

② 尽快按委托书要求制单，并传真给客户确认。如有需要，还应将目的港代理打印在提单上，并在货物装船前完成单证校对工作。

③ 认真填写操作过程记录，对需换单转船、电放的委托应有相关记录，并提供给相关部门。

④ 货代客服人员将计费人员已经签字盖章的收费单交给客户，揽货人员有责任及时向客户催收运费或按照合同规定，定期向客户催收运费。

⑤ 货代客服人员应及时通知报关行等分承包方，退回有关资料，如出口退税核销单、报关手册等，这些资料需退还给客户，揽货人员有责任对客户服务人员给予提醒。

⑥ 当客户或揽货人员询问二程船等信息时，客服人员应给予提供。

3. 提单签发

提单签发人员必须核实货物已装船离港，验证运费收取满足合同（协议）中运费支付条款后，才能签发此次委托所对应的提单，具体操作应按作业指导书（提单签发管理规定）进行。

4. 特殊货物

① 承接大型物资的运输：应由相关人员进行运输线路的实地考查，确保有能力承接的情况下，才可接受委托，并委派合格的专业承包方实施服务。

② 对冷藏货物的运输：应委派合格分承包方检验冷藏集装箱温度是否符合顾客要求，船上有无可供电源和插座等，拖集装箱时安排符合要求的拖车实施服务。

③ 对危险品的运输：要求客户必须提供完整的危险品适运资料，包括：发货人详细名称、地址、电话；目的港应急联络人；危险品货物安全适运申报单、适运证及装箱证明书；简明应急措施。应委派合格分承包方，采用危险品专用拖车进行陆路运输，在货物上粘贴危险品标志。

二、国际海运进口代理业务流程

国际海运进口代理业务流程如图 8-4 所示。

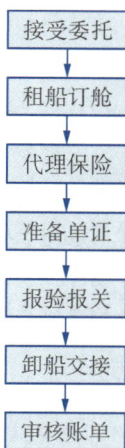

1. 接受委托

货代接受货主委托，双方签订委托代理协议。

2. 租船订舱

货代与货主签订委托代理合同以后，就承担了安排进口货物运输的责任，面对选择运输形式和承运人，代办订舱或代签租船合同，安排装船并进行货物交接等业务。

3. 代理保险

进口货物在国外装船后，卖方应按合同规定，向买方发出装船通知，以便买方做好接货准备，如为买方自行保险者（采用的是 FOB、CFR 方式）应办理投保手续。

4. 准备单证

各项进口单证，是进口货物在卸船、报关、报验、交接和运输环节必不可少的，因此，必须及时收集整理。这些单证主要有：提单、发票、装箱单、保险单、进口许可证、品质证明和产地证明等。

接受委托

租船订舱

代理保险

准备单证

报验报关

卸船交接

审核账单

图 8-4　国际海运
进口代理
业务流程

5. 报验报关

货运代理人接到《进口通知单》后,确属法定商检的货物,先申请检验,取得检验合格证书或商检在进口货物报关单上盖放行章后,凭进口货物报关单,并随发票、提单等有关单据申请报关。海关查验、征税后放行。

6. 卸船交接

进口货物到港后,货运代理人受收货人委托,负责在港口卸船交接工作。主要包括卸船前的准备、卸船、处理验残和溢短、货物交接等环节。

7. 审核账单

货运代理应替货主把好运费关,认真审核账单(包括:国外段的班轮运费清单、装货费用、加班费、垫料费、捆扎费、杂费;国内段的到货费用、代运费用、自提费用以及进口货物劳务费等),并及时支付运费给船方。

三、海运提单的填制

海运提单填制的主要依据是托运单、信用证。现以中国远洋运输总公司海运提单为例,就海运提单的栏目内容及填制要点逐项予以说明。

① 提单号码(B/L No.)。提单上必须注明承运人或其代理人规定的提单编号,以便与其他有关的装运单据核查、对照,否则该提单无效。提单号码由承运人或代理人提供,并已在托运单中载明,此栏可照托运单填写。

② 托运人(Shipper)。托运人是与承运人签订运输契约的人,也是发货人。在信用证支付条件下,托运人一般为信用证受益人。在某些特殊情况下或收货人要求以某一第三者作为托运人,只要信用证中无特殊规定,可填受益人之外的第三者为托运人。根据《UCP500》第 33 条的规定:"除非信用证另有规定,银行将接受表明以信用证受益人以外的第三者作为发货人的运输单据。"托收方式条件下以托收的委托人为托运人。

③ 收货人(Consignee)。在信用证支付条件下,应严格按信用证规定填制收货人。信用证中对收货人的规定有记名式、指示式和不记名式三种方式。记名式提单的收货人填信用证指定的收货人名称;指示式提单的收货人栏按信用证的不同规定可制成"To Order of ××× "(按开证申请人指示),"To Order of ××× Bank"(按开证行指示)或"To Order of Shipper"(按托运人指示)等;不记名提单收货人填"To Bearer"(交持票人)或"To Order"即空白不抬头。

④ 被通知人(Notify Party)。被通知人是指接受船方发出货到通知的人,它是收货人的代理人。此栏应严格按信用证规定填写。若信用证中未规定有被通知人,提单正本可按信用证办理,留空不填。但提供给船公司的副本提单仍要详细列明被通知人(也可以信用证申请人作为被通知人)的名称和地址。托收方式条件下的被通知人填托收的付款人。

⑤ 首程运输工具(Pre-carriage by)。若货物需转运,此栏填写第一程船的船名;若货物不需转运,此栏空白不填。

⑥ 收货地点(Place of Receipt by Pre-carriage)。若货物需转运,填写收货的港口名称或地点。若货物不需转运,此栏空白不填。

⑦ 船名(Ocean Vessel)。填实际装运的船名。如果是班轮,应加注航次号(Voy. No.)。

⑧ 装运港(Port of Loading)。填实际装运港名称,且应符合信用证要求。若信用证对装

运港的规定较笼统,如"China Ports"(中国港口),填写时应按实际装运港名称填制。

⑨ 卸货港(Port of Discharge)。在信用证支付条件下,应按信用证规定填写。若信用证规定有两个以上的选择港口,只能选择其中一个填写。若货物直达目的港,卸货港填最后的目的港。若货物需在中途港口转船再运,则填转船地。

⑩ 最后目的港(Final Destination)。按信用证规定的目的港填写。

⑪ 运费缴付地点(Freight Payable at)。按所采用的贸易术语不同,FOB 填目的港,CIF 或 CFR 填装运港。通常情况下此栏也可留空不填。

⑫ 提单正本份数(Number of Original B/L)。提单正本份数应根据信用证条款要求出具,并在本栏注明。若信用证要求出具"全套提单"、"全套正本提单",可出具两至三份正本。每份正本提单的效力相同,若其中一份用于提货,则其余各份立即失效。

⑬ 唛头(Marks & Nos.)按信用证规定的唛头填写,且与其他单据上的唛头一致。

⑭ 件数、包装种类及货物描述(Number and Kind of Packages;Description of Goods)件数、包装种类可按发票有关栏目内容填写,且与信用证要求和实际货物相符。

⑮ 毛重(Gross Weight)。填货物总毛重,且与发票、装箱单、托运单等有关单据一致。一般以公斤为计量单位,公斤以下四舍五入。除非信用证有特别规定,一般不填净重。

⑯ 尺码(Measurement)。填货物的体积,且必须与托运单一致,除非信用证有特别规定,一般以立方米(m^3 或 CBM)为计量单位,且应保留小数点后三位。

⑰ 运费支付情况(Freight)。提单运费栏记载运费支付有三种情况:Freight Paid(运费已付)、Freight Prepard(运费预付)和 Freight Collect (运费到付)。信用证支付条件下,按信用证规定填制。一般在 CFR、CIF 条件下,填"Freight Prepaid"或"Freight Paid ";在 FOB 条件下,填"Freight Collect"或"Freight Payable at Destination"。

⑱ 大写件数(Total Packages〈in words〉)。填英文大写包装件数,且与上述第14栏填写的包装件数相符。习惯上先填"Say"字,末尾加填一个"Only"。对于散装货物此栏留空不填。

⑲ 运费(Freight and Charges)。此栏一般不填。若信用证条款对此有要求,可填运费率与运费总额。

⑳ 提单签发地及提单日期(Place and Date of Issue)。提单签发地应是装货港地点。若中途转船则应是一程船装货港地点。提单签发日期是指装完货的日期,而非接收货物开始装船的日期,国际惯例将其视为装运日。根据《UCP500》的规定,提单日期不能迟于信用证规定的最迟装运期。

㉑ 承运人签字(Signed for the Carrier)。提单必须由承运人或其代理人签字才能生效。若来证要求手签应照办。签字时须表明其身份。

㉒ 有关装运的其他条款。有时来证要求在提单上显示一些特殊文句或附加事项。若无异议,在制单时就在提单空白处显示。

㉓ 背书(Endorse)。指示提单和不记名提单可背书转让。提单背书分为记名背书与空白背书两种方式,记名背书即在提单背面批注"Endorsed to . . ."或"Deliver to . . .",再由背书人签字盖章;空白背书由背书人在提单背面签字盖章,不另作其他任何记载。若提单漏注背书,极易有拒付的危险。

空白海运提单如表 8-7 所示。

表 8-7　海运提单

BILL OF LADING

SHIPPER	B/L NO.
CONSIGNEE	CARRIER
NOTIFY PARTY	COSCO 中国远洋运输(集团)总公司 CHINA OCEAN SHIPPING (GROUP) CO.

PLACE OF RECEIPT	OCEAN VESSEL	
VOYAGE NO.	PORT OF LOADING	ORIGINAL Combined Transport Bill OF LADING
PORT OF DISCHARGE	PLACE OF DELIVERY	

MARKS NOS. & KINDS OF PKGS. DESCRIPTION OF GOODS   G. W. (kg) MEAS

TOTAL NUMBER OF CONTAINERS
OR PACKAGES (IN WORDS)

FREIGHT & CHARGES	REVENUE TONS	RATE	PER	PREPAID	COLLECT

PREPAID AT	PAYABLE AT	PLACE AND DATE OF ISSUE
TOTAL PREPAID	NUMBER OF ORIGINAL B (S) L	

LOADING ON BOARD THE VESSEL

DATE	BY	FOR THE CARRIER NAMED ABOVE

FOR THE CARRIER NAMED ABOVE

Endorsement：

物流业务流程

1. 看懂空白海运提单及其填制要求。
2. 根据下列资料填制海运提单。
（1）基本资料

收货人表项	收货人基本资料
公司名称：	AL HARBI HOLDING
公司地址：	No. 1189，Airport Rd.，Riyadh，Kingdom Of Saudi Arabia
公司电话：	00966 - 1 - 4775252 - 109
公司传真：	00966 - 1 - 4784559
公司邮编：	5750
托运人表项	托运人基本资料
公司名称：	ZHEJIANG FENJIN RUBBER & PLASTIC PRODUCTS CO.，LTD（浙江奋进橡胶制品有限公司）
公司地址：	No. 110，Central Guangming Rd.，Haiyou，Sanmen County，Zhejiang Province，China
公司电话：	86 - 0576 - 3373289
公司传真：	86 - 0576 - 3373388
公司邮编：	317100

（2）其他资料

起运港：SHANGHAI(上海)
目的港：RIYADH(利雅得)
货名：V - BELT B1275(三角带)
数量：V - BELT B1275 100000PCS
包装：100PCS IN EACH CARTON，1000CTNS
TOTALLY(每 100 件装一箱，共 1000 箱)
唛头：N/M
总毛重：50000 KG
总体积：60 m³
提单份数：3 份
船名航次：XIN YAN TIAN V. 0058W
提运单号：HJSH1456

3. 根据图 8-5 用文字描述国际海运出口代理业务流程。

注意事项

① 每位学生先认真研读业务背景资料，弄清楚每一项内容的中英文含义，把业务背景资料的内容与所要填制的单证内容一一对应起来。

② 单证填写字迹工整，不得涂改。

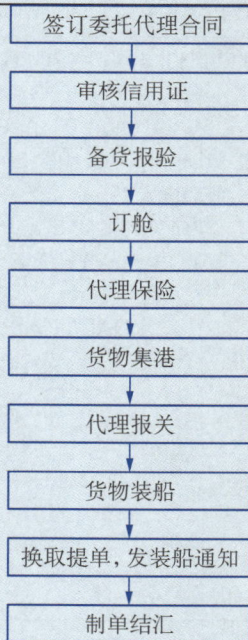

签订委托代理合同
↓
审核信用证
↓
备货报验
↓
订舱
↓
代理保险
↓
货物集港
↓
代理报关
↓
货物装船
↓
换取提单，发装船通知
↓
制单结汇

图8-5　海运出口代理业务流程

成绩评定表

考评内容	国际海运代理业务流程操作能力				
考评标准	具体内容	分值	自评30%	互评30%	师评40%
	正确填制单证	50			
	正确描述业务流程	40			
	课堂纪律表现良好,单证填制字迹工整符合要求	10			
合　计		100			

物流业务流程

参考文献

1. 张健雄等.物流员.北京:中国劳动社会保障出版社,2004 年
2. 王之泰.新编现代物流学.北京:首都经济贸易大学出版社,2005 年
3. 纪寿文等.现代物流装备与技术实务.广州:海天出版社,2004 年
4. 武德春等.集装箱运输实务.第 2 版.北京:机械工业出版社,2004 年
5. 李苏剑等.企业物流管理.北京:机械工业出版社,2003 年
6. 黄中鼎等.现代物流管理学.上海:上海财经大学出版社,2004 年
7. 蒋笑梅等.物流管理实务.北京:机械工业出版社,2004 年
8. 肖旭.物流管理基础.北京:机械工业出版社,2004 年
9. 李克娜等.物流基础知识.北京:机械工业出版社,2005 年
10. 刘淑萍.现代物流基础.上海:华东师范大学出版社,2008 年
11. 程淑丽等.物流公司规范化管理操作范本.北京:人民邮电出版社,2008 年
12. 张梅.物流客户服务.广州:华南理工大学出版社,2009 年
13. 张梅等.物流管理基础.广州:华南理工大学出版社,2009 年
14. 李秀华.货代作业实务.北京:机械工业出版社,2007 年
15. 毛宁莉.运输作业实务.北京:机械工业出版社,2007 年
16. 彭麟.现代物流基础.北京:机械工业出版社,2007 年
17. 钱网芝.配送作业实务情景实训.北京:电子工业出版社,2009 年
18. 钱网芝.仓储管理实务情景实训.北京:电子工业出版社,2009 年
19. 陈志红.国际贸易业务流程.上海:华东师范大学出版社,2008 年
20. 深圳市职业技能训练中心.物流岗位技能手册.上海:同济大学出版社,2005 年